新编21世纪高等职业教育精品教材·通识课系列

职场礼仪训练

ZHICHANG
LIYI
XUNLIAN

主　编◎王　岩
副主编◎蒋雨岑　牛殿庆

中国人民大学出版社
·北京·

图书在版编目（CIP）数据

职场礼仪训练 / 王岩主编. -- 北京：中国人民大学出版社，2023.4
新编21世纪高等职业教育精品教材. 通识课系列
ISBN 978-7-300-31460-0

Ⅰ.①职… Ⅱ.①王… Ⅲ.①心理交往-礼仪-高等职业教育-教材 Ⅳ.①C912.12

中国国家版本馆 CIP 数据核字（2023）第 030320 号

新编 21 世纪高等职业教育精品教材·通识课系列
职场礼仪训练
主　编　王　岩
副主编　蒋雨岑　牛殿庆
Zhichang Liyi Xunlian

出版发行	中国人民大学出版社		
社　　址	北京中关村大街 31 号	邮政编码	100080
电　　话	010-62511242（总编室）		010-62511770（质管部）
	010-82501766（邮购部）		010-62514148（门市部）
	010-62515195（发行公司）		010-62515275（盗版举报）
网　　址	http:// www. crup. com. cn		
经　　销	新华书店		
印　　刷	天津鑫丰华印务有限公司		
开　　本	787 mm × 1092 mm　1/16	版　　次	2023 年 4 月第 1 版
印　　张	15　插页 1	印　　次	2023 年 4 月第 1 次印刷
字　　数	290 000	定　　价	39.00 元

前言

Preface

中国素以“文明古国”“礼仪之邦”著称于世。在五千年的历史演变过程中，“礼”强烈地影响和制约着中国人的思想和行动。行礼仪、守礼法、讲礼教、重礼信等已内化为一种民众的自觉意识并贯穿于行为活动中，成为中华民族文化特征的基本表象。正如习近平总书记在中国共产党第二十次全国代表大会报告中指出的：“中华优秀传统文化源远流长、博大精深，是中华文明的智慧结晶。”职场中注重礼仪，不仅可以有效地展现个人的教养、风度、气质和魅力，还可以体现良好的职场形象和职业素养。

职场礼仪是当今大学生步入社会必备的素养，也是求职应聘、进入职场的敲门砖，更是立足工作岗位、完成工作任务、让工作关系变和谐的一项最基本的能力。大学生未来走向职场，无论是从事行政公务、企业管理，还是服务经营，只要是社会职场人士，就必须学会交际；而只要交际，就离不开职场礼仪。

高等职业院校培养的是各行各业高素养、高技能的应用型人才，专业技能的教育和培养无疑是非常重要的。然而，在现代社会中，职业素质已成为用人单位选用人才的重要标准，也是职场制胜、事业成功的第一法宝。我们不难发现，良好的职业形象、彬彬有礼的行为举止、积极有效的沟通习惯、爱岗敬业的忠诚意识、与人为善的合作精神等，是求职就业、胜任工作的必备素质，也是个人立足职场并持续发展的核心竞争力之一。因此，熟练地掌握职场礼仪，通过语言、举止、仪态、动作等传递自信、昂扬、潇洒、优雅等多种信息，形成有文化、有内涵的职业形象，是展现职场人素质和能力的迫切需要，也是完善职业人员的综合素质，增强工作能力，增进职业竞争能力，塑造完美职业形象的需要。

《职场礼仪训练》是高职院校公共基础必修课教材，我们在编写本教材过程中围绕职场工作需要，以就业为导向，按照“以职业活动为导向，以职业能力为核心”的职业教育理念，突出“岗位与专业相结合”的人才培养模式和“模块教学，项目导向，任务驱动”的教学模式，紧密联系行业核心岗位，明确礼仪标准，强调知识技能训练和社会实践相结合，力求做到内容精练、重点突出、实用性强。本教材在编写过程中主要体现了以下几个特点：

第一，体例上创新实用。本教材以职场工作为导向，遵循学生职场能力培养的规律，构建了以职场岗位作业作为导向的课程教学模块，每个章节除了讲述情境相关礼仪知识，还按照任务驱动模式设置了“情境导入”“温馨提示”“本节测试”“实践训练”“本章小结 ”五个板块。“情境导入”为学生提供了一个真实环境下的工作任务，让学生带着任务进入学习，并提出完成礼仪任务的重点和难点问题；“温馨提示”将本节中的重点、难点或容易出现错误的问题加以强调提醒；“本节测试”分为选择题和案例分析两部分，选择题是就所学理论进行巩固练习，“案例分析”是让学生运用理论知识解决实际问题，以求让学生最大限度地掌握相关职业技能；“实践训练”是让学生能学以致用、巩固知识；本章小结是对本章所学内容的归纳总结。

第二，采用二维码与网络教学平台新形态。本教材采用“互联网 + 教育”的新理念，充分利用现代信息技术，形成了与传统教材完全不同的新形态。本教材通过二维码与网络教学平台相连通，给师生课堂教学活动的开展带来了全新的体验，真正做到以学生为主体，通过二维码链接的教学视频、拓展阅读、讨论与测试等教学手段，极大地提升了学生的自学效果，不仅为学生学习带来了便利，而且使教材真正“活”了起来，在达成课程培养目标上发挥了重大作用。同时，创新课堂教学模式，使传统的课堂讲授模式转变为混合式或翻转课堂教学模式，学生凭借教材可在课前自学，从而节约出课堂时间用于巩固所学知识，促进知识内化，为提升学生的能力与素质提供了可能。

第三，内容上博采众长、与时俱进。本教材在编写过程中尽可能地吸收国内外最新的研究成果，力求与时代同步。我们参考了最新出版的多部职场礼仪教材及职场礼仪相关研究成果，努力做到博采众长。由于所有参考资料不能在书中一一注明，因此在参考文献中一并列入，以示致敬和感谢。此外，我们根据社会对职业素质和能力的要求，对课程内容进行遴选和整合，适时吸纳新知识、新技能、新标准，并充分反映职业道德、课程思政等方面的要求。

第四，与职场衔接，突出实用性。在编写过程中，我们做了认真的职场调查研究，翻阅了大量的文献资料，对职场礼仪在企事业单位的作用以及需求做了深入的了解。同时，邀请企事业一线专家参与编撰。因此，本教材在编写过程中突破了重“学”轻“术”、重“知”轻“用”的传统理念，力求使教学内容与社会、市场、职场密切结合。此外，本教材在各章节里均设计了工作情景任务、职场案例分析和职业技能实训的内容，力求校内学习与实际职场工作达成一致，不仅巩固了学生的专业知识与技能，而且让学生体验了企业文化，有助于学生增强服务意识和团队协作意识，提高职业素养。

第五，形式上图文并茂。本教材引入了部分职场礼仪图片，力求做到形象生动、深入浅出，试图改变以往多数此类教材过于严肃的面孔。通过生动形象的图像语言，增强学生的认识和理解能力。

本教材由宁波城市职业技术学院具有多年教学经验的礼仪教师完成。由王岩教授担任主编，蒋雨岑讲师和牛殿庆教授担任副主编。本书共分为八章，具体分工如下：牛殿庆编写第一章和第二章；蒋雨岑编写第四章、第五章和第七章；王岩编写第三章、第六章和第八章，并承担整个教材的统稿等工作。

本教材是宁波城市职业技术学院新形态教材项目，在编写的过程中我们得到了学校各级领导的大力支持和帮助，在此表示衷心的谢意！同时我们在教材编写过程中还广泛征求了礼仪专家、一线教师和职场人士的意见，吸取了有关职业礼仪教材编写的经验，力求本教材体例合理、内容新颖、操作性强、文字规范。但由于编者水平有限，书中难免存在错误或疏漏之处，恳请阅读本教材的专家、同行、职场人士及同学们不吝赐教，以便进一步修订、补充，使之日臻完善。

编者

2023 年 1 月

目录

Contents

第一章 职场礼仪认知

学习目标

※ 知识目标

了解礼仪的起源和发展；掌握礼仪及职场礼仪的特点和原则。

※ 能力目标

能充分认识到职场礼仪蕴含的思想道德意义，认识到学好职场礼仪的重要性，养成好的礼仪习惯，并运用职场礼仪知识指导今后的社会行为。

※ 素养目标

培养学生树立职业礼仪的意识，塑造良好的个人形象，维护组织形象；运用博大精深的中华传统礼仪文化精髓指导自身礼仪修养的提升，继承和弘扬中国传统礼仪文化。

第一节 礼仪的起源

情境导入

李莉去某公司应聘财务主管一职，路上正好碰上一场大雨，幸好出门时带了伞，才没有被淋湿。她来到招聘公司的电梯前，取出纸巾把鞋擦干净，然后把纸扔进垃圾桶。当她坐在面试经理面前时，经理看完证书后，没问她任何问题，微笑着告诉她“欢迎你加入我们公司”。她非常疑惑地看着经理，经理告诉她：第一，这样的天气你仍然来了，说明你做人很有原则，很守信用；第二，你没有迟到，说明你准备很充分，很守时；第三，你的衣服没淋湿，说明你提前看了天气预报，来时一定带了雨伞；第四，刚刚我从公司的监控器里看到你进电梯前擦拭鞋子，证明你很有修养、很细心。一个人的习惯是无法刻意掩饰的，所以我们很愿意和你这样的人成为同事。

问题：如果你是应聘者，你会注意哪些相关的礼仪呢？

我国拥有五千年文明历史，素有“礼仪之邦”的美誉。礼仪文化对整个中国社会历史的影响广泛而深远，已成为中国传统文化的重要组成部分。在现代社会里，随着市场经济的快速发展，社会交往、国际交往的日益频繁，社会组织和个人对礼仪的重视程度越来越高，有“礼”走遍天下，无“礼”寸步难行，“礼仪”的规范与修养已成为个人立身处世、谋生求存的重要基石。

一、中国礼仪的起源

礼仪作为人际交往的重要行为规范，不是随意凭空臆造的，也不是可有可无的。了解礼仪的起源，有利于认识礼仪的本质，自觉地按照礼仪规范的要求进行社交活动。关于礼的起源有不同的说法，归纳起来有五种：一是天神生礼仪；二是礼为天地人的统一体；三是礼产生于人的自然本性；四是礼为人性和环境矛盾的产物；五是礼生于理，起源于俗。

礼仪的起源

（一）从理论上说，礼的产生是人类为了协调主客观矛盾的需要

首先，礼的产生是为了维护自然的“人伦秩序”。人类为了生存和发展，必须与大自然抗争，不得不以群居的形式相互依存，人类的群居性使得人与人之间既相互依赖，又相互制约。在群体生活中，男女有别、老少有异，既是一种天然的人伦秩序，又是一种需要被所有成员认同、保证和维护的社会秩序。人类面临着内部关系必须妥善处理的情况，因此，大家通过逐步积累，自然约定出一系列“人伦秩序”，这就是最初的礼。其次，起源于人类寻求满足自身欲望与实现欲望的条件之间动态平衡的需要。对欲望的追求是人的本能，在追寻实现欲望的过程中，人与人之间难免会发生矛盾和冲突，为了避免这些矛盾和冲突，就需要因“止欲制乱”而制礼。

（二）从具体的仪式上看，礼产生于原始宗教的祭祀活动

原始宗教的祭祀活动都是最早也是最简单的以祭天、敬神为主要内容的“礼”。在历史发展中，这些祭祀活动相应的规范和制度逐步得以完善，正式形成祭祀礼仪。随着人类对自然与社会各种关系认识的逐步深入，仅以祭祀天地、鬼神、祖先为礼，已经不能满足人类日益发展的精神需要和调节日益复杂的现实关系。于是，人们将事神致福活动中的一系列行为，从内容和形式扩展到了各种人际交往活动，从最初的祭祀之礼扩展到社会各个领域的各种各样的礼仪。

二、中国礼仪的发展

中国传统礼仪

礼仪在其传承沿袭的过程中不断发生演变。从历史发展的角度来看，其演变过程可以分为四个阶段。

（一）礼仪的起源时期：夏朝以前（公元前 21 世纪前）

礼仪起源于原始社会，在原始社会中晚期（约旧石器时代）出现了早期礼仪的萌芽。萌芽时期的礼仪较为简单和虔诚，还不具有阶级性。内容包括：制定了明确血缘关系的婚嫁礼仪；区别部族内部尊卑等级的礼制；为祭天敬神而确定的一些祭典仪式；制定了一些在人们的相互交往中表示礼节和表示恭敬的动作。

（二）礼仪的形成时期：夏、商、西周三代（公元前 21 世纪—前 771 年）

人类进入奴隶社会，统治阶级为了巩固自己的统治地位，把原始的宗教礼仪发展成符合奴隶社会政治需要的礼制，礼仪被打上了阶级的烙印。在这个阶段，中国第一次形成了比较完整的国家礼仪与制度。如“五礼”就是一整套涉及社会生活各方面的礼仪规范和行为标准。古代的礼制典籍亦多撰修于这一时期，如周代的《周礼》《仪礼》《礼记》就是我国最早的礼仪学专著。在汉代以后 2 000 多年的历史中，它们一直是国家制定礼仪制度的经典著作，被称为“礼经”。

（三）礼仪的变革时期：春秋战国时期（公元前 771—前 221 年）

这一时期，学术界形成了百家争鸣的局面，以孔子、孟子、荀子为代表的诸子百家对礼教给予了研究和发展，对礼仪的起源、本质和功能进行了系统阐述，第一次在理论上全面而深刻地论述了社会等级秩序划分及其意义。

孔子是我国历史上第一位礼仪学专家，对礼仪非常重视，把“礼”看成治国、安邦、平天下的基础。他主张“为国以礼”“克己复礼”，他认为“不学礼，无以立”“质胜文则野，文胜质则史。文质彬彬，然后君子”。孔子要求人们用礼的规范来约束自己的行为，要做到“非礼勿视，非礼勿听，非礼勿言，非礼勿动”。倡导“仁者爱人”，强调人与人之间要有同情心，要相互关心、彼此尊重，要做“文质彬彬”的君子。

孟子也非常重视“礼”，并把仁、义、礼、智作为基本道德规范，他认为“辞让之心”和“恭敬之心”是礼的发端和核心。孟子把礼解释为对尊长和宾客尊重而有礼貌，即“恭敬之心，礼也”，论证了礼的起源和社会作用。他说：“礼者，人道之极也。”把礼看作做人的根本目的和最高理想。

荀子则比孟子更加重视“礼”。他把“礼”作为人生哲学思想的核心，把“礼”看作做人的根本目的和最高理想，把识礼、循礼与否作为衡量人的贤愚和高低贵贱的尺度。他认为“礼者，人道之极也”。荀子认为“礼”既是目标、理想，又是行为过程。

"人无礼则不生，事无礼则不成，国无礼则不宁。"

管仲把"礼"看作人生的指导思想和维持国家的第一支柱，认为礼关系到国家的生死存亡。他认为："礼义廉耻，国之四维，四维不张，国乃灭亡。"

从这些思想家的言论中不难看出，礼仪是适应调节人际关系的需要而产生和发展的。

（四）礼仪的强化时期：秦汉到清末（公元前 221—公元 1911 年）

在我国漫长的封建社会里，尽管礼仪文化在不同的朝代具有不同的社会政治、经济、文化特征，但却有一个共同点，就是一直为统治阶级所利用。礼仪是维护封建社会的等级秩序的工具。这一时期的礼仪的重要特点是尊君抑臣、尊夫抑妇、尊父抑子、尊神抑人。在漫长的历史演变过程中，它逐渐成为妨碍人类个性自由发展、阻碍人类平等交往，禁锢思想自由的精神枷锁。

综观封建社会的礼仪，内容大致有涉及国家政治的礼制和家庭伦理两大类。这一时期的礼仪构成了中华传统礼仪的主体。

三、现代礼仪的发展

辛亥革命以后，受西方资产阶级"自由、平等、博爱"等思想的影响，中国的传统礼仪规范、制度受到强烈冲击。五四新文化运动对腐朽、落后的礼教进行了清理，符合时代要求的礼仪被继承、完善、流传，那些繁文缛节逐渐被抛弃，同时接受了一些国际上通用的礼仪形式。新的礼仪标准、价值观念得到了推广和传播。

中华人民共和国成立后，逐渐确立了以平等相处、友好往来、相互帮助、团结友爱为主要原则的具有中国特色的新型社会关系和人际关系。改革开放以来，随着中国与世界的交往日趋频繁，西方一些先进的礼仪、礼节陆续传入我国，同我国的传统礼仪一道融入社会生活的各个方面，构成了现代礼仪的基本框架。许多礼仪从内容到形式都在不断变革，现代礼仪的发展进入全新的发展时期。随着社会的进步、科技的发展和国际交往的增多，礼仪必将得到新的完善和发展。

温馨提示

孔子、孟子、荀子对"礼仪"的释义，说明了礼仪的重要性。

本节测试

一、选择题

1.［单选］礼仪起源于原始社会的（　　）。

A. 人与人之间的交往　　B. 圣人创造的结果

C. 个别人创造的结果　　　　D. 民主讨论的结果

2. ［单选］礼仪的起源与下列哪项内容有关？（　　）

A. 祭神　　B. 婚嫁　　C. 礼佛　　D. 访友

3. ［单选］中国礼仪的起源是在（　　）。

A. 周朝　　B. 原始社会　　C. 商朝　　D. 夏朝

4. ［单选］关于礼仪的起源的说法，错误的是（　　）。

A. 礼仪的起源可以追溯到原始社会

B. 礼仪的起源从形式上看，产生于原始宗教的祭祀活动

C. 中国作为礼仪之邦，礼仪的产生可分为六个阶段

D. 从理论上说，礼仪的产生是人类为了协调主客观矛盾的需要

5. ［多选］礼仪的起源有以下哪几种说法？（　　）

A. 祭祀说　　B. 饮食男女说　　C. 人的欲望与环境矛盾说

D. 婚姻制度说　　E. 礼仪的多元起源说

二、案例分析

曾子是孔子的弟子，有一次他在孔子身边侍坐，孔子就问他："以前的圣贤之王有至高无上的德行精要奥妙的理论，用来教导天下之人，人们就能和睦相处，君王和臣下之间也没有不满，你知道它们是什么吗？"曾子听了，明白老师孔子是要指点他最深刻的道理，于是立刻从坐着的席子上站起来，走到席子外面，恭恭敬敬地回答道："我不够聪明，哪里能知道，还请老师把这些道理教给我。"在这里，"避席"是一种非常有礼貌的行为，当曾子听到老师要向他传授时，他站起身来，走到席子外向老师请教，是为了表示对老师的尊重。曾子懂礼貌的故事被后人传诵，很多人都向他学习。

孔子拜师的故事

问题：请说说读"曾子避席"的故事后的感受。

实践训练

训练内容：

子曰："不学礼，无以立。"结合实际谈谈礼仪在自我完善和社会交往中的重要作用。

训练要求：

1. 每5人为一组；
2. 每组通过讨论确立本组的论证观点；
3. 每组按顺序派代表讲述论证观点和依据；
4. 根据发言情况进行评价打分。

第二节 礼仪的含义和特征

情境导入

战国时期的思想家、政治家和教育家孟子，是继孔子之后儒家学派的主要代表人物，被后世尊奉为仅次于孔子的“亚圣”。

有一次，孟子的妻子在房间里休息，因为是独自一个人，便无所顾忌地将两腿叉开坐着。这时，孟子推门进来，一看见妻子这样坐着，非常生气。

原来，古人称这种双腿向前叉开坐为箕踞，箕踞是一种不拘礼节、傲慢不敬的坐法。孟子见了，一声不吭就走了出去，看到孟母，便说：“我要把妻子休回娘家去。”孟母问他：“这是为什么？”

孟子说：“她既不懂礼节，又没有仪态。”孟母又问：“因为什么而认为她没礼仪呢？”“她双腿叉开坐着，箕踞向人，”孟子回道，“所以要休她。”“那你又是如何知道的呢？”孟母问。

孟子便把刚才的一幕说给孟母听，孟母听完后说：“那么没礼仪的人应该是你，而不是你妻子。难道你忘了《礼记》上是怎么教人的——进屋前，要先叩门再入。上厅堂时，要高声说话；为避免看见别人的隐私，进房后，眼睛应向下看。你想想，卧室是休息的地方，你不出声、不低头就闯了进去，已经先失了礼，怎么能责备别人没礼仪呢？没礼仪的人是你自己呀！”

孟母一席话说得孟子心服口服，再也没说什么休妻子回娘家的话了。

问题：什么是礼仪？

一、礼仪的含义

中国古代的“礼”和“仪”，实际上是两个不同的概念。“礼”是制度、规则和一种社会意识观念；“仪”是“礼”的具体表现形式，它是依据“礼”的规定和内容形成的一套系统而完整的程序。在中国古代，礼仪是为了适应当时社会需要，从宗族制度、贵贱等级关系中衍生出来的，因

诗礼传家

而带有产生它的那个时代的特点及局限性。如今，现代的礼仪与古代的礼仪已有很大的差别。

礼仪是人类为了维系社会正常生活而要求人们共同遵守的道德规范，它是人们在长期共同生活和相互交往中逐渐形成的，并且以风俗、习惯和传统等方式固定下来。对一个人来说，礼仪是一个人的思想道德水平、文化修养、交际能力的外在表现；对一个国家来说，礼仪是一个国家社会文明程度、道德风尚和生活习惯的反映。对礼仪可以从三个方面来理解：

（一）礼仪是礼节和仪式的统称

这是传统的解释，“礼”字和“仪”字指的都是尊敬的方式，“礼”多指个人行为，像鞠躬、欠身等，就是礼节；“仪”，多指集体性的活动，像开幕式、阅兵式等，就是仪式。

（二）礼仪是人们约定俗成、表示尊重的各种方式

这是现代通俗而简洁的解释，这里分为行动型和非行动型，像鞠躬、给老人让座等，就是行动型的，也就是尊重的形式，这需要行动才有效果；而像庄严场合不嬉笑、别人睡觉不吵闹等，就是非行动型的，也就是行为规范，它不需要行动就有效果。

（三）礼仪是一种规范

所谓“入乡随俗，入境问禁”，就是说你进入某一地域，就要对那里的人的习俗和行为规范有所了解，并按照这样的习俗和规范去行动，这才是有礼的。

运用礼仪的目的是实现社会交往各方的互相尊重，从而达到人与人之间关系的和谐。在现代社会中，礼仪可以展现出一个人的教养、风度和魅力，体现出一个人对他人、对社会的认知水平、尊重程度，也可以说是一个人的学识、修养和价值的外在表现。一个人只有在尊重他人的前提下，才会被别人尊重，人与人之间才能建立起和谐的关系。

二、礼仪的特征

（一）普遍性

礼仪与礼貌、礼节

礼仪是人类在社会生活的基础上产生的行为规范，全体社会成员均离不开一定的礼仪规范的制约。古今中外，从个人到国家，礼仪无时不在、无处不在。凡是有人类生活的地方，就存在着各种各样的礼仪规范。礼仪的内容已渗透到社会的方方面面，从政治、经济、文化领域，到人们的日常生活方面，礼仪活动普遍存在。比如，大到一个国家的国庆庆典，小到一个企业公司

的开张致喜，再到人们日常生活中的接待、见面谈话、宴请等，均需要讲究礼仪规范，遵守一定的礼仪行为准则。比如最简单的问候语“您好”“再见”等，几乎是全世界通用的一种问候礼节，具有绝对的普遍性。

（二）继承性

我国向来有“礼仪之邦”的美称，在礼仪发展的源流中，礼仪文化的发展是一个扬弃的过程，也是一个剔除糟粕、继承精华的过程。那些反映劳动人民的精神风貌、代表劳动人民道德水平和气质修养的高尚的礼仪得到了肯定和发扬，而那些代表封建迷信的繁文缛节则得以根除，比如古代的磕头跪拜礼早已被现代的握手敬礼替代。而那些“温良恭俭让”“尊老爱幼”的行为规范则得到了弘扬。以往老人生日寿辰时，晚辈得行祝寿礼仪，置办寿辰酒宴以祝老人福寿无疆、万事如意，而如今的年轻人除了摆寿酒外，还在电台点歌、电视台点节目、拍摄抖音视频等以祝老人生日快乐、寿长福远。这种变迁不仅反映了人类礼仪的一脉相承，也反映了礼仪在继承过程中得到了丰富发展，更突出了人类对那些代表礼仪本质东西的倾心向往。可见，礼仪变化的继承性必将随着人类历史的不断进步而发展。

（三）差异性

常言道“百里不同风，千里不同俗”，不同的文化背景会产生不同的礼仪文化，不同的地域文化决定着礼仪的内容和形式。我国疆域辽阔，是一个多民族的大家庭，不同的民族，其风俗习惯、礼仪文化各有千秋。就说见面问候致意的形式就大不一样，有脱帽点头致意的、有拥抱致意的、有双手合十致意的、有手抚胸口致意的、有口碰脸颊致意的，当然，更多的还是握手致意。这些礼仪形式的差异均是由不同地方风俗文化决定的，具有约定俗成的影响力。

礼仪的差异性除了地域性的差异外，还表现在礼仪的等级差别上，对不同身份地位的对象施以不同的礼仪。同样是宴会就会因招待对象的身份地位高低的差别而有所不同，身份和地位高的，可能就会受到更高级别的款待，身份地位低的相对招待的级别就低一等。

（四）可操作性

礼仪来源于社会实践，又直接为社会实践服务。规则简明、实用可行、易学易会、便于操作、切实有效是礼仪的几个特点。作为职场人士，要想在工作中始终展示自己的职业素养、专业精神，就应当着装庄重规范，举止大方得体，言谈文雅有礼。礼仪既有总体上的礼仪原则、礼仪规范，又在具体的细节上有一系列的方式、方法，仔细周详地对礼仪原则、礼仪规范加以贯彻，把它们落到实处，“言之有物”“行之有礼”，不崇尚空谈，便于操作。

（五）发展性

时代在不断前进，礼仪文化也随着社会的进步而不断发展。一方面，礼仪文化随时代的不断进步而时刻发生着变化。如现代人所拍发的礼仪电报、电视点歌祝寿贺喜等形式就是时代进步而产生的新生事物。另一方面，随着国家对外交往的不断扩大，各国的政治、经济、思想、文化等诸种因素互相渗透，我国的传统礼仪自然也被赋予了许多新鲜的内容。礼仪规范更加国际化，礼仪变革向符合国际惯例的方向发展。如何形成一整套既富有我们国家传统特色，同时又符合国际惯例的礼仪规范已成为必需。这种礼仪文化的培养和形成有助于我们国家走向世界，更好地与国际接轨，成为地球村中一个真正的礼仪之邦。

礼仪规范的这种发展性总是与时代精神密切地结合在一起。礼仪文化的发展总是受时代发展变化的推动，时代不前进，礼仪文化的内容自然也不会得到很好的发展。时代性、发展性、继承性都是相辅相成的。总而言之，随着时代的不断进步，人类的礼仪规范必将更加文明、优雅、实用。

温馨提示

“百里不同风，千里不同俗”，不同地域的礼仪有差异性。

千里送鹅毛

本节测试

一、选择题

1. [单选]礼仪是人与人之间在接触交往中互相表示（　　）和友好的行为。

A. 友谊　　B. 关心　　C. 爱护　　D. 尊重

2. [单选]礼仪的含义是精神的、意识的，反映不同的意识形态，它随着生产力的发展而发展，随着（　　）的变化而变化。

A. 经济基础　　B. 社会制度　　C. 社会文化　　D. 道德规范

3. [单选]礼仪中使用最广泛的是（　　）。

A. 政务礼仪　　B. 商务礼仪　　C. 社交礼仪　　D. 服务礼仪

4. [多选]礼仪包含哪几层含义？（　　）

A. 仪表　　B. 礼节　　C. 礼貌　　D. 仪式

5. [多选]中国古代礼仪的含义包括（　　）。

A. 做人的道德规范　　B. 个人与社会须遵守的行为准则

C. 正式的仪式　　　　　　　　　　D. 职位晋升标准体系

二、案例分析

案例一

春天到了，公园里许多树都开花了，很多游人摘了花并爬到树上去留影。

问题：就此案例说明讲道德、懂礼仪的重要性。

案例二

一名男子在疫情期间乘坐高铁不戴口罩，并与乘务员发生冲突，认为不戴口罩是自己的事。

问题：试就此案例进行分析，说明礼仪是建设和谐社会的需要，是促进整个国家和全民文明程度提升的需要。

实践训练

训练内容：

举例说明我国是礼仪之邦。

训练要求：

1. 每 5 人为一组；
2. 每组通过网络查找与礼仪相关的优秀案例；
3. 每组按顺序派代表讲述案例；
4. 全班根据案例展开讨论。

第三节　职场礼仪

情境导入

小张是某公司的员工，某天正好去财务部窗口办理报销业务。在等候的时候，他随手把手中捏着的一张无法报销的票据揉成团扔在了地上。其他部门的同事看见了，心里说：“这人素质真差！”恰巧此时有位顾客来财务部交定金，他看到小张把纸团扔在地上，心里想："这个公司的员工如此行事，他们做的产品质量会好吗？售后服务会有保障吗？还是先别交定金了吧，回去再考虑考虑！"巧的是生产部经理陪着几位外商参观公司，正好路过这里，地上的纸团没有逃过大家的眼睛，结果外商指着纸团问生产部经理："这样的员工，能做出符合质量要求的产品吗？"

本来不费吹灰之力便能扔到垃圾桶里的一小团废纸，导致公司失去了数百万元的订单。

问题：如果你是公司领导，你将如何避免类似问题再次发生？

职场礼仪是职场人在工作中必须了解的内容，是不可或缺的行为准则。在职场中，每一个礼仪细节都会影响职场人员的形象展现以及前途。职场礼仪是展现职场人员素养的方式，是构筑良好的人际关系、顺利完成工作的前提和保障。要成为职场的成功人士，必须首先学习职场礼仪。

一、职场礼仪的概念

职场礼仪是指人们在职业场所中应当遵循的一系列礼仪规范，是对他人的尊重和自己素养的体现。

礼仪是职场人的处事根本，是一个人综合素质的集中体现。在职场上，穿着讲究礼仪，可以让你变得美丽；谈吐讲究礼仪，可以使你变得文明；举止讲究礼仪，可以使你变得高雅；只有知礼、懂礼、用礼，才能让我们在工作中赢得上司的欣赏、同事的尊重、客户的满意，才能获得事业的成功。

职业礼仪包括内在的和外在的两种主要因素。每一个职场人都需要树立塑造并维护自我职业形象的意识。

懂得职场礼仪规范，将使一个人的职业形象大为提高。

二、职场礼仪的内容与特点

（一）职场礼仪的内容

在职场中，为了维护自身形象，表现得彬彬有礼、举止大方，我们应该加强内在品格修炼，改善自己的外在形象，熟悉和准确地运用职场礼仪。

职场礼仪的内容主要包括：求职礼仪、职场个人形象礼仪、职场交往礼仪、职场办公礼仪、职场公务活动礼仪、职场宴请礼仪和职场涉外礼仪等。

（二）职场礼仪的特点

（1）规范性：规范性是职场礼仪的本质特点，包括语言的规范性、行为的规范性等。

（2）普遍性：职场礼仪集中反映了某一行业内人们共同的文化、心理和生活习惯以及职业特点，其范围和准则得到广泛的认可。

（3）多样性：职场礼仪的种类繁多，表现形式也多种多样。

（4）等级性：表现在对不同身份、地位的人士礼宾待遇的不同。

三、职场礼仪的基本要求

（一）待人友好、和善

对人要友好，不可以随便发脾气，即使是别人有错误在先，也不要抓着别人的错误不放，要大方、宽容。

（二）着装要大方得体

不可太过于前卫，不可穿奇装异服上班。如单位有统一的服饰，要按要求穿着，不可异类。

（三）学会容忍，克制任性

要尽量理解别人，遇事要设身处地为别人着想。做到这一点就能让同事感到亲切、可信、安心。让人觉得你是一个有素养的人。

（四）少说话，多做事

俗话说“病从口入，祸从口出”，所以不要随便乱说话，要记得谨言慎行。职场中不是什么话都可以说的。

（五）不可大声喧哗

说话声音要得体、适中，不可大声喧哗，特别是职场接听私人电话的时候更应注意音量。职场也算公共场所，要注意自己说话的音高、音调。

（六）多用礼貌用语

职场中多用“谢谢”“不客气”“请”“帮”“对不起”等礼貌用语，让人觉得你是个有修养、懂礼貌的人。

四、职场礼仪的原则

礼的本质是“敬”，含有关心、友好、敬重、谦恭、体贴之意；“仪”则是“礼”的外在体现，具体表现为礼貌、礼节、礼仪等。职场礼仪要遵循“真诚尊重、自信自律、守信、宽容”四条基本原则。

（一）真诚尊重的原则

职场尊重他人的三原则

礼仪的核心是尊重。“尊重”既是立意之本，也是待人接物的根基。

真诚尊重是职场礼仪的首要原则。只有真诚待人，才是尊重他人；只有真诚尊重，才能创造和谐愉快的人际关系。真诚是对人对事的一种实事求是的态度，是待人真心实意的友善表现。

职场中，尊重上级是一种天职，尊重下级是一种美德，尊重客户是一种常识，尊重同事是一种本分，尊重所有人是一种教养。

在职场交往中，礼仪行为总是表现为双方的，你给对方施礼，自然对方也会相应地还礼于你，这种礼仪施行必须讲究平等的原则，平等是人与人交往时建立情感的基础，是保持良好的同事关系的诀窍。平等交往表现在时时处处平等谦虚待人，只有这样，才能结交更多的朋友。

（二）自信自律原则

自信的原则是职场与人交往中的一个心理健康的原则，唯有对自己充满信心，才能在工作中如鱼得水、得心应手。自信是职场交往中一份很可贵的心理素质。一个有充分自信心的人，才能在交往中不卑不亢、落落大方，遇到强者不自惭，遇到艰难不气馁，遇到弱者会伸出援助之手。

职场自律从根本上讲就是一种高度的自我约束，是对自己的时间精力、情绪、资源和工作等进行的自我管理。古希腊哲学家毕达哥拉斯曾说：“不能约束自己的人不能称为自由的人。”很多人觉得自律的人是没有自由的人，实际上恰恰相反，真正自由的人恰恰是高度自律的人，正是因为高度自律才为自己留出了大段的自由空白。无数事实证明，自律的人不一定优秀，但优秀的人一定是自律的人，职场中高度自律的人往往能比其他人更接近成功。如何做到职场的自律呢？要从五个方面提升自己：心态管理、目标管理、时间管理、知识管理和行动管理。

（三）守信的原则

守信即讲究信誉的原则。守信是中华民族的美德。在职场中，尤其讲究守时和守约。在职场中，如没有十分的把握就不要轻易许诺他人，许诺做不到，反落了个不守信的恶名，从此失信于人。

（四）宽容的原则

宽容的原则即与人为善的原则。在职场中，宽容是一种较高的境界。宽容是人类的一种伟大的思想，在人际交往中，宽容的思想是创造和谐人际关系的法宝。站在对方的立场去考虑一切，是取得成功的好方法。

五、学习职场礼仪的意义

随着社会的不断发展，职场人员对个人的礼仪形象越来越重视，好的形象不仅可以增强个人自信心，而且对个人的求职、工作、晋升和社交都起着至关重要的作用。现今，职场的竞争不仅是实力的较量，也是个人职场礼仪、职业形象的比拼，特别是对在校读书，还没有走向社会、走向职场的学生来说，学习并运用职场礼仪，树立良好的职业形象对毕业找工作有很大的帮助。职场礼仪是职场沟通的纽带，在日常交往中，礼仪能够调节人际关系，是人际关系的调节器。人们在人际交往时按礼仪规范去做，有助于彼此相互尊重，建立友好关系，可以避免或者缓和不必要的冲突和矛盾。

职场礼仪是进入职场的敲门砖。现在大多数的企事业单位都需要面试。在面试的过程中，就要学会运用职场礼仪，也许你没有介绍信，但是你可以通过一些职场礼仪为自己树立良好的职业形象。也许仅仅是轻轻地关上门，也许是端正的坐姿，也许是大方自然的解答，这些都会展现你良好的素质，那么你很有可能通过第一印象的好评就被公司录取。如果一个人只有工作能力，却不懂职场礼仪，那么就算他进入了公司，也不一定会长久稳定，因为在工作中还需要许多职场礼仪去调节上下级、同事之间的关系，在与客户交流协商时，也需要懂得职场礼仪。不懂职场礼仪将成为工作中的绊脚石，也许别人的工作能力比你弱，但由于他们懂得职场礼仪，知道怎样与领导搞好关系，怎样与同事和谐相处，那么自然晋升就比你高、比你快。由此可见，职场礼仪是工作中非常重要的知识，只有掌握它、应用它，对职场工作会起到助推的作用。

职场礼仪体现在许多方面，提高语言表达技巧，掌握运用语言的艺术，同时注重衣着服饰，注意平时的动作、姿态，使自己的形象更好地展现。只有当管理者看见你注重细节，做事有条不紊，他才会信任你，给你更多的发展空间。注重职场礼仪在无形中会给你带来机会，让你看上去更专业。

职场礼仪不仅可以有效地展现一个人的教养、风度、气质和魅力，还能体现一个人的学识、修养、价值、对社会的认知水平。礼仪不仅体现在日常生活中，还体现在工作中，职场礼仪可以让我们在复杂的人际关系中保持冷静。按照礼仪的规范来约束自己，会得到领导更多的信任，与同事间建立起相互尊重、相互信任、友好合作的关系，从而使自己的事业进一步发展。

职场礼仪不仅体现在个人形象上，还体现在企业形象上。一个企业如果重视员工的职场礼仪，那么就会使企业体现出不一样的素质水平和企业管理理念。当今社会，世界交流日益频繁，不仅服务行业要重视职场礼仪和企业形象，其他行业也应重视职场礼仪。提升服务和形象已经成为现代竞争更重要的筹码。职场礼仪是提高个人素质和企业形象的必要条件，是人立身处世的根本，是人际关系的润滑剂，是现代竞争的附加值；职场礼仪是表现企业对客户人性化的服务和关爱的重要途径，是服务和形象的竞争力，是企业走向世界的国际通行证，是企业生存发展的重要条件，所以学习职场礼仪、应用职场礼仪是企业发展的重要内容。比如从产品售后服务，我们可以看到、感受到企业的真诚；员工面带微笑，对顾客遇到的问题耐心解答，与顾客很好地沟通，并且在沟通的过程中传达了企业的形象、服务态度和管理理念，从而提高了企业的信誉度、服务质量、企业形象。

“不学礼，无以立”已成为人们的共识，“内强个人素质，外塑单位形象”，正是对职场礼仪作用恰到好处的评价。我们只有把所学的职场礼仪应用到实践中，才会在职场中如鱼得水。

温馨提示

学好职场礼仪能够为你职场的发展起到助推的作用！

本节测试

一、选择题

1. [单选]从职场交往礼仪上来看，首次拜访的适合时间是（　　）。

A. 15 分钟左右　B. 30 分钟左右　C. 60 分钟左右　D. 3 分钟左右

2. [单选]按照一般职场礼仪，男士在参加面试时，穿着深色西服不要配（　　）袜子。

A. 白色　B. 黑色　C. 灰色　D. 蓝色

3. [单选]职场礼仪中可以交谈的内容有（　　）。

A. 国家秘密　B. 私人问题　C. 同事隐私　D. 合同问题

4. [多选]职场着装忌讳（　　）。

A. 过分杂乱　B. 过分鲜艳　C. 过分紧身　D. 过分透视

E. 过分短小

5. [多选]职场内禁止（　　）行为。

A. 大声喧哗　B. 查看业务书籍　C. 会客　D. 闲聊

二、案例分析

某公司领导开会时，下属的手机铃声此起彼伏，这位领导非常生气，于是大声说：

"以后请各位注意，在开会时把手机关掉，或是设置成静音状态，我在这里说话，听到你们又是电话声又是短信声的，相信各位也都是学习过职场礼仪的，礼仪的学习不只是说说而已，一定要付诸行动。如果下次开会的时候，谁的手机再响，我就……"领导的话还没有说完，自己的手机响起来了，他的脸唰地一下就红了，尴尬得不知道说什么好。

问题：请结合案例，谈谈你对职场礼仪的理解。

实践训练

训练内容：

刘明大学毕业后应聘到某银行营业部担任大堂经理，每天都要负责客户咨询、引导、解释等工作，面对不同类型和不同需求的客户，刘明深感职场礼仪的重要性。

训练要求：

1. 分组训练：每6人为一组，要求模拟大堂经理工作中可能遇到的问题，应用职场礼仪技巧灵活处理。

2. 到一家银行营业大厅现场观摩，然后分组（每6人为一组）讨论学习职场礼仪的重要性。职场人员不懂礼仪，却想为服务对象提供令人满意的服务，通常是不太可能的。

本章小结

礼仪是人类精神文明的结晶，随着人类历史的变迁而不断进行着自我发展与自我更新。礼仪不仅是衡量、评价人道德品质、气质风度的标准，也标志着一个国家、一个民族的精神风貌和文明水平。本章通过介绍礼仪的起源与发展，礼仪的含义、特征以及职场礼仪的内容、要求和原则等，对礼仪做了梳理与概述。了解这些内容，有助于更好地认识到礼仪存在的必然性和重要性，对职场礼仪内容的学习起到一个统领的作用。

第二章　职场人员形象礼仪

学习目标

※ 知识目标

学习和掌握职场人员仪容、仪表、仪态礼仪知识，塑造良好的个人形象。

※ 能力目标

能在各种不同的场合化合适的职业淡妆；能在各种不同的场合穿戴得体的服饰；能在职场中表现得仪态优雅、得体大方，树立良好的职业形象。

※ 素养目标

培养学生树立良好的职场个人形象意识，养成自我审视个人形象礼仪的习惯，以端庄、正确的仪容、仪表、仪态出现在不同的职业场合中。

第一节　职场仪容礼仪

情境导入

林琳在校期间一直是“清纯少女”的打扮，从来没有认真修饰过自己的容貌。自从来到凯利集团总公司当了办公室秘书后，她觉得应该改变过去的学生形象。为了使自己化身“白领丽人”，她特意买来了化妆品，但面对琳琅满目的化妆品，不知该如何下手，对化妆技巧，她更是知之甚少。林琳该如何选择适合自己的化妆品，化适合自己的妆容呢？

问题：假如你是林琳，你应该如何化职业妆？

在人际交往中，人们普遍对交往对象的个人形象倍加关注，并且都十分注重遵照规范的、得体的方式塑造、维护自己的个人形象。个人形象在人际交往中之所以深受人们的重视，主要是基于下列原因：

首先，每一个人的个人形象都真实地体现着他（她）的个人修养和品位。

其次，每一个人的个人形象都客观地反映了他（她）的精神风貌与生活态度。

再次，每一个人的个人形象都如实地展现了他（她）对待交往对象的重视程度。

最后，每一个人的个人形象都是其所在单位的整体形象的有机组成部分。当人们不知道某一个人的归属时，他（她）个人形象方面所存在的缺陷最多会被视为个人存在着某些问题。但是，当人们确知他（她）属于某一单位，甚至代表着某一单位时，则往往将其个人形象与所在单位的形象等同。甚至，一个人的个人形象在国际交往中还往往代表着其所属国家、所属民族的形象。

因此，在职场交往中，每个人都必须时时刻刻注意维护自身形象，特别是要注意维护自己在正式场合留给初次见面的友人的第一印象。

作为一个职场工作人员，不同的场合适宜化什么样的妆容？

职场工作人员每天接触的人较多，清新自然的仪容有利于人际沟通，顺利开展工作。在工作时化妆宜淡不宜浓，匀称适度的淡妆给人一种整洁、大方、淡雅、舒畅的印象。

职场工作人员在各种公务活动和日常工作场合中对个人的仪容方面的具体做法是个人的道德品质、内在素质、文化素养、精神风貌的外在表现。职场工作人员必须养成随时随地注意保持良好职业形象的习惯，因为职场中的你代表着公司的形象。可以说，职场中个人装扮的爱好和习惯完全超越了其本身的审美情趣，已成为公司整体形象的客观要求。

仪容通常是指人的外貌，是一个人的精神面貌和内在气质的外在体现。具体而言，仪容由一个人的面容、发式以及身体所有未被服饰遮掩的肌肤构成。在人际交往中，每个人的仪容都会引起交往对象的特别关注，且会影响对方对自己的整体评价。

一、发式

常言道："远看头，近看脚。"头发位于人体的"制高点"，往往最先吸引别人的注意力，在人的仪容中占有举足轻重的地位。因此，修饰仪容，头发不可忽略。

职场人员应经常认真地洗头发，保持头发的干净、清爽和整齐，不要让头皮屑和残发散落在上衣和肩背上。职场工作人员不可在人前梳理头发，以免残发、头屑影响他人。

职场发型要求：干练、知性、简洁。

职场男士的发型发式标准就是干净整洁，要注意经常修饰、修理。发型要朴素大方，不留长发，不理超短发，不理光头，不烫卷发，不染发（白发染黑发者除外），可以选择侧分式、短平式或后背式。头发不应过长，前部的头发不要遮住眉毛，侧部的头发不要盖住耳朵，后部的头发不要长过西装衬衫领子的上部。头发不要过厚，鬓角不要过长。

职场女士的发型发式应该保持美观、大方。可以留各式长短发，但发型不能过于奇特，女士头发不应遮住脸部，前面刘海也不要过低，头发的长度不宜过肩部，如果留的是长发，在工作的时候需要束起来或者盘于脑后。

职场工作人员的发型应以庄重简约、典雅大方为主导风格，并与自己的脸型、体型、年龄、性格、气质等相符。

男士发型　　　　女士发型

图 2-1　职场发型图

二、职业妆

如何化职业妆

“上班要不要化妆？”这个问题如今已无须质疑。职场中化妆可以增添信心，也是人际交往中相互尊重的一种表现。美丽的容貌令人赏心悦目，但是天生丽质的人毕竟是少数，恰到好处的妆容，可使自己光彩照人，更加美丽。

即使是职场的男士也要做面部的修饰。男士在职场工作的时候，每天要进行剃须修面以保持面部清洁；男士在公务活动中经常会接触到香烟、酒等有刺激性气味的物品，要随时保持口气的清新。

对于职业女性来说，得体的发型会显得清爽利落，在大多数职场工作的女士看来，适当化些淡妆，是非常有必要的。

（一）常见的几种妆容类型

（1）工作妆。工作中宜化淡妆，妆色健康、明朗、端庄，追求自然清雅的化妆效果，力求做到“妆成有却无”。

（2）晚宴妆。追求细致亮丽的化妆效果，妆容宜化得浓艳些。

（3）舞会妆。突出个性，追求妩媚动人的化妆效果。舞会灯光幽暗，故妆容宜化得稍浓艳些。

（4）休闲妆。妆面不需要太多的痕迹，用色应清新淡雅，整体妆面特征自然简洁，应体现出轻松愉快、健康舒适的效果，另外也可以根据场合在浓度上做相应的调整。

（二）化妆的基本步骤

（1）洁面。用洗面奶彻底清洁之后涂抹适量的护肤品，使其吸收。

（2）涂粉底。各部位要衔接自然，不能有明显的分界线。在鼻翼两侧、下眼睑、唇周围等海绵难以深入的细小部位可用手进行调整。

（3）定妆。用粉扑将蜜粉扑在面部，但不要来回摩擦，以免破坏底妆。在鼻翼、唇部及眼部周围小心定妆。

（4）修眉。从眉腰处开始，顺着眉毛生长的方向，描画至眉峰处，形成上扬的弧线；从眉峰处开始，顺着眉毛的方向，斜向下画至眉梢，形成下降的弧线；由眉腰处向眉头进行描画；用眉刷刷眉，使其柔和，与各部位衔接。

（5）涂眼影，画眼线。涂抹时，注意使贴近睫毛的部位和两个眼角处浓重些。画眼线时，使用眼线笔紧贴睫毛根部画，上眼线可重一些，下眼线切忌画得过重。

（6）涂腮红。涂腮红能改变脸型，正确涂法应该在颧骨位置，如果涂在颧骨下，会造成一个下垂的线条，使脸部肌肉看上去不那么美观。

（7）涂唇膏。方法是应先用唇线笔勾出理想的唇形，唇线的颜色应略深于所用唇膏的颜色，从嘴角向中间勾画，勾完唇线再涂唇膏。

（8）涂睫毛。方法是从睫毛根部向外侧涂，然后用睫毛专用梳同方向梳理。

（三）职场化妆注意事项

（1）需协调统一。化妆首先必须注意与时间相适应，与周围的环境相适应。随着时间与场合的改变，化妆应有相应的变化。职场工作人员白天最好略施粉黛。工作场合的妆容要与办公环境相协调，以淡雅、清新、自然最为合适。职场人员如果一味追赶潮流，将流行、前卫的东西都带到办公室，在脸上涂了厚厚的粉，嘴唇鲜红耀眼，这不仅是不懂礼仪的表现，也会给自己的工作带来意想不到的麻烦。

（2）应扬长避短。化妆一方面要突出脸部最美的部分，使其显得更美丽动人；另一方面要遮盖或矫正缺陷或不足的部分。

（3）勿当众补妆。职场人员要注重自己的形象，但必须注重场合。无论是在工作还是在休闲，无论在自己家中还是出门在外，无论是一个人吃饭还是多人聚餐，一有空闲就会拿出化妆盒，“对镜贴花黄”，一副旁若无人的样子是相当失礼的。化妆属于个人私事，只能在无人的情况下进行，维护仪容仪表的全部工作应在“幕后”完成。

（4）勿以残妆示人。化妆要有始有终，维护妆面的完整性。化妆后要常做检查，特别是在休息、用餐、饮水、出汗、更衣后，要经常关注自己的妆容，发现妆面残缺，要及时在合适的地方补妆。

（5）宜选择与肤色接近的粉底色。那些皮肤透明无瑕的模特令人羡慕，其实那大多是优质粉底产生的效果。你应选择与肤色接近的粉底色，若粉底色太白，会与你本来的肤色相冲突。所以在选择粉底的时候用于腮部做测试，不应选用太浅的颜色。

（6）巧用唇膏增色。许多职业女性都有这样的经验，因熬夜而苍白憔悴的脸，只需抹上一层唇膏便可大为改观，显得精神许多，所以许多职场人即使平时不怎么化妆，手提袋里也会有一支口红。淡紫色、橘红色系唇膏在办公室里很受欢迎，两款口红可与任何色系的肤色或者服装相搭配。

仪容美的基本要求

职场工作人员的妆扮应该是理智的、温和的、清秀的，不强调性感、浪漫、标新立异，最好给人以温和服从的印象。

温馨提示

你永远没有第二次机会给人留下美好的第一印象！

本节测试

一、选择题

1.［单选］仪容美是个人仪容的首要要求，它包括仪容自然美、仪容修饰美和（　　）。

A. 仪容内在美　B. 仪容协调美　C. 仪容健康美　D. 仪容外表美

2.［单选］按职场礼仪的规定，以下对女士仪容的要求描述不正确的是（　　）。

A. 面容：工作时要化淡妆，以淡雅、清新、自然为宜

B. 发式：不染发，且梳理整齐；长发可自然盘于脑勺后，短发要合拢在耳后

C. 体味：勤换内外衣物，给人以清新的感觉，不使用味道过浓的香水

D. 手部：保持手部的清洁，指甲不得长于2毫米，可适当涂无色指甲油

3.［单选］对手部的具体要求有四点：清洁、不使用醒目甲彩、不蓄长指甲和（　　）。

A. 手部无光泽　　B. 手部皮肤不粗糙干燥

C. 不佩戴戒指　　D. 以上都不对

4.［单选］职场中女性（　　），也不应轻易评论他人的妆容。

A. 可以当众化妆　　B. 不宜当众化妆

C. 当众化妆无伤大雅　　D. 以上说法都不对

5.［单选］职场中，女性淡妆上岗，保持妆容美观，不浓妆艳抹，以下选项错误的是（　　）。

A. 不染彩色指甲　　B. 不戴手镯

C. 不染彩色头发　　D. 可以戴多枚漂亮的戒指

6.［单选］对职场仪容礼仪需要注意的要点描述错误的是（　　）。

A. 要注意容貌的修饰　　B. 要注意不能化浓妆

C. 要注意举止行为应优美　　D. 要注意不能在公共场合化妆

二、案例分析

案例一

东方航空公司要面向社会招一批空姐，前来报名的人络绎不绝。其中有几个女孩觉得空姐是很时髦的职业，招的都是漂亮的女孩，于是她们就到美容院将自己浓墨重彩地打扮了一番，就如同电视剧里的明星。她们高高兴兴地来到报名地点，谁知工作人员连报名的机会都不给她们，就让她们离开了。看着其他女孩一个个都报上了名，她们几个很纳闷："这是为什么呢？"

问题：案例中工作人员为什么不给这几个女孩报名？如果你去应聘，你会怎么打扮自己？

案例二

外贸公司的小倩是思想前卫、打扮入时的年轻姑娘，周五上司要求她晚上陪同一起参加一个商务酒会，对象是公司刚刚争取到的俄罗斯客户。小倩希望能够展现自身的美好形象，所以就提前回家好好装扮了一番。晚上八点，小倩出现在了酒会门口，梳着一个新潮的冲天辫，脸上的妆又浓又艳，尤其是手上和脚上都涂抹了不同颜色的指甲油。上司当时看到小倩的眼神让她很不解。

问题：小倩的形象能够参加商务酒会吗？假如你是小倩，你会怎么打扮？

实践训练

训练内容：

给自己化一个适合职场工作要求的妆容，并设计一款与之相匹配的发型，要求淡雅、干练，同组的同学相互指出不合适的地方，进行改正。

训练要求：

1. 分组：全班 4 人一组（其中一位同学充当模特、一位同学充当化妆师、一位同学充当发型师、一位同学全程观摩，并且最后做出相应评价）。

2. 根据不同情境得体装扮（包括化妆以及得体发式）：

（1）办公室工作妆及发型；

（2）社交场合妆及发型；

（3）生活妆及发型。

3. 结合职场要求进行展示。

第二节　职场仪表礼仪

情境导入

凯利集团的会议室里充满了凝重、严肃的气氛。公司总经理李达与德方经理的谈判即将进行，双方将就今后的合作达成协议，这是公司向国外扩大销售市场的又一重要举措。谈判开始后，大家发现坐在李总一旁的办公室王主任穿着非常休闲：一件胸前印有图案的 T 恤衫，蓝色的牛仔裤，白色的旅游鞋。负责倒茶水的办公室女秘书小李更是花枝招展，项链、耳环、戒指、手镯一应俱全、闪闪发光，高跟鞋叮叮作响，每当她进来送水，会谈就不得不停歇片刻。德国客人通过翻译开了个玩笑：“李总，最好让这位漂亮小姐去参加选美比赛。”

问题：王主任和秘书小李的着装有什么问题？应该怎样着装打扮才合适？

一、职场服饰礼仪

服饰是装饰人体的物品总称，包括服装、鞋、帽、袜子、手套、围巾、领带、胸针、提包等。古时候，服饰是用来遮羞的，而现在的服饰是人类文明的标志，又是人类生活的要素。它除了满足人们物质生活需要外，还代表着一定时期的文化。随着人们对于新事物的认识不断进步，服饰的材质、样式也变得多种多样。

作为职场人员，外在形象非常重要。服饰是外在形象的重要组成部分，职场人员的服饰即职业服饰，应当具有实用性、审美性和象征性的特点，其基本要求是整洁、大方、得体、和谐、雅致。一位人事总监曾说："我认为你不可能仅仅因为戴了一条领带而取得一个职位，但是我可以肯定戴错了领带就会使你失去一个职位。"

因此，服装要与自身形象相和谐，与出入场所相和谐。服装的色彩搭配和款式搭配也要和谐。

（一）职场人员着装场合

职场人员着装大体可以分为三种场合：公务场合、社交场合和休闲场合。

1. 公务场合

公务场合指的是职场人员上班处理公务的时间。在公务场合，职场人员的着装应当重点突出"庄重保守"的风格。

公务场合男士的最佳着装是：深色毛料的套装、套裙或制服。具体而言，男士最好身着黑色、藏蓝色、灰色的西装套装或中山装，内穿白色衬衫，脚穿深色袜子、黑色系带皮鞋。穿西服套装时，务必要系领带。

公务场合女士的最佳着装是：黑色或藏蓝色的西服套裙，内穿白色衬衫，脚穿肤色长筒丝袜和黑色高跟皮鞋。有时，也可以选择单一色彩西服套装。

2. 社交场合

在社交场合，职场人员的着装应突出"时尚个性"的风格，既不必过于保守从众，也不宜过分地随便邋遢。

具体的做法是：在需要穿着礼服的场合，男士穿着黑色的中山套装或西装套装，女士则穿着单色的旗袍或下摆长于膝部的连衣裙。其中，尤其以黑色中山装套装与单色旗袍最具有中国特色，并且应用最广泛。

在社交场合，最好不要穿制服或便装。

3. 休闲场合

在休闲场合，职场人员的着装应当重点突出"舒适自然"的风格。没有必要衣着过于正式，尤其应当注意，不要穿西服套装或套裙，也不必穿

职场人员着装规范

制服。那样做，既没有任何必要，也与所处的具体环境不符。

（二）职场着装的原则

职场中得体的穿着，不仅可以显得更加美丽，而且还可以体现出一个现代职业人良好的修养和独到的品位。职场着装应遵循以下原则：

1. 场合原则

衣着要与场合协调。与客户会谈、参加正式会议等，衣着应庄重考究；听音乐会或看芭蕾舞表演，则应按惯例着正装；出席正式宴会时，则应穿中国的传统旗袍或西方的长裙或晚礼服；而在朋友聚会、郊游等场合，着装应轻便舒适。试想一下，如果大家都穿便装，你却穿礼服就有欠轻松；同样地，如果以便装出席正式宴会，不但是对宴会主人的不尊重，也会令自己觉得尴尬。

2. 时间原则

不同时段的着装规则对女士尤其重要。男士有一套质地上乘的深色西装或中山装足以包打天下，而女士的着装则要随时间而变换。白天工作时，女士应穿着正式套装，以体现专业性；晚上出席宴请酒会就需多加一些修饰，如换一双高跟鞋，戴上有光泽的佩饰，围条漂亮的丝巾；服装的选择还要适合季节气候特点，保持与潮流大势同步。

3. 地点原则

在自己家里接待客人，可以穿着舒适但整洁的休闲服；如果是去公司或单位拜访，穿职业套装会显得专业；公务外出时要顾及当地的传统和风俗习惯，如去教堂或寺庙等场所，不能穿过露或过短的服装。

4. 整洁平整

服装并非一定要高档华贵，但须保持清洁，并熨烫平整，穿起来就能大方得体，显得精神焕发。整洁并不完全是为了自己，更是尊重他人的需要，这是良好仪态的第一要务。

5. 色彩技巧

不同色彩会给人不同的感受，如深色或冷色调的服装让人产生视觉上的收缩感，显得庄重严肃，而浅色或暖色调的服装会有扩张感，使人显得轻松活泼。因此，可以根据不同需要进行选择和搭配。

6. 配套齐全

除了主体衣服之外，鞋袜等的搭配也要多加考究。如袜子以透明近似肤色或与服装颜色协调为好，色彩鲜艳或带有花纹的袜子不能登大雅之堂。正式、庄重的场合不宜穿凉鞋或靴子，黑色皮鞋是适用最广的，可以和任何服装相配。

7. 饰物点缀

巧妙地佩戴饰品能够起到画龙点睛的作用，给女士们增添色彩。但是佩戴的饰品不宜过多，否则会分散对方的注意力。佩戴饰品时，应尽量选择同一色系。佩戴首饰最关键的就是要与你的整体服饰搭配统一起来。

二、职业装

职场工作人员在职业场合以着职业装为主，端庄稳重是着装的原则。男士以西装为宜，女士一般以裙式套装或裤式套装为宜。裙式套装既不失女性本色，又符合庄重大方的原则，也便于搭配，出入各种场合均显得十分协调。职业装颜色和款式切忌标新立异。

（一）男士西装

西装在欧洲已有一百多年的历史，清朝末年传入中国。西装造型优美、做工讲究，是全世界最流行的正装，对于职场人士来说是必不可少的“装备”之一。根据惯例，正式隆重的场合，如会见、访问、会谈、宴会、庆典仪式、婚丧等活动中，男士应该穿正式套装。

一套合体的西装与衬衫、领带、皮鞋、袜子应是一个统一的整体。

1. 西装的分类

国际上男士西装的分类：

（1）美式西装。

特点：基本轮廓特点是O形，就是比较宽松，不太强调腰身，垫肩不是很明显，通常是后开衩。

适合人群：稍微宽松一些的场合和身材高大魁伟的男士，特别是肥胖的男士。

（2）意式西装（欧式西装）。

特点：基本轮廓是倒梯形，实际上就是宽肩收腰。相比美式西装，意式西装严格和讲究，有特别夸张的垫肩，最明显的特征是双排扣、枪驳领，裤子是卷边的。

适合人群：欧洲人，这和欧洲男人比较高大魁梧的身材相吻合。意式西装对人的身材比较挑剔，适合上身偏长的人，身材过于矮小和身材比较肥胖的人不太适合这种款式的西装。

（3）英式西装。

特点：英式西装是意式西装的一个变种。英式西装多是单排扣，领子较狭长，强调收腰，肩部也经过特殊的处理，后面一般是双开的（骑马衩），还有一种衩是中间衩。

有两粒扣的，但以三粒扣子居多。

适合人群：对身材方面不是特别挑剔，适合普通身形的人。

（4）日式西装。

特点：基本轮廓是 H 形，一般而言，日本版型的西装多是单排扣式，衣后不开衩。

适合人群：亚洲男人的身材——肩不特别宽，不高不壮。

2. 西装的选择

（1）西装的选择要符合“三色”原则。

在正式场合，穿西服套装时，西服、西裤、衬衫、领带、皮鞋应在三种颜色以内。一般来说，西服套装、鞋、腰带、公文包应保持一个颜色，以黑色为主。

西装的颜色主要有：

①黑色，属礼服类颜色，最沉稳。黑色西装适合的场合：正式的签约、隆重的庆典、婚礼和丧礼等场合。

②深蓝色，一般职场多穿深蓝色西装。

③深灰色，商务场合可穿深灰色西装。

④避免浅色西装。浅色给人轻浮的感觉，不适合正式场合，但是可以在休闲场合穿。

（2）西装选择要合体。

①选择的西装首先要合体。

②注意西装的长度、西装的肥瘦等。

3. 男士西装的穿着禁忌和注意事项

（1）西装穿着禁忌：

①忌西服上衣、裤子过短、过瘦；

②忌衬衫放在西裤外；

③忌不扣衬衫纽扣（如不系领带，领口扣可以不扣）；

④忌西服袖子长于衬衫袖子；

⑤忌领带太长或太短（领带的长度应与腰带下端齐平）；

⑥忌西服上装两扣都扣上（双排扣西服除外）；

⑦忌西服的上衣和裤子口袋内装很多物品（鼓鼓囊囊）；

⑧忌穿西服配便鞋（如旅游鞋等）。

（2）穿西装应注意的事项：

①要拆除西装上的袖标；

②西装要熨烫平整；

③扣好纽扣（正式场合，单排 2 粒扣西装，扣上边 1 粒纽扣；单排 3 粒扣西装，扣上边 2 粒纽扣；双排扣西装，纽扣应全部扣好）；

④不挽袖口、裤脚；

⑤不搭配羊毛衫；

⑥巧配内衣；

⑦腰间无物（无钥匙或其他饰物）；

⑧少装东西（西服、西裤口袋尽量不要装物品）。

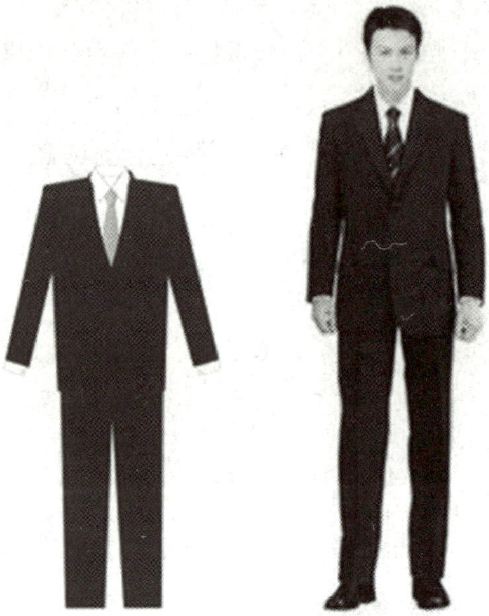

图 2-2　男士西装搭配

4. 西装搭配的衬衫

与西装配套的衬衫应为正装衬衫。一般来讲，正装衬衫具有以下特征：

（1）面料：应为高织精纺的纯棉、纯毛面料，或以棉、毛为主要成分的混纺衬衫。条绒布、水洗布、化纤布、真丝、纯麻皆不宜选。

（2）颜色：必须为单一色。白色为首选，蓝色、灰色、棕色、黑色亦可。杂色、过于艳丽的颜色（如红、粉、紫、绿、黄、橙等色）有失庄重，不宜选。

（3）图案：以无图案为最佳，有较细竖条纹的衬衫有时候在商务交往中也可以选择。

（4）领型：以方领为宜，扣领、立领、翼领、异色领不宜选。衬衫的质地有软质和硬质之分，穿西装要配硬质衬衫。尤其是衬衫的领头要坚硬挺括，要干净，不能太软，或满是油迹斑斑，否则再好的西装也会逊色。

（5）衣袖：正装衬衫应为长袖衬衫。

（6）穿法讲究：

①衣扣：衬衫领的第一粒纽扣，穿西装打领带时一定要系好，否则松松垮垮，给人极不正规的感觉。相反，不打领带时，一定要解开，否则会让人感觉好像你忘记打领带了。另外，打领带时衬衫袖口的扣子一定要扣好，而且绝对不能把袖口挽起来。

②袖长：衬衫的袖口一般以露出西装袖口以外 1.5 厘米为宜。这样既美观又干净，但要注意衬衫袖口不要露出太长，那样就是过犹不及了。

③下摆：衬衫的下摆不可过长，而且下摆要塞到裤子里面。我们经常见到某些服务行业的女员工，穿着统一的制式衬衫，系着领结，衬衫的下摆却没有塞到裤腰或裙腰中去，给人一种不伦不类、很不正规的感觉。

④不穿西装外套只穿衬衫打领带仅限室内，而且正式场合不允许。

5. 领带

领带被喻为“男人的第二张脸”。一条漂亮的领带、一个完美的领结扣，配上笔挺合身的西服，可以完全衬托出一位优秀男士的魅力和气质。一般来说，深色西服宜配深色领带，浅色西服宜配浅色领带，领带颜色同西服颜色相近，也可略深于西服。但是穿西服时，如果穿白色衬衣，领带颜色只要同西服相配即可，不必考虑同衬衣相配；如穿深色衬衣，则宜佩戴浅色领带；如只穿衬衣，不穿西服，领带颜色的选择可更自由些。职场中，喜庆场合，如参加庆典等可以佩戴偏红色的领带；参加学术会议、签约等佩戴蓝色领带更庄重。系好领带后，其大箭头应在皮带扣的地方。若穿毛衣或者毛背心时，领带必须置于毛衣或背心里面。领带夹是用来固定领带的，其位置不能太靠上，以衬衫的第 4 粒纽扣处为宜。

介绍几种常用的领带系法：平结、温莎结、双环结、交叉结、王子结、浪漫结。

（1）平结：平结是男士们选用最多的领带打法之一，几乎适用于各种材质的领带。完成后领带打法呈斜三角形，适合窄领衬衫。

打这种领带结的要诀：图中宽边在左手边，也可换右手边打；在选择“男人的酒窝”（形成凹凸）情况下，尽量让两边均匀且对称。

图 2-3　平结的打法

（2）温莎结：这种结是因温莎公爵而得名的领带结，是最正统的领带打法，打出的结成正三角形，饱满有力，适合搭配宽领衬衫，领带结应多往横向发展。应避免材质过厚的领带，领带结也勿打得过大。

打这种领带结的要诀：宽边先预留较长的空间，绕带时的松紧会影响领带结的大小。

图 2-4　温莎结的打法

（3）双环结：一条质地细致的领带再搭配上双环结颇能营造时尚感，适合年轻的上班族选用。

打这种领带结的要诀：该领带打法的特色就是第一圈会稍露出于第二圈之外，千万别刻意给盖住了。

图 2-5　双环结的打法

（4）交叉结：这是对于单色素雅质料且较薄领带适合选用的领带打法，对于喜欢展现流行感的男士不妨多加使用。交叉结的特点在于打出的结有一道分割线，适用于颜色素雅且质地较薄的领带，感觉非常时髦。

打这种领带结的要诀：注意按步骤打完领带是背面朝前。

（5）王子结：也叫亚伯特王子结，适用于浪漫扣领及尖领系列衬衫，搭配浪漫质料柔软的细款领带，“男人的酒窝”（形成凹凸）两边略微翘起。

打这种领带结的要诀：宽边先预留较长的空间，并在绕第二圈时尽量贴合在一起，即可完成此一完美结型。

图 2-6　交叉结的打法

图 2-7　王子结的打法

（6）浪漫结：浪漫结是一种完美的结型，故适用于各种浪漫系列的领口及衬衫。浪漫结能够靠褶皱的调整自由放大或缩小，而剩余部分的长度也能根据实际需要任意掌控。浪漫结的领带结形状匀称、领带线条顺直优美，容易给人留下整洁严谨的良好印象。

打这种领带结的要诀：领带结下方的宽边压以褶皱可缩小其结型，窄边也可将它往左右移动使其小部分出现于宽边领带旁。

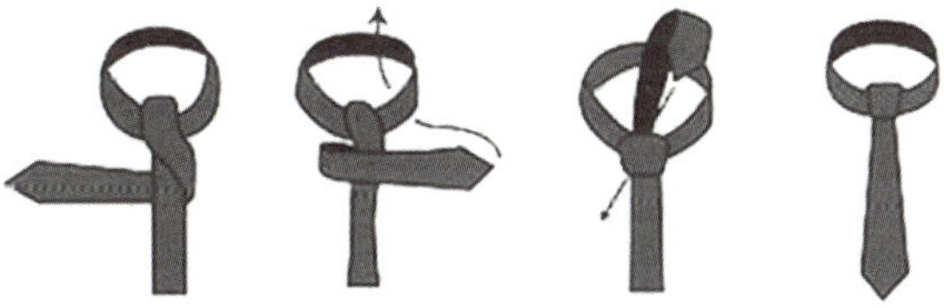

图 2-8　浪漫结的打法

6. 皮鞋与袜子

适合男士西装穿着的皮鞋为黑色。黑色皮鞋能配任何一种深颜色的西装。正规的男士皮鞋应该是系带的。

穿西装、皮鞋时所穿的袜子，最好是纯棉、纯毛制品。袜子颜色以深色、单色为宜，最好是黑色的。千万不能穿与西装、皮鞋的色彩对比鲜明的白色袜子，也不要穿过分“扎眼”的彩袜或者其他浅色的袜子。发光、发亮的袜子也不要穿。袜子上允许出现以几何图案为主的庄重风格的图案，穿没有任何图案的袜子则更为合适。一般而言，袜子的长度不宜低于自己的踝骨。

男士着装应注意的细节

温馨提示

按照职场礼仪规范，男士在参加面试时，穿着深色西服不可以配白色的袜子。

（二）女士西服套裙

一般来说，女性工作人员在工作时套裙是首选。套裙是西装套裙的简称，上身为女式西装，下身是一步短裙。有时候，也可以穿三件套的套裙，即女式西装上衣、短裙、马甲。

套裙可以分为两种基本类型：一种是用女式西装上衣和其他颜色、款型的裙子进行自由搭配组合成“随意型”套裙；另一种是女式西装上衣和同一面料裙子成套设计、制作而成的“成套型”或“标准型”套裙。职场一般穿着后者。

1. 怎样选择职场套裙

一套在正式场合穿的套裙，应该由高档面料缝制，上衣和裙子要采用同一质地、同一色彩的素色面料，匀称、平整、滑润、光洁、丰厚、柔软、悬垂、挺括。不仅弹性、手感要好，而且要不起皱、不起毛、不起球。在造型上讲究为着装者扬长避短，所以提倡量体裁衣、做工讲究。上衣注重平整、挺括、贴身，较少使用饰物和花边进行点缀。裙子要以合体为主，并且裙子长度要到膝盖左右。

在色彩方面以冷色调为主，应当清新、雅气而凝重，以体现出职场女性的典雅、端庄和稳重。可以选择炭黑、藏青、雪青、茶褐等冷色调。

穿着同色的套裙，可以配不同色的衬衫、领花、丝巾、胸针、围巾等衣饰来加以点缀，显得生动、活跃。一套套裙的全部色彩不应超过两种。

职场女性工作中穿的套裙讲究朴素而简洁，以黑色西装套裙为佳，配以白色衬衫，以显示出女性的精明干练。套裙上不要添加过多的点缀，否则会显得杂乱而小气。如果喜欢可以选择少而且制作精美、简单的点缀，如漂亮的胸针或颈间系一小丝巾等。

在职场套裙中，上衣和裙子的长短没有明确而具体的规定。传统的观点是：裙短不雅，裙长无神。最标准、最理想的裙长，应是裙子的下摆恰好抵达膝盖的地方。对于职业女性来说，套裙中的超短裙，裙长应以不短于膝盖以上 8 厘米为限。

2. 穿职场套裙的注意事项

（1）长短适度。上衣的长度应在裙腰之下，裙子的长度可根据年龄而定，一般是年龄越大裙子越长。最短不短于膝盖以上 8 厘米，最长可以达到小腿的中部。上衣的袖长要盖住手腕。

（2）认真穿好。上衣的领子要完全翻好，衣袋的盖子要拉出来盖住衣袋；衣扣一律全部系上。不允许部分或全部解开，更不允许当着别人的面随便脱下上衣。裙子要穿得端正，上下对齐的地方要对齐整。

（3）兼顾举止。套裙最能够体现女性的柔美曲线，这就要求职场女性举止优雅，注意个人的仪态。

穿上套裙后，站要挺拔端正，不可以双腿叉开，东倒西歪。就座以后，务必注意姿态，不要双腿分开，或是跷起一条腿，抖动脚尖；更不可以脚尖挑鞋摇晃。走路时不能大步狂奔，步子要轻而稳。

3. 鞋子的选择

女性职场工作人员穿职业装，搭配很关键。西装套裙是白领女性最得体的服装，脚上的一双鞋是绝对不容轻视的。鞋子面积虽小，对整体形象却影响很大。得体的鞋子能展现女性的优雅风度。

第一，穿鞋首先选舒适度。长时间工作，需要一双舒服的好鞋相伴。当脚部不再受到束缚时，自信就会油然而生。建议在下午选购鞋子，因为双脚在下午会略微膨胀，此时选购的鞋穿起来最舒服。

第二，职场应以黑色鞋子为首选。鞋子切忌成为全身颜色最鲜艳之处，黑色可与大多数颜色的服装相配，永远是职场女性的最佳拍档。鞋跟高度在3～5厘米的前后包头皮鞋，是职业女性的最佳选择。

4. 袜子的选择

袜子应选择过膝的长筒袜或连裤袜，最合适的颜色是肤色，要接近肤色或稍深一些。白色、花色、带网眼和其他鲜艳色彩的丝袜不适合在职场穿着。

图 2-9　女士西装套裙

（三）职业装与配饰

1. 男士配饰

男士的配饰总是有实用性的，公文包、眼镜、手表、皮带等，更确切的说法应是随身物件。这些配饰要与西服套装颜色协调一致，起到画龙点睛的作用。

2. 女士配饰

帽子：能增加主人的风采，要与本人身材和谐，与着装相配。职场女性工作人员穿职业装时只能佩戴与职业装相配套的帽子，不能佩戴其他帽子。

首饰：职场佩戴首饰不要超过两件。

皮包：要与自己的身材和谐，与服装相配。职场以黑色公文拎包为宜。

丝巾：要考虑到服装整体颜色和款式的搭配，还要考虑丝巾的面料、花色与服装的搭配。丝巾的打法多种多样，也要考虑与服装的协调。

（四）工作制服

工作制服，即为工作而制定的衣服。制服是军人、机关工作者、企业等穿戴的有规定式样的服装。

一个单位整体的精神风貌是非常重要的，这是展现给外界的第一印象。团队要求统一的着装，其中一个目的就是给人良好的第一印象。统一的服装会让人看到整齐划一、井然有序的团队面貌，整个团队的精神都得以体现，比其他没有统一着装的团队更显昂扬的气质，更加吸引眼球，显示出管理有序、积极向上的形象，让人信服。除此之外，全体员工着装统一，还能体现出团结一致、和睦相处、共同协作的状态，更加凸显整体性。

统一工作服装的作用：

1. 体现严谨的态度

在现代社会里，越来越多单位要求全体从业人员统一着装上班。无论员工下班之后怎样，上班了就穿着公司统一的工作服，这是一种严谨的态度。

2. 是职业特征的体现

为工作的需要，不同职业往往需要有不同特征的工作服。参加不同类型的活动的职场人员所穿的制服，通常也各不相同，具有职场人员共同的基本特征。

3. 增强合作性与凝聚力

身着样式一致的工作制服，不仅有助于体现整个单位的共性、全体员工良好的合作性与凝聚力，而且也便于单位更有效地对全体员工进行要求和管理。

4. 可以树立其职业形象

工作制服还有一种作用——树立职业形象，展现统一的美、整齐的美、对称的美。员工穿着统一的服装，能给客户留下良好的印象，客户就会认为企业很正规。

三、社交礼服装

职场工作人员经常会出现在庆典、聚会、宴席、访问、婚礼、丧礼等不同活动场合，这就需要穿着适宜的礼服。要根据时间、地点、环境等因素来确定礼服的种类。女士以旗袍、长裙为宜，西式晚宴可穿礼服，上紧下松，曲线优美。男士以深色（如黑色、深蓝色）西装为宜，质地要好，款式简单。中式礼服也可选择毛料精制的中山装，配黑色皮鞋，显得整齐而庄重。

四、休闲便装

休闲便装是指人们在无拘无束、自由自在的休闲生活中穿着的服装，将简洁自然的风貌展示在人前。休闲便装一般可以分为前卫休闲、运动休闲、浪漫休闲、古典休闲、民俗休闲和乡村休闲等。日常穿着的便装、运动装、家居装或把正装稍作改进的“休闲风格的时装”。总之，凡有别于严谨、庄重服装的，都可称为休闲便装。

便装适合休闲场合。休闲场合就是人们在公务、工作外，置身于闲暇地点进行休闲活动的时间与空间，如居家、健身、娱乐、逛街、旅游等都属于休闲活动。穿着休闲服装，追求的是舒适、方便、自然，给人以无拘无束的感觉。

适用于休闲场合穿着的服装款式，一般有家居装、牛仔装、运动装、沙滩装、夹克衫、T恤衫等。着装可随意些，根据自己的特点、爱好去选择，但也要注意得体适度。

本节测试

一、选择题

1. [单选]职场女性（　　），也不应轻易评论他人的妆容。

A. 可以当众化妆　　B. 不宜当众化妆

C. 当众化妆无伤大雅　　D. 可以当众补妆

2. [单选]穿着西装时应当搭配（　　）。

A. 皮鞋　　B. 便鞋　　C. 布鞋　　D. 运动鞋

3. [多选]职场个人仪表风度礼仪主要包括（　　）。

A. 仪容礼仪　　B. 着装礼仪　　C. 举止礼仪　　D. 交谈礼仪

4. [多选]职场着装忌讳（　　）。

A. 过分杂乱　B. 过分短小　C. 过分裸露　D. 过分紧身

5. [多选]男士应穿着（　　）的袜子。

A. 白色　B. 深蓝色　C. 深灰色　D. 深黑色

6. [多选]穿着西装时要注意（　　）。

A. 西装洗了再穿　B. 拆除袖口的商标再穿

C. 外套的口袋不能装东西　D. 双排扣的上衣只系中间一个

二、案例分析

金融专业的金瑶就要毕业了，老师安排她下午去面试。为了给招聘单位留下一个好印象，她决定好好打扮一番。她在寝室忙了半天，最后选中了一条很流行的大花的连衣裙，配上高跟凉鞋，戴上项链、耳环，还化了流行的彩妆。她认为这样一定能在外形上取得优势，很有自信。面试时，金瑶发现人力资源主管用异样的眼光打量了她半天，这让她有些不自在。结果第二天金瑶接到了未被录用的通知。

请问：金瑶在着装打扮方面是否得体？为什么？

实践训练

【训练一】

请分角色选择自己认为最合适的工作服装、社交服装、休闲服装进行展示，并根据着装佩戴合适的饰物、包袋。

道具：男西服套装、领带、公文包；女西服裙装、丝巾、挎包；男女休闲装；运动装；各种类型的饰品。

训练要求：

1. 分组：可以按男女生分组，每组8人（1位同学充当服饰搭配老师，6位同学充当不同情境下的职场工作人员，1位同学负责饰品的搭配）。

2. 每组在规定的时间内完成以下任务：职场工作人员在办公、接待、谈判、出席宴请、打球、逛街时的服饰搭配并且选择相应的饰品。

3. 每组以完成的先后顺序展示，由其他组同学和老师共同评判打分。

【训练二】

男生训练领带的5种打法，完成后必须符合自己的身材比例，老师、同学点评。

女生训练不同着装的5种丝巾的打法，要与衣着、身材等特点相符，老师、同学点评。

训练要求：

1. 分组训练，两人一组，一人打领带（或系丝巾），一人检查并评价。
2. 规范演示打领带（或系丝巾）的过程。

第三节　职场仪态礼仪

情境导入

公司总经办文员岗位空缺，公司领导看中了性格外向的小王，在对小王进行考核面试时，小王坐在那里一边回答问题，一边不停地变换双腿的姿势，甚至不停地抖动，眼睛一会儿看这儿一会儿看那儿，整个身体状况令领导皱眉，对小王的印象也大打折扣。

问题：你认为小王使领导印象不好的原因是什么？假如你是该公司的人事总监，你认为办公室文员的仪态应该是怎样的？

仪态是人的肢体动作，是人们在社会交往中各种举止表情的规范。仪态是一种体现个人气质、修养的形态。

职场中要塑造良好的形象，必须注意自己的行为举止。举止是指一个人的动作和表情。在日常生活中，人们的一举手、一投足、一颦、一笑都可概括为举止。从某种意义上来讲，人的行为举止也是一种语言，它是无声的，反映了一个人的素质、受教育程度以及能够被人信任的程度。

一个人即使有出众的姿色、时髦的衣着，但如果没有相应的行为美，就破坏了自己的形象。我们的仪态举止就应该体现秀雅合宜的行为美。

作为职场人员要站有站相、坐有坐相、行有行相。要率直而不鲁莽，活泼而不轻佻，工作紧张而不慌乱，休息时轻松而不懒散，与宾客接触时有礼而不自卑。

一个人的气质、风度及其礼仪教养不能靠高档的服饰装扮而成，更不是靠人们拥捧而就的，而是在一言一行中自然体现出来的。

职场举止礼仪原则

一、站姿礼仪

最容易表现体态特征的是人站立时的姿势。职场中的站姿，要求做到“站有站相”，注意站姿的挺拔、优美和典雅。

站姿是人的静态造型动作，是其他动态美的起点和基础。古人主张“站如松”，说明良好的站姿应给人一种挺、直、高的感觉。男士应刚毅洒脱、稳健大方；女士应亭亭玉立、文静优雅。

正确的站立姿势应是：端正、庄重，具有稳定性。站立时，从正面看去，应以鼻为点与地面做垂直状，人体在垂直线的两侧对称，表情自然明朗。

（一）基本站姿

（1）头正。双目平视前方，嘴唇微闭，下颌微收，面带微笑，动作平和自然。

（2）肩平。双肩舒展，保持水平并稍微下沉。

（3）臂垂。双臂放松，自然下垂于体侧，虎口向前，手指自然弯曲。

（4）躯挺。挺胸、收腹、立腰，臀部肌肉收紧，重心有向上升的感觉。

（5）腿并。双膝和双脚要靠拢，男士两脚见可稍微分开，但不宜超过肩宽。

以上是基本站姿，职场工作中可在此基础上进行调整。

女士要求双腿并拢、双脚并拢或呈“V”字形，也可呈“丁字步”，右手搭握在左手四指部位，贴在腹部，或两手自然下垂于身体两侧。

女士基本站姿（正面）　　男士基本站姿（正面）

图 2-10　常见的站姿

男士双脚也可调成“V”字形，或双脚与肩同宽，双手自然下垂于身体两侧；或一手背于后，一手自然下垂，也可将双手放在后背，左手握住右手腕，贴在臀部。

（二）站立注意事项

（1）站立时，切忌东倒西歪、无精打采，懒散地倚靠在墙上、桌子上。

（2）站立时，不要低着头、歪着脖子、含胸、端肩、驼背。

（3）站立时，不要将身体的重心明显地移到一侧，只用一条腿支撑着身体。

（4）站立时，身体不要下意识地做小动作。

（5）在正式场合，不要将手叉在裤袋里面，切忌双手交叉抱在胸前，或是双手叉腰。

（6）男士双脚左右开立时，注意两脚之间的距离不可过大，不要挺腹翘臀。

（7）站立时，不要两腿交叉站立。

温馨提示

注意防止不雅站姿。不雅站姿主要有：

1. 身体。歪着脖子、斜着肩或一肩高一肩低、弓背、挺腹、撅臀或身体依靠其他物体等。

2. 手脚。两腿弯曲、叉开很大以及在一般情境中双手叉腰、双臂抱在胸前、两手插在口袋等。

3. 动作。搔头抓痒，摆弄衣带、发辫、咬指甲等。

二、坐姿礼仪

坐姿是人际交往中最重要的人体姿态，它能反映个人的素养。优美的坐姿应是端正、优雅、自然、大方。正确的坐姿要求“坐如钟”。

（一）基本坐姿

（1）入座要稳而轻。准备入座时，可以小腿确认一下座椅的位置，小腿与椅子面约一拳距离，然后轻稳坐下，以坐椅子的 2/3 为宜。女士入座时，若穿裙装，应用手轻抚裙子。

（2）落座后，上体自然坐直，双肩平正放松，立腰、挺胸，上身微向前倾，重心垂直向下，两手自然地放在双膝上，女士可以右手握住左手四指部位，然后放于两大腿中间，头部端正，双目平视，嘴唇微闭，微收下颌，面带笑容。

（3）双膝自然并拢（男士可略分开，两膝距离以一拳左右为宜），双腿放正。

（4）双肩平正放松，双臂自然弯曲轻放在腿面上。

（5）起身离座时，右脚向后收半步，而后直立站起，收右脚，再站起，轻稳离座。

（二）常用坐姿

1. 正襟危坐式（男女适用）

正襟危坐式，又称最基本的坐姿，适用于最正规的场合。要求：上身与大腿成直角，大腿与小腿成直角，小腿垂直于地面。女士双膝双脚完全并拢。男士可双膝分开，但不得超过肩宽。

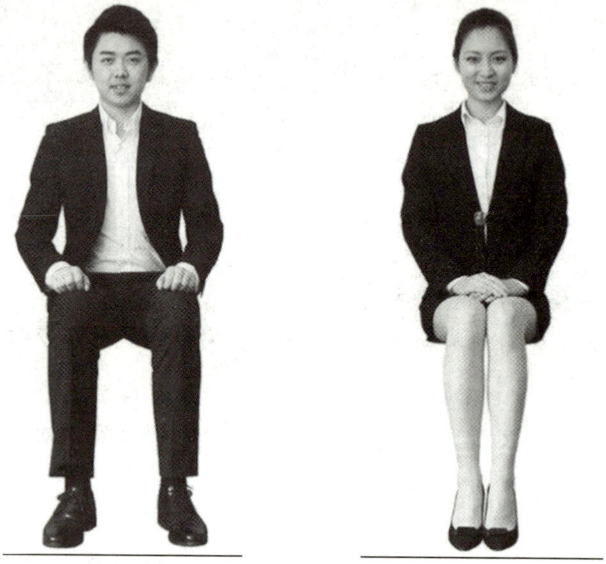

男士正坐　　女士正坐

图 2-11　正襟危坐式

2. 开关式坐姿（男女适用）

在办工作桌或电脑前常用。要求：坐正，双膝并紧，两小腿前后分开，两脚前后在一条直线上，两手扶于桌上或放在腿上。

3. 女士左侧点式坐姿

坐正，双膝并紧，上身挺直，两小腿向左倾斜出，左脚靠近右脚内侧，左脚脚掌内侧着地，右脚脚跟提起，双手放置于右腿上，头向右侧转。

4. 女士双脚交叉式坐姿

双膝并拢，双脚在踝部交叉。需要注意的是，交叉后的双脚可以内收，也可以斜放，但不要向前方远远地直伸出去。

男女坐姿大体相同，只是细节上存在差别。整个入座过程应该无声无息、不慌不忙。比较正规的场合通常只能坐椅子的2/3，挺拔身体，就是所谓的正襟危坐。当然，非正式场合可以适当随意一点，但不要过于随意，不要让两条腿形成“4”字形，即不能跷二郎腿，不能把脚尖对着别人，这是很失礼的举止。

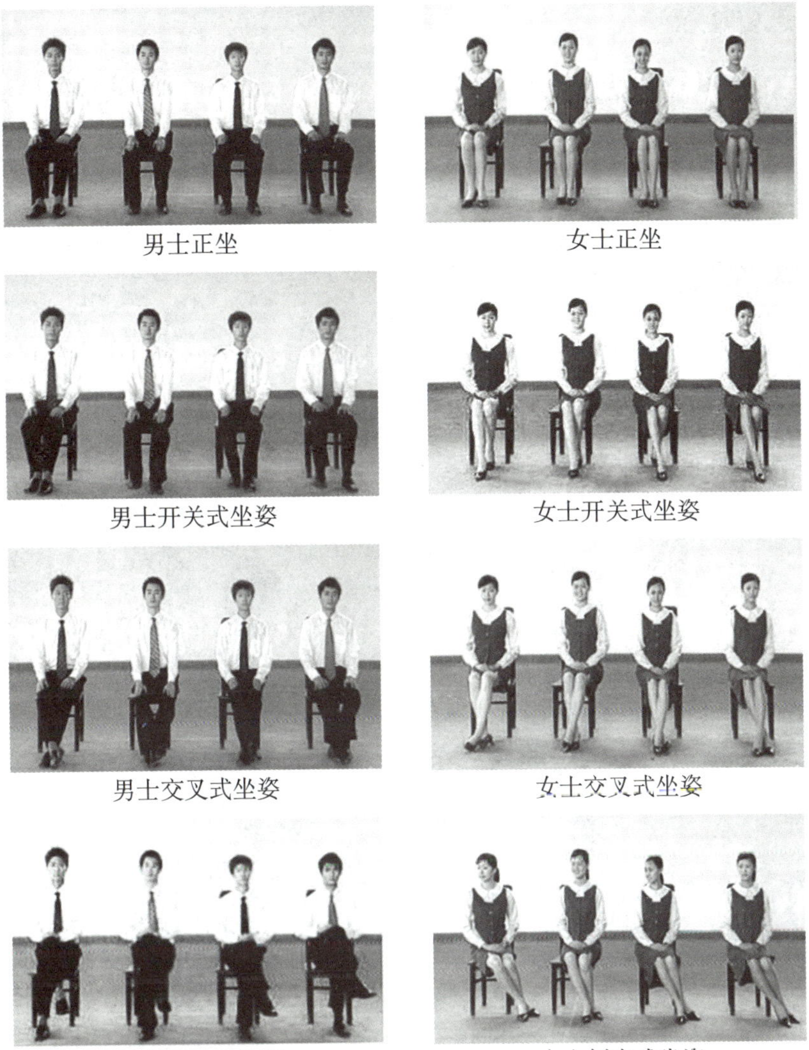

男士正坐　女士正坐

男士开关式坐姿　女士开关式坐姿

男士交叉式坐姿　女士交叉式坐姿

男士重叠式坐姿　女士侧坐式坐姿

图 2-12　职场男女坐姿图

温馨提示

职场要坚决避免以下几种不良坐姿：

1. 就座时前倾后仰，或歪歪扭扭，脊背弯曲，头过于前倾，耸肩。

2. 两腿过于叉开或长长地伸出去，萎靡不振地瘫坐在椅子上。

3. 坐下后随意挪动椅子，在正式场合跷二郎腿时摇腿。

4. 为了表示谦虚，故意坐在椅子边上，身体萎缩前倾地与人交谈。

5. 大腿并拢，小腿分开，或双手放在臀下，腿脚不停地抖动。

三、走姿礼仪

走姿是人体所呈现出的一种动态，是站姿的延续。走姿是展现人的动态美的重要形式。古人说“站如松，坐如钟，行如风”，就是说人在行走的时候，如风行水上，轻快自然。步态直接体现了一个人的精神风貌。

（一）基本走姿

（1）目光平视，头部端正，微收下颌。

（2）双肩平稳，双臂自然摆动，摆幅在 30°～35° 为宜。

（3）上身挺直，抬头挺胸，收腹、立腰，重心稍向前倾。

（4）注意步位，两脚内侧落于一条直线上。

（5）注意步幅，正常的步幅应该是一脚之长（前脚跟和后脚尖的距离）。

图 2-13　常见的走姿

（二）变向时的行走规范

1. 侧身步

当走在前面引导来宾时，应尽量走在宾客的左前方。髋部朝向前行的方向，上身稍向右转体，左肩稍前，右肩稍后，侧身向着来宾，与来宾保持两三步的距离。当走在较窄的路面或楼道中与人相遇时，也要采用侧身步，两肩一前一后，并将胸部转向他人，不可将后背转向他人。

2. 后退步

向他人告辞时，应先向后退两三步，再转身离去。退步时，脚要轻擦地面，不可高抬小腿，后退的步幅要小。转体时要先转身体，头稍候再转。

（三）不同场合的走姿

（1）参加职场庆典等喜庆活动，步态应轻盈、欢快、有跳跃感，以反映喜悦的心情。

（2）参观吊丧活动，步态要缓慢、沉重、有忧伤感，以反映悲哀的情绪。

（3）职场参观展览、探望员工等病人，环境静谧，不宜出声响，脚步应轻柔。

（4）进入职场办公场所，登门拜访，在室内这种特殊场所，脚步应轻而稳。

（四）禁忌的走姿

（1）方向不定；（2）瞻前顾后；（3）速度多变；（4）声响过大；（5）八字步态；（6）低头驼背。

（五）走姿训练方法

在地面上画一条直线，行走时双脚内侧踩在绳或线上。若稍稍碰到这条线，即证明走路时两只脚几乎是在一条直线上。训练时配上行进音乐，音乐节奏为每分钟 60 拍。

温馨提示

矫正不雅的走姿：

1. 内八字和外八字。
2. 弯腰驼背，歪肩晃膀。
3. 走路时大甩手，扭腰摆臀，大摇大摆，左顾右盼。
4. 双腿过于弯曲或走曲线。
5. 步子太大或太小。
6. 脚蹭地面，双手插在裤兜或后脚拖在地面上行走。
7. 男士的走姿像小脚女人一样，一步一挪；或像闲人一样八字步迈开。

四、蹲姿礼仪

当你在公共场所要捡起掉落在地上的物品时，又刚好穿着裙子，如不注意背后的上衣自然上提，露出臀部皮肉和内衣很不雅观。即使穿着长裤，两腿展开平衡下蹲，撅起臀部的姿态也不美观。

（一）基本蹲姿

下蹲拾物时，应自然、得体、大方。一脚在前，一脚在后，站在所取物品的旁边，屈膝蹲下去拿，不要低头，也不要弓背。一小腿基本垂直于地面，另一只脚跟提起，脚掌着地；两腿合力支撑身体，掌握好身体的重心。

（二）高低式蹲姿

下蹲时左（右）脚在前，右（左）脚稍后（不重叠），两腿靠紧向下蹲。左（右）脚全脚着地，小腿基本垂直于地面，右（左）脚脚跟提起，脚掌着地。右（左）膝低于左（右）膝，右（左）膝内侧靠于左（右）小腿内侧，形成左（右）膝高右（左）膝低的姿态，臀部向下。基本上以膝低的腿支撑。

（三）交叉式蹲姿

下蹲时，右（左）脚在前，左（右）脚在后，右（左）小腿垂直于地面，全脚着地，左（右）腿在后与右（左）腿交叉重叠，左（右）膝由后面伸向右（左）侧，左（右）脚跟抬起，脚掌着地，两腿前后靠紧，合力支撑身体。臀部向下，上身稍前倾。

高低式蹲姿

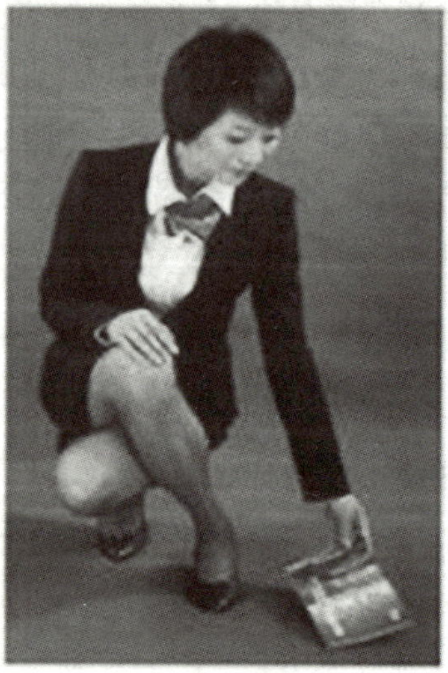

交叉式蹲姿

图 2-14　常见的蹲姿

温馨提示

下蹲时一定要注意不要有弯腰、臀部向后撅起的动作；切忌两腿叉开，两腿展开平衡下蹲，以及下蹲时露出内衣裤等不雅的动作，以免影响你的姿态美。因此，当要捡起落在地上的东西或拿取低处物品的时候，不可有只弯上身、翘臀部的动作，而是首先走到要捡或拿的东西旁边，再使用正确的蹲姿，将东西拿起。

总之，体态直接影响一个人的自身形象及别人的看法。对于职场人员来说，保持良好的人体姿势将终身受益。

职场中的仪态礼仪

本节测试

一、选择题

1. [单选]仪态礼仪中站姿的基本要求是（　　）。

A. 头正、肩平、臂垂、躯挺、腿并

B. 头正、肩松、臂垂、躯直、两腿开立

C. 头正、肩平、两腿开立、两脚成 45° 夹角

D. 双手背在身后、挺胸收腹

2. [单选]女性职场正确的坐姿是（　　）。

A. 头靠在椅背上　　B. 背部保持挺直

C. 双手抱在胸前　　D. 双手一左一右地扶住座椅两侧的扶手

3. [单选]下列不符合站立与坐姿礼仪的是（　　）。

A. 女性双脚分开站立　　B. 双膝挺直

C. 胸部略向前方挺起　　D. 坐时女性双腿并拢

4. [单选]坐姿礼仪中一般坐椅子的（　　）。

A. 满座　　B. 三分之二　　C. 二分之一　　D. 边缘

5. [单选]以下关于女性坐姿的描述，不符合礼仪规范的是（　　）。

A. 女性坐姿应做到不抖腿、不跷二郎腿、不摆八字形

B. 女性应做到入座轻稳

C. 女性入座需坐椅子的三分之一

D. 女性坐姿要优雅，与周围环境相协调

6. [单选]在礼仪技巧中下列走姿不恰当的是（　　）。

A. 走路时以站姿为基础，面带微笑、眼睛平视

B. 走路时双肩平稳，双肩前后自然地、有节奏地摆动，摆幅以 30°～35° 为宜。双肩，双臂都不应过于僵硬

C. 走路时摇摇晃晃、忽快忽慢

D. 走路时应有一定的节奏感

7. [多选] 男士职场站姿中（　　）。

A. 双脚并拢　　B. 双脚分开与肩同宽

C. 双手自然下垂　　D. 两手轻握放于后腰处

8. [多选] 正确的蹲姿是（　　）。

A. 下蹲时，直接弯腰进行

B. 下蹲时，采取两脚前后交叉的蹲姿，一脚在前，一脚在后，两腿向下蹲

C. 下蹲时，女性如身着裙装，要用手把裙子向双腿拢一下再下蹲

D. 下蹲时，女性应两腿并紧

二、案例分析

叶经理代表公司去参加一场商务谈判，过程很令他满意，所以中午他特地邀请了对方公司的经理共进午餐。几杯美酒下肚后，叶经理展现了自己“真实豪迈”的一面：时不时用牙签剔牙；“4”字形的二郎腿时不时抖动；吃饭过程中由于服务员招呼不当，予以大声斥责；尤其是每次在表述自己的丰功伟绩的时候，老喜欢用大拇指来形容自己。

问题：你觉得叶经理会得到对方的认可吗？为什么？

实践训练

【训练一：站姿训练】

单人靠墙站立，要求后脚跟、小腿、臀、双肩、后脑勺都紧贴墙面，头部顶一本书，在两腿膝盖部分夹一张白纸，保持挺拔向上的站姿，一次训练时间 10 分钟左右。

训练要求：

分组训练，四人一组，互相矫正。

【训练二：走姿训练】

在地面上画一条直线，穿上高跟鞋训练走姿，行走时双脚内侧踩在直线上。要求昂首挺胸，步幅略小轻快，尽量保持在一条线上。训练时配上行进音乐，音乐节奏为每分钟 60 拍。

训练要求：

分组训练，四人一组，互相矫正。

【训练三：坐姿训练】

在教室分组训练：听课时的坐姿；会谈时的坐姿；在电脑前工作时的坐姿。每次坚持训练 20 分钟左右，配上舒缓的音乐，每 4 分钟换一次坐姿，建议顺序：

女生：标准正坐式—开关式—左侧点式—交叉式

男生：标准正坐式—开关式—交叉式—正身重叠式

训练要求：

变化几种常见的坐姿形态，要求坐姿变化过程不露痕迹，流畅自然。

以上任务训练过程：

人数：全班同学参加。

道具：模拟办公场景。

活动目的：学会将体态语运用到职场上。

操作程序：分组，可以按男女生分组，训练站、坐、走、蹲。

本章小结

职场人员形象礼仪包括职场人员的仪容礼仪、仪表礼仪和仪态礼仪。仪容礼仪主要是职场人员工作中的发型、职业妆容等礼仪，仪表礼仪主要是职场人员工作中的着装礼仪，仪态礼仪主要是职场人员工作中的姿态、举止礼仪。通过职业形象礼仪的学习，学生应了解职场人员个人形象的重要性，懂得个人形象在职场交往活动中的作用。职场人员要在社会交往中游刃有余，就必须使自己仪容整洁、仪表得体、仪态优雅。要实现这三大目标，需要把握的原则有很多，其中最重要的就是整体形象的协调原则，即无论是化妆还是着装，无论自我美化还是自我展现，其所作所为都要与所处的社交场合相协调。只有培养良好的个人素质，塑造良好的个人形象，才能使职场人员更好地融入社交生活，在交际活动中事半功倍。

第三章　职场交往礼仪

学习目标

※ 知识目标

了解和掌握不同场合的称呼礼仪；学习职场人员自我介绍和为他人介绍的相关礼仪知识；掌握职场交往中握手和递送名片的顺序。

※ 能力目标

能够在不同场合使用正确的称呼；能够在职场中正确地做自我介绍和为他人介绍；会正确、规范地与人握手和递送名片。

※ 素养目标

培养学生养成良好的称呼习惯，在不同的职业场合或交际场合使用正确的称呼、介绍、握手和递送名片，塑造并维护自我形象和单位形象，给人留下良好的、深刻的、高素质的印象。

第一节　职场称呼礼仪

情境导入

林琳刚刚进入一家公司做文员，领导带她熟悉周围环境，并将她介绍给部门的老同事认识。她非常恭敬地称对方为老师，大多数同事都欣然接受了。

当领导把她带到一位同事面前，并告诉林琳，以后就跟着这位老同事学习，有什么不懂的就请教她时，林琳更加恭敬地称对方为老师。这位同事连忙摇头说："大家都是同事，别那么客气，直接叫我名字就行了。"林琳仔细想想，觉得叫老师显得太生疏了，但是直接叫名字又觉得不尊敬，不知道该怎么称呼对方比较合理。

问题：如果你是林琳，应如何称呼这位老同事才合适呢？职场中的称呼要注意哪些问题？

称呼指的是人们在日常交往应酬中所采用的彼此之间的称谓语。

走入职场，称呼礼节是第一课。冒冒失失、没大没小的职员在职场上是不受欢迎的。职场中，尤其是在工作场合，要根据对方的身份、地位、职业、年龄、性别以及对方所处的场合的不同来恰当地选择称呼。

新入职的员工刚到单位时，不能随便以自己的想法来称呼对方，对于难以把握的称呼，可以先询问对方，比如："请问该怎么称呼您？"不知者不怪，对方往往都会把通常同事对他的称呼告诉你。案例中，对方要求林琳直呼自己的姓名，只是客套话，作为一位新人，最好不要直呼其名，特别是年长者，可以参照同龄人对此人的称呼方法。在职场上，过分亲昵和过分生疏的称呼都是不提倡的。因此，我们要把握好称呼这门学问，在职场道路上，做一位懂礼仪的员工。

此外，在称呼上得体，对方会觉得你很职业。称呼看起来似乎是"小节"，实则不然——称呼礼节正是一个人的修养、情感、情商的表现。

得体的称呼是日常交际的"敲门砖"。在职场中，选择正确、适当的称呼，反映了自身的教养、与交往对象的关系，以及对对方尊敬的程度，直接影响交际的成功。因此称呼不能随便乱用。

一、称呼的种类

选择称呼要合乎常规，要照顾被称呼者的个人习惯，入乡随俗。在工作岗位上，人们彼此之间的称呼要庄重、正式、规范。一般可分为以下几类：

（一）职务性称呼

以交往对象的职务相称，以示身份有别、敬意有加，这是一种最常见的称呼方式。一般有三种情况：（1）称职务，如局长、总经理等；（2）在职务前加上姓氏，如张局长、王经理；（3）在职务前加上姓名（适用于极其正式的场合），如张正局长、王正经理等。

正式场合不能使用的称呼

（二）职称性称呼

对于具有职称者，尤其是具有高级职称者，在工作中直接以其职称相称。称职称时可以只称职称，如教授；或在职称前加上姓氏，如张教授、"张总工程师"（可简称为"张总"）；在职称前加上姓名（适用于十分正式的场合），如张正教授、丁一总工程师等。

（三）行业性称呼

在工作中，有时可按行业进行称呼。对于从事某些特定行业的人，可直接称呼对方的职业，如老师、医生、会计、律师等，也可以在职业前加上姓氏、姓名。如王老师、李医生、张会计、冯律师等。

（四）泛尊称呼

它是指对社会各界人士在较为广泛的社交中都可以使用的表示尊重的称呼，比如“小姐”“夫人”“先生”“同志”等。在不知道对方姓名及其他情况（如职务、职称、行业）时可采用泛尊称呼。

（五）姓名性称呼

在工作岗位上称呼姓名，一般限于年龄相仿的同事、熟人之间，或年龄较大、职务较高、辈分较高的人对年龄较小、职务较低、身份较低的人可直接称呼其姓名，也可以不带姓，这样会显得亲切。如“林一萌”也可以称“一萌”。

（六）用“老”“大”“小”等称呼对方

对长辈或比较熟悉的同辈之间，可在姓氏前加“老”，如“老张”“老李”；对行业德高望重的前辈，可在对方姓氏后加“老”则更显尊敬，如“袁老”“钱老”等；对平辈或晚辈，可在对方姓氏前加“小”以示亲切，如“小王”“小李”等。

（七）国际交往中的称呼

在国际交往中，对于地位较高的官方人士（一般指政府部长以上的高级官员），按其国家情况可称“阁下”，如“总统阁下”“主席阁下”“部长阁下”等；对君主制的国家，按习惯对国王、王后可称为“陛下”，对王子、公主或亲王可称为“殿下”，对公、侯、伯、子、男等有爵位的人士，既可称呼其爵位，也可称呼“阁下”或者“先生”。但是美国、墨西哥、德国等国却没有称“阁下”的习惯，因此对这些国家的贵宾可称先生。

有时还有一些称呼在人际交往中可以采用，比如可以使用仿亲属关系的爱称，如“叔叔”“阿姨”等。虽然这样称呼人家，但并不意味着他（她）就一定是你的亲叔叔、亲阿姨。

二、使用称呼的禁忌

职场中称呼的禁忌应细心掌握、认真区别。在人际交往中使用称呼时，一定要避免以下几种错误，以免失敬于人。

（一）使用错误的称呼

使用错误的称呼，主要是由于粗心大意，用心不专。常见的错误称呼主要有两种：

（1）误读。误读一般表现为读错被称呼者的姓名。比如“郇”“查”“盖”“仇”这些姓氏就极易弄错。要避免犯此类错误，就一定要提前做好准备，必要时虚心请教。

（2）误会。误会主要指对被称呼的年纪、辈分、婚否以及与其他人的关系做出了错误判断。比如将未婚女性称为“夫人”，就属于误会。相对年轻的女性称“小姐”，一般对方乐意听，但有个别地方会把“小姐”与“三陪小姐”联系起来，这样就应了解本地方的称呼习惯。

（二）使用不通行的称呼

有些称呼具有一定的地域性，比如山东人喜欢称呼“伙计”，但南方人觉得“伙计”肯定是“打工仔”。中国人把配偶经常称为“爱人”，在外国人的意识里，“爱人”是“情人”“第三者”的意思。

（三）使用不当的行业称呼

教师喜欢互称为“老师”，军人经常互称“战友”，工人可以称为“师傅”，如果用这些称呼去称呼其他行业人士，就有些不妥，甚至会产生被贬低的感觉。

（四）正式场合使用庸俗的称呼

在职场或社交等正式场合，有些称呼切勿使用。如“兄弟”“朋友”“哥们儿”“姐们儿”“老铁”等一类的称呼就显得庸俗低级，档次不高。逢人便称“老板”，也显得不伦不类。

（五）使用绰号作为称呼

职场讲究尊重，切勿自作主张给对方起绰号，也不能随意以道听途说来的对方的绰号去称呼对方，甚至用一些对对方具有侮辱性质的绰号，如“老冒”“乡巴佬”“秃子”“四眼”“肥婆”“傻大个”“麻秆儿”等。另外，还要注意不要随便拿别人的姓名开玩笑。每一个人都极为看重本人的姓名，而不容他人对此进行任何形式的轻贱。因此，在人际交往中，一定要牢记：尊重一个人，必须首先学会去尊重他的姓名。

一般情况下，同时与多人打招呼，应遵循先长后幼、先上后下、先近后远、先女后男、先疏后亲的原则。进行人际交往，在使用称呼时，一定要避免失敬于人。

公务场合称呼的禁忌

温馨提示

注意公务场合称呼的禁忌。

本节测试

一、选择题

1. [单选]按职场礼仪的规定，在文明服务用语规范中，以下不宜用于对客户的称谓的是（　　）。

A. 先生　　B. 男士　　C. 女士　　D. 阿姨

2. [单选]机关工作人员在公务交际中应当称谓得当，符合基本的礼仪规范。一般来说，称呼的种类主要有（　　）。

A. 职务称呼、职称称呼、行业称呼、性别称呼、姓名称呼

B. 行业称呼、职务称呼、级别称呼、职称称呼、姓名称呼

C. 职称称呼、行业称呼、地域称呼、姓名称呼、职务称呼

D. 行业称呼、地域称呼、姓名称呼、职务称呼、性别称呼

3. [单选]正式场合的称谓有（　　）。

A. 姓＋职称/职务等　　B. 老/小＋姓

C. 姓＋辈分称呼　　D. 辈分称呼

4. [单选]下面的几个称谓中，是非正式场合的称谓的有（　　）。

A. 王教授、郝厂长　　B. 先生、女士

C. 老张、小田　　D. 张同志、李先生

5. [单选]“李老师”这样的称谓属于工作中的哪种称谓？（　　）

A. 职务性称谓　　B. 行业性称谓　　C. 职称性称谓　　D. 学衔性称谓

二、案例分析

案例一

几个青年人到某公司面试，但是不清楚具体面试房间在何处，于是便向一位姑娘问路：“小姐，请问面试要去哪里？”“谁是小姐？”姑娘怒目圆睁，愤愤而去，几个年轻人莫名其妙，找不出哪里得罪了姑娘。

问题：几个年轻人到底错在哪里？

案例二

李冬已经40岁了，工龄20年，是企业的老员工。他的上司张经理年纪比他小，工龄也没他长，原来他们是一个办公室的同事，张经理管李冬叫“李师傅”，李冬则称他为“小张”。但没几年，“小张”被提升到了经理职位，两个人之间的称呼就有了麻烦，像其他人一样叫“张经理”，李冬觉得别扭，不太习惯，很难改口。李冬把心一横，想着自己都这么多年工龄了，就仍然叫对方“小张”，张经理也就那样一直答应着。

问题：李冬的做法有何不妥？

案例三

张先生和王女士两位白领在门口迎候来宾。一辆小轿车驶到，来宾下车，王女士走上前，道："李总您好！"并呈上自己的名片，又道："李总，我是王丽，是××集团公关部经理，专程前来迎接您。"来宾道谢。张先生上前道："李总好！您认识我吧？"李先生点头。张先生又道："那我是谁？"李总尴尬不堪。

问题：李先生的做法有什么不妥之处吗？

实践训练

训练内容：

【情景一】模拟工作场合与领导相遇、与同事等相遇时的称呼

【情景二】模拟宴会或公共社交场合与客户或朋友相遇时的称呼

【情景三】模拟生活中的各种称呼（与朋友、与客户、与陌生人的称呼）

训练要求：

1. 全班同学参加，可以按男女生分组，每组 4 人。

2. 每组在规定的时间内完成以下任务：

①文员与总经理相遇；

②文员与客户相遇；

③文员与同事相遇；

④文员与陌生人相遇。

3. 每组 4 人轮流扮演办公室文员角色，以完成的先后顺序做情景演示，由其他组同学和老师共同评判打分。

第二节 职场介绍礼仪

情境导入

在一次接待某省考察团到访时，小王因与考察团团长熟识，被列为主要迎宾人员陪同部门领导前往机场迎接贵宾。当考察团团长率领其他工作人员到达后，小王面带微笑，热情地走向前，先于部门领导与团长握手致意，表示欢迎，然后转身向自己的领导介绍这位考察团团长，接着又热情地向团长介绍了随自己同来的部门领导。小王自以为此次接待任务完成得相当顺利，但他的某些做法却令其领导十分不满。

问题：为什么领导不满意？小王究竟错在哪里？

在职场交往中，人们似乎每天都在认识新面孔，结交新的朋友。初次见面，总少不了介绍，介绍自己，介绍别人。得体的介绍往往会给对方留下良好的第一印象，因此人们又把介绍称为“交际之桥”。

介绍是人际交往中与他人进行沟通、增进了解、建立联系的一种最基本、最常规的方式，是人与人沟通的出发点。在职场中，如能正确地利用介绍，不仅可以扩大自己的交际圈，广交朋友，而且有助于自我展示、自我宣传，在交往中消除误会，减少麻烦。职场工作人员一项重要的工作内容就是迎来送往，所以一旦成为第三方介绍人，介绍的先后次序就是职场介绍礼仪的重要组成部分。

在职场中，介绍最头疼的就是先介绍谁，后介绍谁。这是一个比较敏感的话题。假如你是一名公司的办公室工作人员，负责接待工作，有客户前来由你带路引见，这时你是先把你的同事介绍给客户还是先把客户介绍给同事呢？怎样才能做得既得体，又不得罪双方呢？

在职场中，应如何把握介绍礼仪？

对职场人员来说，介绍自己或介绍别人是常有的事。其实，在一个简单的介绍里面也有职场礼仪。了解这些礼仪就能帮助你更好地进行社交活动。

从介绍的类型看，根据社交场合的方式来分，有正式介绍和非正式介绍；根据介绍者的身份来分，有自我介绍和为他人介绍；根据被介绍者的人数来分，有集体介绍和个人介绍。下面我们重点讲解一下自我介绍、为他人介绍和集体介绍。

一、自我介绍

在职场工作中，如果想要结识某个人或某些人，而又无人引见，即可自报家门，将自己介绍给对方。

面试中的自我介绍

（一）自我介绍的场合

（1）应聘求职时、应试求学时。

（2）在社交场合，与不相识者相处时。

（3）在社交场合，有不相识者表现出对自己感兴趣时。

（4）在社交场合，有不相识者要求自己做自我介绍时。

（5）在公共聚会，与陌生人组成交际圈时。

（6）交往对象因为健忘而记不清自己，或担心这种情况可能出现时。

（7）有求于人，而对方对自己不甚了解，或一无所知时。

（8）拜访熟人遇到不相识者挡驾，或是对方不在，需要请不相识者代为转告时。

（9）前往陌生单位进行业务联系时。

（10）在出差、旅行途中，与他人不期而遇，并且有必要与之建立临时接触时。

（11）因业务需要，在公共场合进行业务推广时。

（12）初次利用大众传媒向社会公众进行自我推荐、自我宣传时。

（二）自我介绍的具体形式

自我介绍时应先向对方点头致意，得到回应后再向对方介绍自己的姓名、身份、单位等。具体形式有：

（1）应酬式自我介绍：适用于某些公共场合和一般性的社交场合，这种自我介绍最简洁，往往只包括姓名即可。例如："你好，我叫 × ×。"

"您好，我是 × ×。"

（2）职场自我介绍：适用于工作场合，它包括本人姓名、供职单位及其部门、职务或从事的具体工作等。例如：

"你好，我叫祁媛，是凯利集团总公司的会计。"

"我叫李达，我在凯利集团总公司做办公室主任。"

（3）交流式自我介绍：适用于社交活动中，希望与交往对象进一步交流与沟通。大体应包括介绍者的姓名、工作、籍贯、学历、兴趣及与交往对象的某些熟人的关系。例如：

"你好，我叫张强，我在洪恩电脑公司上班。我是李波的老乡，我们都是北京人。"

"您好，我叫王强，是李波的同事，也在凯利集团总公司上班。"

（4）礼仪式自我介绍：适用于讲座、报告、演出、庆典、仪式等一些正规而隆重的场合。包括姓名、单位、职务等，同时还应加入一些适当的谦辞、敬辞。例如：

"各位来宾，大家好！我叫张强，是凯利集团总公司的销售经理。我代表本公司热烈欢迎大家光临我们的展览会，希望大家……"

（5）问答式自我介绍：适用于应试、应聘和公务交往。问答式的自我介绍，应该是有问必答，问什么就答什么。例如：

"先生，您好！请问您怎么称呼？（请问您贵姓？）"

"先生您好！我叫王强。"

主考官问："请介绍一下你的基本情况。"

应聘者答："各位好！我叫李波，今年 26 岁，浙江杭州人，汉族……"

（三）自我介绍的注意事项

（1）注意时机：要抓住时机，在适当的场合进行自我介绍。对方有空闲、情绪较好，又有兴趣时做自我介绍，就不会打扰对方。

（2）注意态度：态度一定要自然、友善、亲切、随和。应镇定自信、落落大方、彬彬有礼。既不能唯唯诺诺，又不能虚张声势、轻浮夸张，要表示自己渴望认识对方的真诚情感。任何人都以被他人重视为荣，如果你态度热忱，对方也会热忱。语气要自然，语速要正常，语音要清晰。在自我介绍时镇定自若、潇洒大方，有助于给人以好感；相反，如果你流露出畏怯和紧张，结结巴巴、目光不定、面红耳赤、手忙脚乱，则会为他人所轻视，彼此间的沟通便有了阻隔。

（3）注意时间：自我介绍时还要言简意赅，尽可能地节省时间，以半分钟左右为佳，不宜超过一分钟。话说得多了，不仅显得啰唆，而且交往对象也未必记得住。为了节省时间，做自我介绍时，还可利用名片、介绍信加以辅助。

（4）注意内容：自我介绍的内容包括三项基本要素：本人的姓名、供职的单位以及具体部门、担任的职务和所从事的具体工作。这三项要素，在自我介绍时应连续报出，这样既有助于给人以完整的印象，又可以节省时间。要真实诚恳，实事求是，不可自吹自擂、夸大其词。

（5）注意方法：进行自我介绍，应先向对方点头致意，得到回应后再向对方介绍自己。如果有介绍人在场，自我介绍则被视为不礼貌。应善于用眼神表达自己的友善，表达关心以及对沟通的渴望。如果你想认识某人，最好预先了解一些有关对方的资料或情况，诸如性格、特长及兴趣爱好，这样在自我介绍后，便很容易融洽交谈。在获得对方的姓名之后，不妨加重语气重复说一次，因为每个人最乐意听到自己的名字。

二、为他人介绍

为他人介绍是第三者为彼此不相识的双方引荐的介绍方式。一般情况下，为他人介绍都是双向的，即第三者对被介绍的双方都做一番介绍。有些情况下，也可只将被介绍者中的一方向另一方介绍，如将甲介绍给乙，但前提是甲已经知道并了解乙的身份，而乙不了解甲。

（一）介绍者

为他人做介绍的介绍者，通常是社交活动中的东道主、家庭聚会中的主人、职场中的礼仪专职人员，或正式活动中身份、地位较高者。

（二）尊重双方意愿

为他人做介绍，要先了解双方是否有结识的愿望，做法要慎重自然，不要贸然行事。最好先征求双方的意见，避免为原来就相识者或关系不好者做介绍。

（三）介绍的内容

介绍时，根据实际需要不同，介绍内容也有所不同，一般只介绍对方的姓名、单位、职务，有时为了推荐一方给另一方，介绍时可以说明被推荐方与自己的关系，或强调其才能、成果，便于新结识的人相互了解与信任。

（四）介绍的语言

介绍具体人时，要用敬词，如："张先生，请允许我向您介绍一下，这位是王先生。"同时，应该礼貌地用手示意，而不要用手指指点。

（五）为他人介绍的时机

遇到下列情况，有必要为他人介绍：

（1）与家人外出，路遇家人不相识的同事或朋友。

（2）本人的接待对象遇见了其不相识的人士，而对方又跟自己打了招呼。

（3）在职场公务活动中，接待彼此不相识的客人或来访者。

（4）打算推荐某人加入某一方的交际圈。

（5）受到为他人做介绍的邀请。

（6）职场陪同上司、长者、来宾时，遇见了其不相识者，而对方又跟自己打了招呼。

（7）陪同亲友前去拜访亲友不相识者。

（六）介绍的顺序

介绍的顺序其实就是先把谁介绍给谁的问题。为他人做介绍时必须遵守“尊者优先”的规则。即先把身份、地位较低的一方介绍给身份、地位较高的一方，让尊者优先了解对方的基本情况，即“尊者具有优先知情权”以表示尊敬之意。

为他人做介绍的规则

（1）长者优先。一般社交场合遵循长者优先的原则。例如：“宋教授，请允许我向您介绍一下，这位是外语学校的王老师。”

（2）女士优先。女士优先是社交场合的重要原则，在西方将男士介绍给女士一般不会出错。例如：“刘小姐，请允许我介绍一下，这位是东方广告公司的李经理。”

（3）职位高者优先。在工作场合则以职位高者优先，也就是应将职位低的介绍给职位高的。在工作场合，长者与女士一般不具有优先权。例如：“张经理，请允许我介绍一下，这位是华为公司的小刘。”

（4）先到者优先。如果被介绍的两人有先到后到之分，那么遵循先者为大的原则，先到者具有优先权，也就是把晚到者介绍给早到者。

（5）客人优先。如果被介绍的一方是你的家人，那么通常应把你的家人介绍给客人，也就是说亲人在介绍中通常不具有优先权，以此表示对客人的尊重。通常可以把关系较近的人介绍给关系疏远的人。

（七）介绍者的神态与姿势

作为介绍人在为他人做介绍时，态度要友好热情，语言要清晰明快。介绍者的态度会影响被介绍人在对方心中的地位。在介绍一方时，应微笑着用自己的视线把另一方的注意力引导过来。手势动作文雅，使用右手，掌心向上，五指并拢，胳膊略向外伸，斜向被介绍的一方，并向另一方点头微笑，上体前倾15°。介绍人不可以用手拍被介绍人的肩、胳膊、背部等部位，更不能用食指或拇指去指向被介绍的任何一方。

图 3-1　常用的介绍手势

（八）被介绍者

作为被介绍者，应当表现出结识对方的热情，目视对方。被介绍时一般应起立，在宴会桌上和会谈桌上只需微笑点头有所表示即可。

三、集体介绍

职场集体介绍是指在双方和多方人员共同参与聚会或活动时，为使参与人员之间互相认识进行的介绍。集体介绍的形式很多，要根据活动的内容、参加人员的多少、活动时间的长短以及必要性决定介绍的形式。

（一）由一位主持人或熟悉各方人员的人出面为大家互相介绍

如果人数多，而且活动的时间不长，就没有必要逐个介绍，介绍一下各方所属的部门或单位即可。如果人数不多，则可以逐个介绍。做介绍时应按照礼仪要求注意介绍的顺序，介绍者属某方，应先把本方人员介绍给他方人员，以表示对他方人员的尊重；在介绍本方人员时则以尊者在前的顺序进行。

（二）各方出一人为本方人员逐个介绍或各方人员依次自我介绍

职场中集体介绍如果是为了使各方人员在参加活动中能尽快融合、密切合作，就应该重视些，如商务谈判、几方人员共同完成一项课题研究、多方抽调人员组成的临时机构等。如果只是集体的聚会，没有密切合作的任务，聚会后就散了，则可以一般性地简单介绍一下。

在集体介绍中，即使需要每个人都做自我介绍，也要十分简短，通常也只是报一下姓名与职务即可。

温馨提示

为多人做介绍时应注意的问题。

本节测试

一、选择题

1. ［单选］符合职场介绍礼仪规则的是（　　）。

   A. 先把女士介绍给男士　　B. 先把年长者介绍给年轻者

   C. 先把地位低者介绍给地位高者　　D. 先把先到者介绍给后到者

2. ［单选］以下情形中，正确的“介绍礼仪”是（　　）。

   A. “小张，请允许我给您介绍实达贸易公司李总经理。”

B. “吴老板，请允许我向您介绍省工商局王局长。”

C. “李先生，请允许我向您介绍王萍小姐。”

D. “张老，请允许我向您介绍我的同事小王。”

3. [单选]介绍礼仪中，一般不说出被介绍者的（　　）。

A. 单位　　B. 职位　　C. 年龄　　D. 姓名

4. [单选]介绍他人时，不符合礼仪先后顺序的是（　　）。

A. 介绍长辈与晚辈认识时，应先介绍晚辈，后介绍长辈

B. 介绍女士与男士认识时，应先介绍男士，后介绍女士

C. 介绍已婚者与未婚者认识时，应先介绍已婚者，后介绍未婚者

D. 介绍来宾与主人认识时，应先介绍主人，后介绍来宾

5. [多选]职场介绍礼仪当中，介绍正确的是（　　）。

A. 先将地位高的人介绍给地位低的人

B. 当身份相同、年龄相近时，应先将男士介绍给女士，将主人介绍给客人

C. 当地位相近、年龄有别时，则应先将年长的介绍给年轻的

D. 当一个人同时会见几个人时，应先将这一个人介绍给其他几个人

6. [多选]介绍时，应注意的礼仪是（　　）。

A. 进行自我介绍应该有效区分环境，针对不同的场合需要通过不同的方式向别人介绍、推销自己

B. 通常将男士介绍给女士，晚辈介绍给长辈，未婚者介绍给已婚者，家人介绍给同事、朋友

C. 通常是将上级介绍给下级，主人介绍给客人，不熟悉的人介绍给熟悉的人

D. 如果是集体介绍，应先介绍较少一方或者个人，后介绍人数多的一方

二、案例分析

张云和朋友赵波一起去某集团公司拜访陈经理，赵波没见过陈经理，但想与陈经理有进一步的交往合作。由于陈经理曾经和张云有过合作，认识张云，因此赵波想让张云把自己介绍给陈经理。

问题：如果你是张云，你会怎样介绍两人认识呢？应该先将谁介绍给谁？

实践训练

训练内容：

【情景一】在交际场合做自我介绍

【情景二】在商务活动中为他人做介绍

【情景三】在职场中为领导和客户做介绍

训练要求：

1. 分组，可以按男女生分组，每组4～6人。
2. 每组在规定的时间内设置情景，完成自我介绍和为他人介绍的任务。
3. 每组以完成的先后顺序展示，由其他组同学和老师共同评判打分。

第三节 职场握手礼仪

情境导入

某公司的张先生与客户王小姐约在咖啡厅洽谈双方合作事宜，张先生大方、热情地向王小姐伸出手去，想与王小姐握手，谁知王小姐却不将手伸出来与之同握，甚至将手放进裤袋里。张先生只好尴尬地摸着自己的手。

问题：如果你是张先生或者王小姐，你会怎么做呢？

握手通常是初次见面、久别重逢、告辞或送行时最常见的一种礼节。有些特殊场合，比如向人表示祝贺、感谢或慰问时，双方交谈中出现令人满意的共同点时，或双方原先的矛盾出现了某种良好的转机或彻底和解时，也以握手为礼。

握手是交际的一个部分。握手的力量、姿势和时间的长短往往能够表达出对握手对象的不同礼遇和态度，显露出自己的个性，给人留下不同的印象。同时，通过握手也可以了解对方的个性，从而赢得交往的主动。美国著名盲聋女作家海伦·凯勒说："我接触的手有些拒人千里之外，也有些充满阳光，你会感到很温暖。"

一、应当握手的场合

（1）遇到较长时间没见面的熟人；

（2）在比较正式的场合和认识的人道别；

（3）在以本人作为东道主的社交场合，迎接或送别来访者时；
（4）拜访他人后，在辞行的时候；
（5）被介绍给不认识的人时；
（6）在社交场合，偶然遇上亲朋故旧或上司的时候；
（7）别人给予你一定的支持、鼓励或帮助时；
（8）表示感谢、恭喜、祝贺时；
（9）对别人表示理解、支持、肯定时；
（10）得知别人患病、失恋、失业、降职或遭受其他挫折时；
（11）向别人赠送礼品或颁发奖品时。

二、握手的要求

（一）“尊者决定”的原则

根据礼仪规范，握手时双方伸手的先后次序应当在遵守“尊者决定”的原则的前提下，具体情况具体对待。

“尊者决定”原则的含义是，在两人握手时，应首先确定握手双方彼此身份的尊卑，然后以此而决定伸手的先后。先由位尊者伸出手来，即尊者先行。位卑者只能在此后予以响应，绝不可贸然抢先伸手，不然就是违反礼仪的举动。

在握手时，之所以要遵守“尊者决定”的原则，既是为了恰到好处地体现对位尊者的尊重，也是为了维护在握手之后的寒暄应酬中位尊者的自尊。因为握手往往意味着进一步交往的开始，如果位尊者不想与位卑者深交，他是大可不必伸手与之相握的。换言之，如果位尊者主动伸手与位卑者相握，则表明前者对后者印象不坏，而且有与之深交之意。

（二）握手的顺序

具体而言，握手时双方伸手的先后顺序大体包括以下几种情况：

握手的三大步骤

（1）上级与下级握手，应由上级首先伸出手来。
（2）长辈与晚辈握手，应由长辈首先伸出手来。
（3）老师与学生握手，应由老师首先伸出手来。
（4）女士与男士握手，应由女士首先伸出手来。
（5）已婚者与未婚者握手，应由已婚者首先伸出手来。
（6）社交场合的先至者与后来者握手，应由先至者首先伸出手来。
（7）职位、身份高者与职位、身份低者握手，应由职位、身份高者首先伸出手来。
（8）客人与主人握手时，客人来访时应主人先伸手，客人离开时应客人先伸手。

（三）握手的特殊情况

若是一个人需要与多人握手，则握手时亦应讲究先后次序，由尊而卑，即职场应先上级后下级，先年长者后年幼者，先老师后学生，先女士后男士，先已婚者后未婚者，先职位、身份高者，后职位、身份低者。

不必握手的场合

在公务场合，握手时伸手的先后次序主要取决于职位、身份。而在社交、休闲场合，它则主要取决于年龄、性别、婚否。

在接待来访者时，这一问题变得较为特殊一些：当客人抵达时，应由主人首先伸出手来与客人相握。而在客人告辞时，则应由客人首先伸出手来与主人相握。前者是表示“欢迎”，后者则表示“再见”。若这一次序颠倒，则极易让人产生误解。

应当强调的是，握手时的先后次序可用于律己，却不必处处苛求于人。要是当自己处于尊者之位，而位卑者抢先伸手要来相握时，最得体的做法还是要与之配合，立即伸出自己的手。若是过分拘泥于礼仪，对其视而不见、置之不理，使其进退两难，当场出丑，也是失礼于对方的。

（四）握手时的姿势

握手时，距对方约一步远，上身稍向前倾，两眼注视对方，两足立正，伸出右手，四指并拢，虎口相交，拇指张开下滑，向受礼者握手。

男士握手的姿势

异性握手的姿势

图 3-2　常见的握手姿势

掌心向下握住对方的手，显示着一个人强烈的支配欲，无声地告诉别人，他处于高人一等的地位，应尽量避免这种傲慢无礼的握手方式。相反，掌心向里握手显示一个人的谦卑与毕恭毕敬，如果伸出双手，更是谦恭备至了。平等而自然的握手姿态是两手的手掌都处于垂直状态。这是一种最普通也最稳妥的握手方式。

握手时双方互相注视、微笑、问候、致意，不要看第三者或显得心不在焉。

除了关系亲近的人可以长久地把手握在一起外，一般握两三下就行。不要太用力，但漫不经心地用手指尖“蜻蜓点水”式去点一下也是无礼的。一般要将时间控制在 3 秒钟以内。如果要表示自己的真诚和热烈，也可较长时间握手，并上下摇晃几下。

三、握手注意事项

（1）与人握手的时候必须要脱掉手套，以示尊重（女性社交场合戴着的薄纱手套除外）。

握手的“八不要”

（2）与人握手应站立，否则很失礼。

（3）握手时间不宜太久，要求在3秒钟以内。

（4）握手的力度应该稍许用力。假若手劲太轻，会给人一种敷衍的感觉，没有半点力度，好像连手都不稳，反映其自信心极度不足，感觉没开始做事已注定要输似的。

（5）如果你有抽烟的习惯，当要和别人握手时，应该先把烟放下或扔掉，不要换手持烟。

（6）握手一般只用右手，特别熟悉或是久违的好友，双手环握表示心情激动也是允许的，初次见面或是异性之间不适合双手握。

温馨提示

近两年，由于疫情的原因，为避免近距离接触，很多人喜欢使用中国的传统见面礼——拱手礼或鞠躬礼。

拱手礼常识　　鞠躬礼常识

本节测试

一、选择题

1.［单选］握手礼仪，正确的做法是（　　）。

A. 要保持手的卫生，充分尊重女性和长辈，伸手的顺序是“长辈、女士、尊者优先”

B. 与熟悉的异性握手可使用双手，以示热情

C. 男性大堂经理接待女性客户时，如果是熟悉的客户，可以主动伸手与客户握手

D. 与客户握手，左手可以放在口袋里

2.［单选］关于握手礼仪的表述错误的是（　　）。

A. 握手的姿势强调“五到”，即身到、笑到、手到、眼到、问候到

B. 握手时双方上身微微前倾，面带微笑，右手相握

C. 伸手先后顺序是上级在先、客人在先、长者在先、女性在先

D. 握手时间一般在 3 秒内为宜，握手力度适中

3. [单选]行握手礼时，哪项是不合礼仪规范的？（　　）

A. 用右手握手

B. 与他人握手时摘去手套，双眼注视对方

C. 与别人握手后，有意无意地掏出手帕擦手

D. 握手时应伴随一定的问候语

4. [单选]与人握手的礼仪，以下（　　）项是正确的。

A. 年长者、上级、晚辈、男性先伸手

B. 下级、老师、长辈、女性先伸手

C. 年长者、学生、长辈、男性先伸手

D. 年长者、上级、长辈、女性先伸手

5. [多选] 下列规范中哪些属于握手的礼仪？（　　）

A. 握手要自然大方，用力轻重适度　B. 与对方保持目光接触

C. 女士先伸手，男士再伸手　D. 领导先伸手，下属再伸手

6. [多选]关于握手的礼仪，描述正确的有（　　）。

A. 客人到来之时，主人先伸手；客人离开时，客人先伸手

B. 忌用左手，握手时不能戴墨镜

C. 男士与女士握手，男士应该在女士伸手之后再伸手

D. 不要戴着帽子、手套握手

7. [多选]握手礼仪的顺序应遵循（　　）的原则。

A. 上级先伸手　B. 长者先伸手　C. 男士先伸手　D. 女士先伸手

8. [多选]以下几种握手方式中，不合礼仪的有（　　）。

A. 坐着与人握手　B. 异性之间采用双握式握手

C. 与众人握手时交叉相握　D. 用左手与人握手

9. [多选] 在职场礼仪中，握手的顺序也至关重要，以下哪项不是正确的握手顺序？（　　）

A. 宾主之间，主人应向客人先伸手，以示欢迎

B. 长幼之间，年幼的要等年长的先伸手

C. 男女之间，男方可主动伸手，以示友好

D. 上下级之间，下级要等上级先伸手，以示尊重

二、案例分析

案例一

小张是刚到公司工作的业务员，这天在公司内遇到了总经理，便立即跑过去，向总经理问好，并伸出双手去握住总经理的手，却看见总经理微蹙眉头，面露不悦之色。小张很纳闷，不知道自己哪里做错了。

问题：小张和领导在握手时有何不妥之处？应该如何处理？

案例二

王先生在西餐厅遇见了上司，上司正和其他人谈话。王先生想，应该和上司打招呼以示尊敬，于是在握手时，他用左手盖在对方的手背上，以表亲密，并长时间地握住上司的手不放，寒暄了几分钟。

问题：王先生的行为是否合乎握手礼仪？

案例三

尴尬的握手礼

李达是凯利集团的经理，有一天，他受邀参加一场晚宴，此次晚宴规模巨大，聚集了职场上的很多成功人士。在宴会上，李经理被朋友介绍给一位曹女士。为了表示友好，李经理先把手伸出去了，可是曹女士居然没有反应，还在与一旁的朋友说说笑笑。李经理觉得非常尴尬，但手又不能再缩回去了。撑了大概 20 几秒，曹女士还是不配合，后来他一着急说：“蚊子！”转手去打莫须有的蚊子。这种场面让周围的人都不禁捏了把冷汗。李经理也满脸通红地离开了。

问题：为什么李经理满脸尴尬？曹女士的做法恰当吗？

实践训练

训练内容：

【任务一】在路上遇到久别重逢的熟人

【任务二】职场向他人道贺

【任务三】同事生病，向他人表示慰问

训练要求：

1. 全班同学参加，可以按男女生分组，6 人一组；
2. 每组在规定的时间内完成以上三个任务；
3. 每组以完成的先后顺序展示，由其他组同学和老师共同评判打分。

第四节 职场名片礼仪

情境导入

某公司王经理约见了一个重要的客户方经理。见面之后，客户就将名片递上。王经理看完后随手将名片放在桌子上，两人继续谈事。过了一会儿，服务人员将咖啡端到桌上，请两位经理慢用。王经理喝了一口咖啡，将咖啡杯放在了名片上，他自己没有感觉到，客户方经理皱了皱眉头，没有说什么。

问题：请针对这个案例谈谈你的看法，评价一下王经理的礼仪行为有何不妥之处。

在职场中，名片是一个人身份的展示，是人们社交活动的重要联络工具。

在职场交际场合中，电子名片、电子身份卡层出不穷，但是纸质名片因其固有的介绍和交际工具的属性，在职场交际场合有其不可替代的作用，特别是对于初入职场的年轻人，掌握基本的职场名片礼仪也是走向成熟的第一课，今天我们就来学习职场中的名片礼仪。

一、名片的内容

名片由基本职位信息、本人称谓、联系方式三大部分组成。

一般职场常常使用本单位（公司）制作的模板，这样可以体现出本单位（公司）的规范和协调统一，而三大部分可以根据自己的信息填写和调整。

基本职位信息包括供职单位、所在部门，一般都是全称，一方面显得比较正式，另一方面也方便客户在存储信息的时候可以完整录入，避免开发票、签协议时出现抬头错误等后续可能出现的问题。

出于职业惯例，名片上还常常印有单位 LOGO，名片上列举的单位或部门不可超过两个，特别是从属于不同业务范畴的单位或社会职务，应该印制不同的名片，根据不同的面对对象和交际内容分发不同的名片。

本人称呼通常由姓名、职务、技术职称、学术头衔等几部分组成。但是后两项内容通常由本人决定是否添加，如果是非技术性职位的人，一般有博士学位的往往习惯在最后添加“博士”字样，这样你在称呼他的时候也可以称呼“×× 博士”，出于对心态的揣摩，对方也会比较喜欢你这么称呼他。

联络方式一般就是单位地址、邮政编码、办公电话、公司邮箱等，切忌出现家庭住址或者家庭电话，这是出于安全和保护隐私。至于传真、官网地址，与公司模板一致就行。

名片作为一种职场的社交工具，不宜设计得过于花哨或烦琐，除公司的 LOGO 或特有的设计语言外，其他图案不宜出现在名片上，设计公司或个人工作室有特殊需要的除外。文字一般是汉字简体，正面中文、反面英文或者正面中英文，反面是公司的服务项目等。

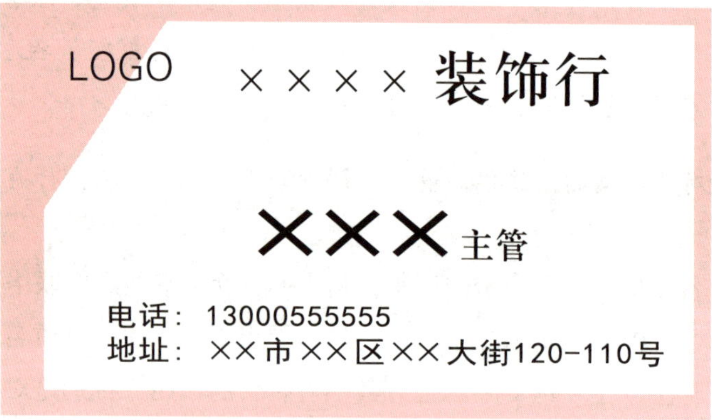

图 3-3　名片模板

二、名片的交换

在出席社交活动之前，要准备好自己的名片，一般放在公文包中或者放在专门的名片盒中，最好不要随便放在口袋中，以免折叠。

递送名片要掌握好时机，一般选择在交谈刚开始或者分别的时候递送，最好不要在用餐、观看节目、跳舞或当递送对象与他人在热烈交谈时递送。

递上名片前，最好先向接受者打个招呼，让对方有所准备。然后以“幸会”“认识您很高兴”“可否交换下名片”等谦辞体现出来。

（一）交换名片的时机

（1）希望认识对方；

（2）表示自己重视对方；

（3）被介绍给对方；

（4）对方想要自己的名片；

（5）提议交换名片；

（6）初次登门拜访对方；

（7）通知对方自己的变更情况；

（8）打算获得对方的名片。

（二）名片的索取

在社交场合，想要认识一个人，冒冒失失地向对方索要名片是极不礼貌的。按照名片礼仪，一般是长者或职位高者采取主动。如果他们没有表示，而你又非常想结识他们，最好的方式就是递上自己的名片，懂得礼仪规则的人就自然会给你他的名片。此外，还可以婉转地问“很高兴认识您，不知道能不能有幸跟您交换一下名片”，或是“希望以后还能够见到你，不知道怎么跟你联络比较方便”等话语。如果对方有心跟你交朋友，肯定会给你他（她）的名片。

如何索要名片：

（1）主动递上自己的名片，例如：“您好！这是我的名片，以后多保持联系或请多关照！”

（2）向对方提议交换名片，例如：“我们可以互赠名片吗？”“很高兴认识您，不知能不能跟您交换一下名片？”

（3）向地位高的人、长辈索取名片，例如：“久仰大名，不知以后怎么向您请教？”“很高兴认识您！以后向您讨教，不知如何联系？”

（4）向平辈或晚辈索取名片，例如：“以后怎么和您联系？”

（三）递送名片

递送名片时，应站立，身体略向前倾表示恭敬，双手拇指和食指拿着名片上方的两角，让文字正面朝向对方，眼睛应注视对方，面带笑容，自信大方地说：“这是我的名片，请您多多关照。”有些人发名片跟发牌一样，这样做很外行，并且你的名片也得不到别人的尊重，发挥不了作用。

1. 递送名片的顺序

一般由职位低者先向职位高者、晚辈先向长辈、男士先向女士递上名片，然后再由后者予以回赠。在向多人递送名片时应由尊而卑、由近而远，（圆桌）可按顺时针依次进行。如果是某人要通过你的介绍去见另外一个人时，可以用回形针将自己的名片和被介绍人名片叠放在一起，这样会很清楚地表明用意。

2. 递送名片的方式

应面带微笑，将名片的正面朝向对方，用双手递给对方（用双手的拇指和食指分别持握名片上端的两角送给对方），并说寒暄语。例如："这是我的名片，请多指教。"递接名片时，如果是坐着，应起身站立。

（四）接受名片

对方递过来的名片，出于礼貌，不论自己多忙和对方的身份高低，都应该暂停手上的事情或者交谈，起身双手或用右手接过名片。

接过名片后不要直接收起来，应该先向对方致谢，并将名片看一遍，遇到有显示对方荣耀的职务或头衔，也可以轻声读出来，以示尊重。接受名片后回敬自己的名片，若刚好没带名片或者用完了，要表示歉意。

（五）存放名片

接到名片的时候，假若与对方的谈话尚未结束，不要着急把对方的名片收起来，等待谈话结束可以把名片收到自己的上衣口袋或者名片夹里。如果穿的是西服，最好将名片放在左胸的内衣袋，以示珍藏，切忌放在裤袋、裙兜或随意丢在桌上。自己的名片也应该保存妥帖，最好放在同一个地方，有需要可以马上拿出来。尤其是女性，当别人与你交换名片时，埋头在包里一阵翻找，一会儿摸出化妆包，一会儿摸出纸巾，一会儿……等到翻出名片夹，你的个人形象已经消失殆尽了。

三、名片使用的注意事项

（一）不使用涂改过的名片

有些人名片印了很多，换了电话号码或者地址，就把原来没用完的名片用水笔或是圆珠笔涂改后使用，这不仅破坏了你的名片，而且破坏了你的个人形象。

（二）名片上一般不提供住宅地址和电话

如果在公务场合，使用的名片最好不提供家庭住址和宅电，以便公私分明。但是一般应酬场合或者社交场合本来就是交友的好机会，使用的名片应提供家庭住址和电话，以方便日后联系。

（三）不印两个以上的头衔

名片礼仪中常见的错误

名片上的头衔不宜过多，避免出现两个以上的头衔。"闻道有先后，术业有专攻"，不同的场合可以使用不同的名片，很多有地位、有身份的人会同时准备好几种名片，对不同的交往对象强调自己不同身份的时候，会使用不同的名片。

温馨提示

递送名片应站立并双手奉上。

本节测试

一、选择题

1. [单选]在名片礼仪中，递接名片时应（　　）。

A. 双手递接　　B. 左手递接　　C. 右手递接　　D. 以上都不对

2. [单选]给客户递交名片时应该（　　）。

A. 无所谓　　B. 不同顾客有不同的要求

C. 反面向顾客，名字朝自己　　D. 正面向对方，名字向顾客

3. [单选]职场接待中，递送名片前，把名片放在（　　）中是不妥的。

A. 名片夹　　B. 上衣口袋　　C. 公文包　　D. 裤子后面的口袋

4. [多选]名片称谓包括（　　）。

A. 所属单位　　B. 姓名　　C. 职务　　D. 学术技术职称

5. [单选]名片使用礼仪中要求递名片时，名片的正面应面向（　　），使对方接到名片就可以读，不必翻转过来。

A. 上方　　B. 下方　　C. 顾客　　D. 自己

6. [单选]名片应放在（　　）。

A. 西裤侧方口袋　　B. 西裤后方口袋

C. 衬衣左侧口袋或西装内侧口袋　　D. 西装外侧口袋

7. [单选]递出名片的顺序是（　　）。

A. 由尊及卑或由近及远　　B. 由卑及尊或由远及近

C. 可以不按顺序，先女士后男士　　D. 无所谓

8. [多选]递名片的方法错误的是（　　）。

A. 递名片时，最好用右手　　B. 递名片时，名片的正面应对着自己

C. 递名片时，名字向着自己　　D. 递名片时，最好拿名片的下端

9. [多选]递送名片礼仪规范有（　　）。

A. 身体微微前倾　　B. 双手呈上名片

C. 名片的字迹面向对方　　D. 递到对方手中

二、案例分析

案例一

2021 年 3 月，在山城重庆召开的全国糖酒会上，三鑫公司的赵总看到了久闻大名的新意集团的刘董事长。晚餐会上，赵总主动上前做自我介绍，并递给了对方一张名片。刘董事长接过名片，用眼睛瞄了一下，放在了桌子上，然后继续用餐。

问题：运用所学礼仪知识分析回答他们的做法是否正确，并说明原因。

案例二

小张和小王去一家上市公司面试，面试时小王拿出了自己精心制作的名片，双手递给面试官，而小张则是滔滔不绝地讲述着自己的情况，面试结束后，小王被录用了。工作后小王问及面试官此事，面试官回答他："由于一张精致的名片，我录用了你。"

问题：从一张精致的名片能看出什么？

案例三

小丽是天达公司杜经理的助理，一直都非常积极肯干，多次受到经理的表扬，但小丽并没有因此而骄傲自满，而是更加努力。有一天杜经理带小丽去参加某合作伙伴公司的庆典活动，到了活动现场，对方公司的经理及几位工作人员已在大门口处迎接各个应邀前来参加活动的公司成员。杜经理和小丽走上前去，小丽微笑着递上自己的名片："三位好！我是天达公司的经理助理小丽，这是我的名片，以后请多多关照！"杜经理随后也递上了名片。

问题：小丽的做法有何不妥之处？请演示正确的操作方法。

实践训练

训练内容：

【任务一】去某公司推销产品，如何递接名片

【任务二】接待来宾，向多人递送名片

训练要求：

全班同学参加，设置实际工作情景递送名片。

1. 分组，每组 4 人，扮演不同的角色。

2. 每组在规定的时间内完成以上两个任务。

3. 每组设计完成后进行展示，由其他组同学和老师共同评判打分。

第五节　职场馈赠礼仪

情境导入

某公司销售人员去拜访客户时发现客户的桌子上堆满了书籍，他在客户接电话时，观察了他的办公室，发现办公室有几个大书架，上面有一套《乾隆皇帝》，是“二月河”写的小说，非常流行。又看见客户的电脑开着，上面有一个新浪围棋的图标。后来，销售人员再到那个客户那里，就送了一套“二月河”写的《雍正皇帝》，客户非常喜欢。最后销售人员又要到了客户在网上的用户名，在网上跟他下了几盘围棋，一边下棋一边聊天，最后他们也变成了棋友。

问题：请结合礼物的选择原则谈谈这次礼物赠送的成功之处。

馈赠是人与人交往中表达感情和加强沟通的一种常用形式，是与其他一系列礼仪活动一同产生和发展起来的。中国有句俗话：“千里送鹅毛，礼轻情意重。”这是中国人对送礼的重要意义的高度概括。礼物是敲门砖、礼物是润滑剂，礼物能表达送礼者的心意，能沟通人们之间的情谊，同时也蕴含着丰富的文化内涵。人们只有在明确馈赠目的和遵循馈赠基本原则的前提下，才能真正发挥馈赠在职场交往中的重要作用。但需要注意的是，我们要把馈赠礼物、正常交往中的送礼与收受贿赂、腐蚀拉拢区别开。

现代职场人员应懂得馈赠的礼仪规范，妥善处理馈赠事宜，以巩固和维护良好的人际关系。

一、馈赠原则

馈赠作为社交活动的重要手段之一，受到人们的普遍肯定。得体的馈赠，恰似无声的使者，给职场交际活动锦上添花，给人们之间的感情和友谊注入新的活力。研究和把握馈赠的基本原则，是馈赠活动顺利进行的重要前提条件。

职场礼品“八不送”

（一）轻重原则

礼品有贵贱厚薄之分，有善恶雅俗之别。

礼品的贵贱厚薄，往往是衡量交往人的诚意和情感浓烈程度的重要标志。然而礼品的贵贱与其价值并不总成正比。因为礼物是言情、寄意、表礼的，是人们情感的寄托物，人情无价而物有价，有价的物只能寓情于其身，而无法等同于情。也就是说，就礼品的价值含量而言，礼品既有其物质的价值含量，也有其精神的价值含量。“千里送鹅毛”的故事在我国妇孺皆知，被标榜为礼轻情意重的楷模和学习典范。“折柳相送”也常为文人所津津乐道。我们提倡“君子之交淡如水”，提倡“礼轻情意重”。教师节送老师一张全班同学签名的贺卡，母亲节送妈妈一朵亲手制作的康乃馨等，这些都可以成为最珍贵的礼物。一般情况下，我们既要注重礼轻情意重，又要入乡随俗地择定不同轻重的礼物。

（二）时机原则

就馈赠的时机而言，及时、适宜是最重要的，过频或过疏都与礼品馈赠相悖。中国人很讲究“雨中送伞”“雪中送炭”，即要注重送礼的时效性，因为只有在最需要时得到的才是最珍贵、最难忘的。

我国是一个节日较多的国家，在传统节日相互赠送相应的礼品，会使双方感情更为融洽。另外，在对方的某些纪念日，以礼品相送也会起到很好的效果。

因此，要注意把握好馈赠的时机，包括时间的选择和机会的择定。一般说来，时间贵在及时，超前、滞后都达不到馈赠的目的；机会贵在事由和情感及其他需要的程度。“门可罗雀”时和“门庭若市”时，人们对馈赠的感受会有天壤之别。所以，对于处境困难者的馈赠，其所表达的情感就更显真挚和高尚。

（三）效用原则

同一切物品一样，当礼以物的形式出现时，礼物本身也就具有了价值和实用价值。就礼品本身的实用价值而言，人们经济状况不同、文化程度不同、追求不同，对于礼品的实用性要求也不同。

一般说来，物质生活水平的高低决定了人们精神追求的不同，在物质生活较为贫寒时，人们多倾向于选择实用性的礼品，如食品、水果、衣物、现金等；在生活水平较高时，人们则倾向于选择艺术欣赏价值较高、趣味性较强和具有思想性、纪念性的物品为礼品。

因此，应视受礼者的物质生活水平有针对性地选择礼品。

（四）投好避忌原则

由于民族、生活习惯、生活经历、宗教信仰以及性格、爱好的不同，不同的人对同一礼品的态度是不同的，或喜爱、或忌讳、或厌恶等，因此我们要掌握“投其所好、避其禁忌”的原则。

尤其强调要避其禁忌。馈赠前一定要了解受礼者的喜好，尤其是禁忌。例如：中国人普遍有“好事成双”的说法，因而凡是大贺大喜之事，所送之礼，均好双忌单，但广东、江浙一带人忌讳“4”这个偶数，因为“4”的读音听起来就像是“死”，是不吉利的。再如，白色虽有纯洁无瑕之意，但中国人比较忌讳，因为在中国，白色常是悲哀之色和贫穷之色；同样，黑色也被视为不吉利，是凶灾之色、哀丧之色；而红色则是喜庆、祥和、欢庆的象征，受到人们的普遍喜爱。另外，我国人民还常常讲究给老人不能送“钟”，给夫妻或情人不能送“梨”或“伞”，因为“送钟”与“送终”、“梨”与“离”、“伞”与“散”谐音，是不吉利的。

（五）纪念性原则

礼品是情感的寄托，它具有某种特定的含义，传递出某种特殊的信息，所以在选择礼品上应注重其思想性、艺术性、实用性，使礼品别出心裁、富有生机。

二、赠礼礼仪

（一）礼品包装

要使交往对象愉快地接受馈赠，并不是件容易的事情。因为即便是你在馈赠原则指导之下选择的礼品，如果不讲究赠礼的艺术和礼仪，也很难使馈赠成为社会交往的手段，甚至会适得其反。因此，馈赠时应注意礼品的包装。精美的包装能够让礼品显得精致，更能体现出馈赠者的心意，意味着对受礼者的尊重，还能体现出赠礼人的文化和艺术品位，使礼品产生和保持一种神秘感，既有利于交往，又能引起受礼人的兴趣及好奇心，从而令双方愉快。尤其在涉外交往时更应该注意，外国人一般不喜欢没有精美包装的礼品。

温馨提示

礼品包装后，应绑上、贴上写有自己祝词和签名的缎带或卡片，以表达自己的情感和诚意。

（二）馈赠时机

职场馈赠礼品的具体时机不能以不变应万变，千篇一律。把握送礼的最佳时机是非常重要的，并应对具体情况进行具体分析。在会见或会谈时，如果准备向主人赠送礼品，一般应当选择在起身告辞之时；向交往对象道喜、道贺时，如拟向对方赠送礼品，通常应当在双方见面之初相赠；出席宴会时向主人赠送礼品，可在起身辞行时进行，也可选择餐后吃水果之时；观看文艺演出时，可酌情为主要演员预备一些礼品，并且在演出结束后登台祝贺时当面赠送；游览观光时，如果参观单位向自己赠送了礼品，最好在当时向对方适当地回赠一些礼品；为专门的接待人员、工作人员准备的礼品，一般应当在抵达当地后尽早赠送给对方。

（三）馈赠方式

馈赠礼品的方式可分为邮寄赠送、请人代转和当面赠送等形式，以当面赠送最为正式。

馈赠礼品作为心意表达方式，在赠送时应表现大方、坦然自若，赠送时应双手亲自奉上。

三、受礼礼仪

（一）大方有礼

职场接受馈赠要注意的问题

受礼者应用双手大方、愉悦地接过礼品，面带微笑、目视对方，并伴以“谢谢”“您太客气了”等客气话，还可以感谢送礼人所花费的心血，例如：“您能想到我太好了。”也可以感谢对方为买到合适的礼品所付出的努力，例如：“您竟然还记得我收集邮票。”然后大大方方地接受礼物。

另外，接受他人礼物后，应视具体情况进行处理，把握好分寸。如果现场条件允许，如时间充裕、人数不多，那么可在接过礼品后，当着对方的面将礼品打开。这是国际上通行的礼仪，它表示对对方的尊敬。而中国人的习惯通常是等客人走了之后再启封礼品。

（二）受礼时应注意的事项

（1）一般情况下，不应当拒绝受礼。如果觉得送礼者别有所图，应向他明示自己拒收的理由，态度可坚决，方式要委婉。

（2）接受礼物时，不管礼品是否符合自己的心意，受礼者均应表示对礼物的重视。对贺礼以及精美礼物，一般可当面打开欣赏（欧美人喜欢当着客人的面，小心地打开礼物欣赏；而中国人在接受礼品时，一般不会当着送礼者的面把礼物打开，而是把礼物放在一边留待以后再看）并赞美一番。

（3）接受了他人的馈赠，如有可能应予以回礼。有礼有节的馈赠活动，有利于拉近双方的距离，增加合作的机会。

作为职场活动的重要内容之一，馈赠活动越来越受重视，并得到广泛的使用。而馈赠的商务礼仪也成为职业经理人必备的专业知识之一。

本节测试

一、选择题

1. [单选]馈赠礼仪是指为了向对方表示（　　）而赠送礼物的规范方式的行为。

   A. 心意　　B. 祝贺、感谢或慰问

   C. 要求　　D. 表扬

2. [单选]下列关于馈赠行为的表述，不太合适的是（　　）。

   A. 对家贫者，馈赠以实惠为佳；对富裕者，馈赠以精巧为佳

   B. 代表企业为客商选择礼品时，应主要侧重于礼品的精神价值和纪念意义

   C. 因公赠送时，忌送现金、信用卡、有价证券

   D. 可以回赠对方相同的礼物

3. [多选]职场馈赠礼仪要注意（　　）。

   A. 礼品的包装　　B. 赠礼的场合　　C. 赠礼时的态度动作　　D. 赠礼的时间

4. [多选]按照公务活动馈赠礼仪，下面哪些物品不适合赠送？（　　）

   A. 纪念性物品　　B. 现金、有价证券

   C. 昂贵的奢侈品　　D. 首饰

5. [多选]有关馈赠的说法，以下正确的是（　　）。

   A. 时机原则　　B. 轻重原则　　C. 效用原则　　D. 投好避忌原则

6. [多选]接受他人礼品馈赠时，应注意的环节是（　　）。

   A. 神态专注　　B. 双手捧接　　C. 认真道谢　　D. 当面折封，表示欣赏

二、案例分析

案例一

2005 年 4 月 29 日，连战访问北京大学，获得一份特殊的礼物：母亲赵兰坤女士在 76 年前毕业于燕京大学的学籍档案和相片，其中包括在宗教系就读的档案、高中推荐信、入学登记表、成绩单等，大多是她亲笔写的字。在这份特殊的礼物面前，一贯严谨的连战先生也难掩内心的激动。他高举起母亲年轻时的照片，然后放在面前细细端详，眼里泛着晶莹的泪光。这一刻，他满脸都是幸福的微笑。

问题：请结合礼物的选择原则谈谈这次礼物赠送的成功之处。

案例二

一位女士在伦敦留学，曾在一家公司打工，老板对她很好，在很短的时间内给她加了几次薪。一日，老板生病住院，这位女士打算去医院看望老板，于是她在花店买了一束红玫瑰花。在半路上，她突然觉得这束花的色彩有点儿单调，而且看上去俗气，就又去买了十几枝白菊花，并且与原来的玫瑰花插在了一起。她感到很满意，带着花走进了病房。结果，老板见到她的时候，先是高兴，转而大怒。

鲜花代表的寓意

问题：老板大怒的原因是什么？

案例三

美国作家欧·亨利在其著名的小说《麦琪的礼物》里讲了这样一个故事：一位妻子十分想在圣诞节来临时送给丈夫一份礼物，她盼望能买得起一条表链，以匹配丈夫祖上留下的一只表。因为没有钱，于是她把自己秀丽的长发剪下来卖了。圣诞之夜，妻子对丈夫献上了自己的礼物——精美的表链。而丈夫也在惊愕之中拿出了他献给妻子的礼物，竟是一枚精致的发卡。原来，丈夫为给妻子买礼物把自己的表卖了。这时，他们紧紧地拥抱在一起，彼此的爱成为这圣诞夜唯一的却是最珍贵的礼物。

问题：什么是最好的礼物？

实践训练

训练内容：

某公司在某地开设分公司，举行开业庆典，你作为我方公司的代表前去祝贺，该怎样挑选礼物？请模拟赠送情景。

训练要求：

1. 全班同学参加，可以按男女生分组，每组 4 人。
2. 设计赠送方案，确定适合开业庆典的赠礼（如花篮、牌匾等）。
3. 赠送方法、技巧。
4. 老师和其他学生进行评判。

第六节　职场拜访礼仪

情境导入

金勇是一位刚大学毕业分配到利华公司的公关部经理助理，今天准备去拜访某公司的王经理。由于事前没有王经理的电话，所以金勇没有预约就直接去了王经理的公司。金勇刚进利华公司还没有公司制服，所以他选择了休闲运动打扮。到达王经理办公室时，刚好王经理正在接电话，就示意让他在沙发上坐下等。金勇便往沙发上一靠，跷起二郎腿，一边吸烟一边悠闲地环视着张经理的办公室。在等待的时间里不时地看表，从沙发上站起来在办公室里走来走去，还随手翻了一下放在茶几上的一些资料。

问题：请指出金勇在这次拜访中的失礼之处。

拜访是指亲自或派人到朋友家或有业务往来的客户单位或相应的场所去拜见、访问某人或单位的活动。拜访从性质上可分为职场事务性拜访、礼节性拜访和私人拜访，下面主要讲职场事务性拜访和私人拜访中的探病礼仪。

一、职场事务性拜访

在职场工作过程中免不了要去拜访别人，拜访是交往的重要方式，是为达到某种目的的社会交往方式，是拜会、会见、访问等活动的统称。

职场拜访礼仪

（一）拜访前的准备

1. 熟知对方提供的资料

拜访前，要对对方个人及单位性质、特点以及拜访的目的等有关情况有所了解。只有这样做到心中有数，才能应对自如，利于开展工作。

2. 注重穿着打扮

拜访前，要注意装扮自己，穿上符合身份、简洁、大方、得体的服装，维护单位形象。

3. 提前预约

拜访前，秘书事先要和被访对象提前电话预约，说明拜访的目的和时间。这样可以避免因为突发状况扰乱被访者的计划，也可以避免因为找不到被访者而白跑一趟，同时又充分体现了对他人的尊重。

预约拜访电话联系的内容主要有五点：

（1）自报家门（姓名、单位、职务）。

（2）询问被访者是否在单位（家），是否有时间或何时有时间。

（3）简要说明拜访的内容（有事相访或礼节性拜访）使对方有所准备。

（4）确定具体拜访的时间、地点。

（5）向对方表示感谢。

（二）时间地点的选择

拜访的时间和地点的选择以不妨碍对方为原则。若是公务拜访应该选择对方上班的时间段。若是私人拜访，应以不妨碍对方休息为原则。尽量避免在吃饭、午休或者晚上 9 点以后登门。地点的选择也要同拜访的目的相吻合。公务拜访应该选择在办公场合，私人拜访最好选择在家里或者其他娱乐场合。

相互见面一定要遵守时间。最好提前约定到达时间，可以平静心绪，把所带的材料略微整理一下。

（三）拜访中的举止礼仪

拜访礼仪歌

（1）要守时守约。

（2）到达被访人所在地时，要用食指轻轻叩门，力度适中，间隔有序，敲三下，等待回音，进屋后应按接待人员的安排指点后坐下。后来的客人到达时，先到的客人应该站起来，等待介绍。

（3）拜访时应彬彬有礼，注意一般交往细节。到达拜访地点后，如果与被访人是第一次见面，应主动递上名片，或做自我介绍。对熟人可握手问候。

（4）如果被访人因故不能马上接待，应安静地等候。如果等待时间过久，可向有关人员说明，并另定时间，不要显现出不耐烦。

（5）在与被访人交谈中，如果有不同意见，不要争论不休。对被访人提供的帮助要致以谢意。

（6）谈话时要开门见山，不要漫无目的地夸夸其谈，浪费时间。

（7）要注意观察被访人的举止表情，适可而止，当被访人有不耐烦或有为难的表现时，应转换话题或口气。当被访人有结束会见的表示时，应立即起身告辞。告辞时要同被访人和其他客人一一告别，说“再见”“谢谢”；被访人相送时，应说“请回”“留步”“再见”。

二、探病礼仪

拜访是一门学问，看望病人更是一门艺术。当领导、同事、客户、亲友患病时，前往探望、慰问是人之常情，也是一种礼节。但是，人们在看望病人时如果不注意礼仪细节，就会影响其他病人或所探望的病人的身心健康。所以，到医院探望病人，也要注意相应的文明礼仪。人生在世，难免碰上生、老、病、死，其中生病是每个人难免的，职场中前往探访住院的领导、同事、客户，也是人际交往的基本礼节，可是兼顾人情之余，也要注意勿干扰病人的情绪，给予关怀祝福，但不增加别人的精神负担。

（一）探病时机

探望病人时应选择适当的时机，尽量避开病人休息和医疗时间。由于病人的饮食和睡眠比常人更重要，因此不宜在病人吃饭或休息时前往探视。如果是探望住院的病人，还应在医院规定的时间内前往。若病人正在休息，不要打扰，可稍后再去。

为照顾病人休息，与病人谈话和在病房内逗留的时间不宜过长，探望时间一般为15分钟，最多不超过半个小时。要注意适时地、婉转地结束探望，一方面避免因为自己探视时间过长影响了病房里其他病人的休息，另一方面也可以让病人多休息，避免疲劳影响其身体恢复。

（二）探病时的言行举止

由于特殊的心理状态，人在患病期间都相当敏感。与病人谈话时，要认真地听；谈话时应看着病人，使病人感到真切的慰藉。在谈话的内容上，针对患者的焦虑心态要多说一些轻松、鼓励、开导、宽慰的话，以利于增强病人战胜疾病的勇气。对于病人的病情可从侧面了解，如果病人自己没有提到病情，应尽量回避，千万不能对病人谈他的病情有多么严重，不要列举一些类似的严重病例。

（三）医院探访礼仪

（1）探访对象如果住在医院里，应先了解探病时间，不宜太早或太晚，尊重病人意愿，以免影响病人作息。

（2）遵守病房规则。

（3）可赠送鲜花（除特殊病情外）或书籍，让病人心灵获得慰藉。

（4）事先了解病人能吃什么，喜欢吃什么，不要赠送病人不能食用的物品。

（5）不宜介绍偏方。

（6）入病房时，表情应自然，切忌哭泣，以免影响病人及其家属的心情。应当讲体恤家属辛劳的话。

（7）不宜谈刺激病人的人、事等，以免病人情绪反应过度，影响病情。

（8）谈话声音适量，以免妨碍其他病人。

（9）慰问病人应说充满希望的话，给予病人鼓励。

（10）不要坐在病床上，以免令病人产生不舒服的感受。

（11）不宜带小孩去看病人，除非病人渴望见到这个小孩。

（12）自己感冒时最好不要去探病，以免把病菌传染给病人，加重病情。

（13）见有他人来探病，应适时告辞。

（14）离开病房时，要使病人保持愉快而乐观的情绪，祝福病人早日康复。

温馨提示

拜访一定要提前预约，且赴约要守时。

本节测试

一、选择题

1.［单选］若拜访约在客户家里，什么时候宜拜访？（　　）

A. 周末　　B. 午休　　C. 晚上 8 点后　　D. 和主人约好的时间

2.［单选］在职场中不应贸然拜访，最好是以（　　）的形式拜访。

A. 领导　　B. 朋友　　C. 家人　　D. 专业团队

3.［单选］办公室是正式的拜访场所，它主要适用于拜访哪类客户？（　　）

A. 个人客户　　B. 企业客户　　C. 个体工商业的客户　　D. 私人客户

4.［单选］给客户的拜访资料要注意（　　）。

A. 不需要把全部资料给到客户

B. 介绍资料的时间不要太长，最多五分钟

C. 借着介绍资料要有意识地拉近跟客户之间的距离

D. 以上都正确

5.［多选］公务拜访准备包括哪些内容？（　　）

A. 客户资料　　B. 拜访计划表　　C. 产品知识　　D. 交通工具

6.［多选］职场拜访礼仪有（　　）。

A. 按时到达　　B. 礼貌登门

C. 谈及主人隐私　　　　　　　　D. 礼貌告辞

二、案例分析

案例一

李俊是某公司的业务员，通过预约去拜访大客户张经理。那天下了很大的雨，李俊衣服湿透了，还迟到了 20 分钟，他没有进行整理便带着湿漉漉的雨伞进了张经理的办公室，最终错失了张经理这个客户。

问题： 如果你是李俊，你会怎么做？

案例二

小陈大学毕业后到一家公司应聘，面试时外面等了很多人，当叫到小陈的名字时，小陈礼貌地敲敲门，问："我可以进来吗？"得到允许后，他才走进去。几天后，小陈得到了录用通知。工作了一段时间后，小陈和经理已经很熟了。小陈问经理究竟看上了自己的什么优点。经理说："其实，你哪一条都不比别人强，我看中的是你进门时先敲了门。敲门说明你懂礼貌，而懂礼貌，说明你有教养，有教养的人不说能在公司一定会有大的作为，但起码不会给公司添乱。"

问题： 你同意经理的观点吗？谈谈你的看法。

案例三

方媛是某公司总经理秘书，她将要陪总经理去拜访宏达公司的总经理丁力先生。方媛事先预约的时间是本周三下午 2 点。方媛事先准备好了有关的资料、名片，并对宏达公司及丁力先生进行了了解。拜访前方媛对自己的仪容、仪表进行了精心、得体的修饰，并帮总经理进行了精心得体的设计。到了周三，方媛和总经理提前 5 分钟到达宏达公司，并为总经理做介绍。在与丁力先生交谈的过程中，简明扼要地表达了拜访的来意，交谈中能始终紧扣主题，给丁力先生留下了很好的印象，最终促成了合作。

问题： 方媛和总经理在拜访宏达公司丁力经理时，在哪些方面做得比较成功，从而最终促成了与宏达公司的合作？

实践训练

训练内容：

方芳是某集团总经理秘书，今天该公司的市场部王经理过生日，总经理让方芳代表他给王经理送生日礼物。请演示拜访全过程。

训练要求：

1. 分组，可以按男女生分组，每组 3 人（总经理、市场部王经理、秘书）；

2. 选择合适的生日礼物（生日蛋糕、笔筒、鲜花、富有纪念意义的书法作品等）；

3. 每组在规定的时间内（5 分钟）完成以上任务，把拜访的情景进行模拟展示；

4. 每组以完成的先后顺序展示，由其他组同学和老师共同评判打分。

本章小结

职场交往是指人们在某一特定的职业群体中与其他成员建立起相应的人际交往关系。这种职场人际交往关系，直接或间接地影响人们的职业活动和工作效率。本章通过讲述交往过程中，与交往对象见面时如何称呼、如何做介绍，握手和赠送名片时的礼仪规范，以及拜访及馈赠礼物的要求等相关礼仪内容，对职场常见交往礼仪做了具体的介绍。不同的社交场合、不同的社交活动对人们的行为有着不同的要求，我们应根据具体情况，灵活地运用相关的交往礼仪，适时地、更好地展现自身的才智与涵养，充分体现职业人的素质。

第四章　职场办公礼仪

学习目标

※ 知识目标

学习办公室礼仪规范；掌握职场交谈礼仪知识和技巧；掌握办公通信礼仪和网络礼仪的相关知识。

※ 能力目标

能做好办公室交往和接待工作；能在不同场合得体交谈，妥善处理办公事务；能正确地接打电话，得体地处理电子邮件，正确使用微信、钉钉等办公软件。

※ 素养目标

培养良好的职场办公礼仪规范，提高办公室工作人员的个人素质，营造办公室的和谐氛围，树立社会主义核心价值观。

第一节　办公室礼仪

情境导入

王芳是一家事业单位的办公室文员，她长得漂亮，喜欢打扮，发型每隔一段时间就有新的变化，颜色也不断更新，金黄色、酒红色、棕色、奶奶灰……让人觉得每天都是一个新形象。加上她爱化浓妆，喜欢穿色彩鲜艳的服饰，就像一只花蝴蝶穿梭在办公室中。王芳性格大大咧咧、心直口快，办公室里的男同事喜欢开她的玩笑，她也不恼怒。她喜欢在办公室里说些社会上的小道消息，有时还把她跟男朋友相处闹别扭的事情说出来，让同事帮她评理。

王芳参加工作已经五年了，工作态度认真，业务能力也很强，业务考核每年都是优秀。与王芳一起分配到办公室的张扬，尽管工作业绩不如王芳，却已经提升为副科，王芳却还是原地踏步，只是普通职员。希望得到事业发展的王芳感到困惑：我的工作能力和业绩都不比张扬差，领导为什么不提拔我呢？

问题：年轻漂亮而且工作能力强的王芳为什么没有被提拔呢？

办公室是单位的工作人员开展工作、处理各种业务的场所。办公室礼仪不仅是职场人员对同事的尊重和对职场文化的认同，而且是职场人员为人处世、礼貌待人最直接的表现。遵守办公室礼仪是职场人员的基本要求。

随着社会发展的日新月异，人们的办公硬件水平不断提高，对办公环境的要求也越来越高。营造良好的办公室环境，可以让员工更加精神饱满地投入到每天的工作中，更好地为单位创造效益。因此，我们要注重办公室环境礼仪，尊重职场礼仪。

一、办公室环境布置礼仪

（1）办公室物品布置以整齐、整洁、有序为主。

（2）办公桌要根据室内的情况合理设置摆放，体现整齐、统一、协调的原则。

办公室十大细节礼仪

（3）办公桌面上允许摆放的物品为：电脑及其配件、电话座机、文件夹、书籍、笔记本、笔筒、笔、台历、计算器等办公用品与水杯、手机、餐巾纸、小型植物盆栽等个人用品。

（4）办公用品、文件放置要整齐有序，文件处理完后均要放入文件夹，且要摆放整齐。文件夹都要有相应的标识，每份文件都应有相应的编号。应把文件夹整齐有序地排放在办公桌上。办公桌及抽屉整齐，不杂乱。

（5）电话是办公室的必备用品，但同时也是办公室的饰物。办公电话一般摆放在专用电话桌上，无电话专用摆放桌的，可以摆放在办公桌的角上。电话机要经常清理，用专用消毒液进行擦洗，不能粘满尘土和污垢。办公室是否清洁，电话机是一个重要指标。接电话时声音要小，不能高声喊叫，以免影响他人。

（6）花卉与绿色植物盆栽由办公室统一布置，个人不得随意移动其位置。

（7）办公室内墙面及所有办公设施不得私自张贴画报、随意涂鸦、嵌入铁钉等，不得破坏墙面美观。

（8）影响整体美观的私人物品不允许出现在办公室内，办公室通道中不允许摆放任何物品。

（9）下班时，应将办公椅放在办公桌下的空间处，椅背贴桌面平行，最后离开办公室时，须将饮水机、电脑、照明灯关闭，切断电源。

（10）不在公共办公区吸烟、扎堆聊天、大声喧哗；节约水电；禁止在办公家具和公共设施上乱写、乱画、乱贴；保持办公区域的整洁、有序，提高办公效率。

温馨提示

办公室是工作场所，办公区域以整齐、整洁、有序为主，尽量少放与工作无关的私人物品。

二、办公室形象礼仪

（一）办公室仪容仪表礼仪

办公室工作人员必须仪表端庄、整洁。具体要求是：

头发：办公室人员的头发要经常清洗保持清洁，做到无异味，无头皮屑；男士的头发前边不能过眉毛，两边不能过鬓角；女士在办公室尽量不要留披肩发，前面刘海不能遮住眉毛。

指甲：指甲不能太长，应经常注意修剪，女性职员涂指甲油要尽量用淡色。

面部：女性职员要化淡妆上岗，男士不能留胡须，胡须要经常修剪。

口腔：保持清洁，上班前不能喝酒或吃有异味的食品。

服装：服饰要与办公室环境相协调，以体现权威、专业和得体为宜，遵守三色原则。职场男士最适合穿黑、灰、蓝三色的西服套装。职场女士则最好穿素色西装套裙、连衣裙。男士注意不要穿印花或大方格的衬衫；女士则不宜把露、透、短的衣服穿到办公室里去。工作场所的服装应整洁、庄重，不追求修饰。具体要求是：

（1）衬衫：衬衫颜色选择白色为宜，衬衫的领子与袖口不得有污秽。

（2）领带：外出前或要在众人面前出现时，应佩戴领带，并注意与西装、衬衫颜色相配。领带不得肮脏、破损或歪斜松弛。

（3）鞋子应保持清洁，如有破损应及时修补，不得穿带钉子的鞋。

（4）女性职员要保持服装淡雅得体，不得过分华丽。

（5）办公室人员工作时不宜穿大衣或过分臃肿的服装。

（二）办公室举止礼仪

在办公室内，职场人员应保持优雅的姿势和动作。具体要求是：

（1）站姿：两脚脚跟着地，脚尖离开约 45°，腰背挺直，胸膛自然，颈脖伸直，头微向下，使人看清你的面孔。两臂自然，不耸肩，身体重心在两脚中间。会见客户或出席仪式站立场合，或在长辈、上级面前，不得把手交叉抱在胸前。

（2）坐姿：坐下后，应尽量坐端正，把双腿平行放好，不得傲慢地把腿向前伸或向后伸，或俯视前方。要移动椅子的位置时，应先把椅子放在应放的地方，然后再坐。

（3）办公室内与同事相遇应点头行礼表示致意。

（4）握手时用普通站姿，并目视对方眼睛。握手时脊背要挺直，不弯腰低头，要大方热情，不卑不亢。一般情况下，身份地位高的人可以先伸手。

（5）出入房间的礼貌：进入房间，要先轻轻敲门，听到应答再进。进入后，回手关门，不能大力、粗暴。进入房间后，如对方正在讲话，要稍等静候，不要中途插话，如有急事要打断说话，也要看机会，而且要说："对不起，打断您的谈话。"

（6）递交物件时，如递文件等，要把正面、文字向着对方的方向递过去，如果是钢笔，要把笔尖向着自己，使对方容易接着；至于刀子或剪刀等利器，应把刀尖向着自己。

（7）走通道、走廊时要放轻脚步。无论在自己的办公室，还是在访问的单位，在通道和走廊里不能一边走一边大声说话，更不得唱歌或吹口哨等。在通道、走廊里遇到上司或客户要礼让，不能抢行。

温馨提示

办公室人员代表组织形象，服饰打扮要与办公室环境相协调，以体现权威、专业为宜。言行举止以稳重、大方、得体为宜。男性工作人员在办公室内不抽烟，女性工作人员在办公室内不化妆。

三、办公室交往礼仪

（一）办公室同事相处礼仪

办公室人际礼仪

（1）真诚合作：接待单位各部门的工作人员都要有团队精神，真诚合作，相互尽可能提供方便，共同做好接待客人的工作。

（2）宽以待人：在工作中，对同事要宽容友善，不要抓住一点纠缠不休，要明了"人非圣贤，孰能无过"的道理。

（3）公平竞争：不在竞争中玩小聪明，公平、公开竞争才能使人心服口服，应凭真本领取得胜利。

（4）主动招呼：每天进出办公室要与同事打招呼；不要叫对方小名、绰号，也不要称兄道弟或以肉麻的话称呼别人。

（5）诚实守信：对同事交办的事要认真办妥，遵守诚信。如果自己办不到，应诚恳讲清楚。

（二）与上级相处的礼仪

（1）尊重上级：树立领导的权威，确保有令必行。不能因个人恩怨而泄私愤、图报复，故意同上级唱反调，有意降低其威信。

（2）支持上级：只要有利于事业的发展，有利于接待工作，就要积极主动地支持上级，配合上级开展工作。

（3）理解上级：在工作中，应尽可能地替上级着想，为领导分忧。

（4）公私分明。不要有意对上级"套近乎"、溜须拍马；也不要走另一个极端，不把上级放在眼里。上下级关系是一种工作关系，自己做下属时，应当安分守己。

（三）汇报和听取汇报的礼仪

（1）遵守时间：汇报工作时要遵守时间，不提早，也不推迟。

（2）注意礼貌：先敲门，经允许后才进门汇报。汇报时要注意仪表、姿态，做到文雅大方、彬彬有礼。

（3）语言精练：汇报时口音清晰、声音适当、语言精练、条理清楚。

（4）汇报结束后应等到上级示意后才可告辞，告辞时要整理好自己的物品和用过的茶具、座椅。当上级送别时，要主动说"谢谢"或"请留步"。

温馨提示

办公室交往要尊重上级、同事、客户；不议论他人是非；不窥探他人隐私；不乱翻他人东西；不乱开他人玩笑；经济往来要 AA 制。

四、办公室接待礼仪

（一）接待工作类型

根据不同的标准，可将接待划分为不同的类型。按来访者的国别分类，接待可分为内宾接待和外宾接待；按来访者事先是否预约分类，接待可分为有约接待和无约接待；按来访者的人数分类，接待可分为个别接待和团体接待。不同的接待类型有不同的特点和要求。

1. 内宾接待

内宾接待是指接待国内的来访者，包括本系统内外的所有个人和集体来访者。内宾接待工作一般由秘书人员或专职接待人员负责，如果有重要的来访者，本单位领导应出面接待。

2. 外宾接待

外宾接待是指接待境外来访者，包括海外侨胞和港澳台同胞的接待。接待对象可能是政府官员、代表团，也可能是商人、专家或学者。外宾接待事先应有计划并报上级主管部门批准。接待工作一般由领导负责，接待人员协助。在接待过程中，接待人员要注意礼仪，生活安排也要顾及外宾的民族或地区的风俗和饮食习惯。

3. 有约接待

这是指对事先与本单位有约定的来访者的接待。这种接待应该比较正规，在程序上布置周密，在人力、财力、物力上有充分准备，不应该遗忘或出现差错。

4. 无约接待

这是指对事先与本单位无约定的来访者的接待。在无约接待中，接待人员要随机应变，灵活处理，既不失礼貌风度，又不能让无约来访者耽误领导和自己的正常工作。

（二）办公接待的原则

1. 诚恳热情

对于来访者，不管是何身份，接待人员都应给予尊重和礼遇，应面带微笑、温和亲切、热情有礼地接待。不能凭衣衫看人，看到来客穿戴不凡、派头十足，就毕恭毕敬；见到来者衣衫一般，不像是官员、上司、大款，就轻视冷落。

2. 讲究礼仪

我国是礼仪之邦，接待活动作为一项典型的社会交际活动，务必以礼待人，要求专司其职的接待人员在接待工作中明确地树立起礼宾的意识。礼宾，简而言之，在从事接待工作的整个过程中，自始至终都要对自己的一切来宾以礼相待。具体而言包括：

仪表方面——面容清洁，衣着得体，和蔼可亲；

举止方面——稳重端庄，风度自然，从容大方；

言语方面——声音适度，语气温和，礼貌文雅。

3. 细致周到

接待工作既是琐碎的，又是严谨重要的。这就要求接待人员在接待工作中心细如发，综合考虑问题，把工作做得面面俱到、细致入微、有条不紊。假如某一个环节没考虑周全，就容易使人感到不热情、不重视，以致影响全局。

4. 按章办事

“无规矩，不成方圆”，许多公司都制定了有关接待方面的规章制度，接待人员必须严格遵照执行。例如：不得擅离接待岗位；重要问题时请示汇报；对职责范围以外的事项不可随意表态；不准向客人索要礼品；对方主动赠送，应婉言谢绝；无法谢绝，要及时汇报，由组织处理；要根据不同国家、民族、地区的风俗习惯来区别接待客人。

5. 保守秘密

每个单位都有不得对外宣讲的机密事情，接待人员在办公接待时要注意保守秘密，不能泄密。

（三）办公接待实施的礼仪要求

迎客、待客、送客是接待工作中的基本环节，也是接待工作的礼仪要求。

办公室接待次序礼仪

1. 亲切迎客

接待人员看到来访的客人进来时，应马上放下手中的工作，站起来，面带微笑，有礼貌地向来访者问候。见到客人的第一时间，应该马上做出如下的动作表情，我们简称为“3S”：stand up（站起来）、see（注视对方）、smile（微笑）。

最初的迎客语言：

“您好，欢迎光临！”

“您好，我能为您做些什么？”

“您好，希望我能帮助您。”

对于来访的客人，无论是事先预约的，还是未预约的，都应该亲切欢迎，给客人一个良好的印象。如果客人进门时接待人员正在接打电话或正在与其他客人交谈，也应用眼神、点头、伸手等表示请进的身体语言表达你已看到对方，并请对方先就座稍候，而不应不闻不问或面无表情。如果手头正在处理紧急事情，可以先告诉对方“对不起，我手头有紧急事情必须马上处理，请稍候”，以免对方觉得受到冷遇。遇有重要客人来访，接待人员需要到单位大门口或车站、机场、码头迎接，且应提前到达。当客人到来时，接待人员应主动迎上前去，有礼貌地询问和确认对方的身份，例如：“请问先生（小姐），您是从 ×× 公司来的吗？”对方认可后，接待人员应做自我介绍，如“您好，我是 ×× 公司的接待人员，我叫 ××”或“您好，我叫 ××，在 ×× 单位工作，请问您怎样称呼”。介绍时，还可以互换名片。如果客人有较重的行李，还要伸手帮助提携。要给客人指明座位，请其落座，迎接以客人落座而告终。

2. 热情待客

接待人员要热情周到地接待来访者。当客人落座后，要负责端茶倒水。在给客人送茶时，不能用没有洗干净的茶具或有缺口的茶杯，这既有损本单位的形象，也显得对来宾不够尊重。

此外，还要注意以下环节中的礼节：

（1）交谈。接待人员在交谈时，必须精神饱满，表情自然大方，语气和蔼亲切。与客人交谈时要保持适当距离，不要用手指指人或拉拉扯扯。要善于聆听来访客人的谈话，目视对方以示专心。谈话中要使用礼貌用语，一般不询问女士年龄、婚否，不径直询问对方的个人私生活以及宗教信仰、政治主张等问题，不宜谈论自己不熟悉的话题。

（2）引见。接待人员在问清来访者的身份、来意后，需要领导出面会见或其他部门人员出面会见的，要在请示领导并得到领导同意后，为其引见。

（3）介绍。接待人员引领来访者进入会客室或领导的办公室后，当领导与来访者双方见面时，如果是第一次来访的客人，应由接待人员简洁地将双方的职务、姓名、来访者的单位和来访的主要目的逐一介绍。

3. 礼貌送客

当接待人员与来访者交谈完毕或领导与来访客人会见结束，接待人员都应有礼貌地送别客人。“出迎三步，身送七步”是迎送宾客最基本的礼仪。当客人起身告辞时，接待人员应马上站起来相送。一般的客人送到楼梯口或电梯口即可，重要的客人则应送到办公楼外或单位门口。如果以小轿车送客，还要注意乘车的座次。乘小轿车时通常“右为上，左为下；后为上，前为下”。小轿车后座右位为首位，左位次之，中间位再次之，前座右位殿后。送客时，接待人员应主动把车门打开，请客人上车并坐在后排右侧。

送行是决定来访者能否满意离开的最后一个环节。因此，能否将这最后一个环节的工作做好，是接待人员能否善始善终地接待好来访者的具体体现。送要有送的语言，要说“再见，欢迎您下次再来”“慢走”等礼貌用语；送也要有送的姿态和行为，当客人带有较多或较重的物品时，接待人员应帮客人代提重物。与客人在门口、电梯口或汽车旁告别时，要与客人握手话别。接待人员要以恭敬真诚的态度，笑容可掬地送客，目送客人上车或步行离开。

温馨提示

办公室接待要遵守热情诚恳、讲究礼仪的原则，既要细致周到地做好服务工作，又要按章办事，注意保守组织或行业秘密，不得泄密。

本节测试

一、选择题

1.［单选］使用办公室公用电脑时，应该注意（　　）。

A. 学会保养电脑，有时间对电脑做杀毒处理

B. 多看同事的文件来帮助自己学习，不管是否涉及有关隐私问题

C. 工作期间为调节情绪可适当玩会儿电脑游戏

D. 以上都不对

2.［单选］办公室有些员工有中午睡午觉的习惯，当你有急事必须进出门时，你应该（　　）。

A. 开门后将门半开或虚掩，避免产生开关门响声惊扰休息的员工

B. 每次进出门都要关上门，养成随手关门的好习惯

C. 如果有多次进出，只需最后一次关上门，其他时间可将门保持开着

D. 以上都不对

3.［单选］在办公室里，如果你和一位同事产生了一些小摩擦，那么你应该（　　）。

A. 当面装作风平浪静，私下四处说人不是，一吐为快

B. 不理不睬，见面也不说话打招呼，形同陌路

C. 私下与之面谈商量，争取双方关系正常化，以和为贵

D. 以上都不对

4.［单选］办公室礼仪中要注意的礼节很多，下面哪种不属于忌讳的范围之内？（　　）

A. 在办公的时候打扮自己　　B. 借用同事的办公物品

C. 向同事谈论自己的功绩经历　　D. 办公时看小说等与工作无关的资料

5.［多选］办公室与同事相处的礼仪要求是（　　）。

A. 真诚合作　　B. 宽容友善　　C. 公平竞争　　D. 诚实守信

二、案例分析

李雪是一家电子有限公司的办公室文员，她从第一天上班起，就认为自己的工作就是“平时打打字，接接电话，复印文件，收发文件，接待一下客人”这么简单，其他的就不是她分内的事了。

有一天，一位中年男子急匆匆地走进来，问：“你们经理在不在？”李雪正在忙着打一份文稿，非常恼火中年男子将她的工作给打断了，冷冷地抬了抬眼皮，看到那人站在那里，其貌不扬，穿得土里土气，觉得他应该不是什么需要重视和热情接待的人，于

是不耐烦地说："你找哪个经理啊？这里的经理多着呢。"中年男子忙说："负责销售业务的。"李雪手指随便往大厅方向一指："那边，大厅。"不到5分钟的工夫，客人气急败坏地回来："这叫什么公司！"估计是在大厅那边再次遭受冷落。

这下，李雪可不高兴了，心想："我招你惹你了吗？你冲我发脾气。"她冷淡地看了一眼那位中年男子，一边打印文件一边说："关我什么事！"对方没想到李雪不但没有安抚他，反而冷嘲热讽地抢白他，一时气愤地摔门而去。

谁知，那位中年男子很快找到了总经理告状，其貌不扬的他竟是一家贸易公司的老板。无论老总怎样解释赔罪，他坚决终止与公司的销售代理合作。理由是："你们这家公司的管理太差，员工没有起码的服务意识。"

几百万元的单子就这样泡汤了。老总一怒之下，当场让李雪"另谋高就"，把她开除了。

问题：在这个办公接待场景中，你认为李雪错在哪里？假如你是李雪，你该如何做？

实践训练

【情景一】

市场部王经理要接待来访客户李经理，王经理吩咐助理李梅做好办公室服务工作。

训练要求：

1. 分组训练，三人一组，一人扮演王经理，一人扮演助理李梅，一人扮演客户李经理；
2. 分组演练招呼来客，与客人同行，与客人搭乘电梯，引见介绍客人，为客人与上司奉送热茶场景；
3. 要求角色扮演符合身份场景，举止、言行规范得体。

【情景二】

同在房地产公司销售部工作的小张和小陈工作努力，业绩优秀。他们既是同事，也是工作中的竞争者。一天，小张正在电脑前修改一份销售方案，突然接到一个紧急电话就匆忙离开座位，未关闭电脑就走出了办公室。这时，小陈刚好从小张的办公桌旁边走过，一眼看到电脑上的销售方案，心里不禁一动……过了半个小时，小张回来了，他心里有点不安，刚才太匆忙，忘关电脑，自己辛苦多日的创意不知是否被他人抄袭了……

训练要求：

1. 分组训练，两人一组，一人扮演小张，一人扮演小陈；
2. 假如你是小陈，你该怎么做？假如你是小张，你又该怎么做？请演示出来。

第二节　职场电话礼仪

情境导入

刚入职场在东方公司实习的办公室职员方林第一天上班，被安排在接电话的岗位，由于心情过于激动，第一次遇到外来电话，铃声刚起，他就积极地抓起电话，问道："喂，你找谁？"

第二次接电话时，是对方打错了，方林一听就告诉对方："你打错了。"然后就挂上了电话。

第三次接电话时，方林在第二遍铃声后拿起听筒，对方没有说明来意就直接要找总经理，对方说："请李总接电话。"方林很兴奋地说："李总外出和光明公司的张老板打羽毛球去了。"对方说："你知道李总的手机号码吗？"方林热情地帮对方查了号，并在对方的道谢声中说了"再见"。他觉得自己处理得很好。

问题：方林三次接听电话有何不妥之处？

电话被现代人公认为便利的通信工具，在日常工作中，使用电话语言很关键，它直接影响了一个单位的声誉；在日常生活中，人们通过电话也能粗略判断对方的人品、性格。因此，作为职场人员，掌握电话礼仪是非常必要的。

一、接打电话的基本礼仪

（一）重要的第一声问候

当打电话给某单位，若一接通，就能听到对方亲切、优美的招呼声，心里一定会很愉快，使双方对话能顺利展开，对该单位就会留下较好的印象。因此作为办公室人员要记住：接电话时应有“代表单位形象”的意识。

（二）要有喜悦的心情

打电话时要保持良好的心情，这样即使对方看不见你，也能从欢快的语调中被你感染，给对方留下极佳的印象。由于面部表情会影响声音的变化，因此即使在电话中，也要抱着“对方看着”的心态去应对。

（三）清晰明朗的声音

打电话过程中绝对不能吸烟、喝茶、吃零食，即使是懒散的姿势，对方也能够“听”得出来。如果你打电话的时候弯着腰躺在椅子上，对方听到的你的声音就是懒散、无精打采的；若坐姿端正，所发出的声音也会亲切悦耳、充满活力。因此打电话时，即使看不见对方，也要当作对方就在眼前，尽可能注意自己的姿势。

（四）迅速准确的接听

听到电话铃声，应准确且迅速地拿起听筒，最好在三声之内接听。电话铃声响一声大约 3 秒钟，若长时间无人接电话，或让对方久等，是很不礼貌的，对方在等待时心里会十分急躁，你的单位会给他留下不好的印象。听到电话铃声后，附近没有其他人，即便电话离自己很远，也应该用最快的速度拿起听筒，这样的习惯是每个办公室工作人员都应该养成的。如果电话铃响了五声以后才拿起话筒，应该先向对方道歉。若电话响了许久，接起电话只是“喂”的一声，对方会不满，会给对方留下恶劣的印象。

（五）认真清楚的记录

工作中应养成良好的习惯，一般应由左手拿电话，右手做记录，随时牢记“5W1H”原则。所谓“5W1H”是指：①When 何时，② Where 何地，③ Who 何 人， ④ What 何事，⑤ Why 为什么，⑥ How 如何进行。接打电话记录“5W1H”资料是十分重要的，电话记录既要简洁又要完备。

（六）了解来电话的目的

上班时间打来的电话几乎都与工作有关，公司的每个电话都十分重要，不可敷衍，即使对方要找的人不在，切忌只说“不在”就把电话挂了。接电话时也要尽可能问清事由，避免误事。首先应了解对方来电的目的，如自己无法处理，也应认真记录下来，委婉地探求对方的来电目的，这样就可以不误事而且赢得对方的好感。

电话中遇到特殊情况怎么解决

（七）挂电话前的礼貌

要结束电话交谈时，一般应当由打电话的一方提出，然后彼此客气地道别，说一声

“再见”再挂电话，不可只管自己讲完就挂断电话。如果通话双方有地位尊卑差别，一般是尊者先挂。

温馨提示

挂电话要牢记“尊者先挂”的原则。

二、接听电话礼仪

接听电话不可太随便，要讲究必要的礼仪和一定的技巧，以免发生误会。无论是打电话还是接电话，职场人员都应做到语调热情、大方自然、音量适中、表达清楚、简明扼要、文明礼貌。

（一）及时接电话

一般来说，在办公室里，电话铃响三遍之前就应接听，五遍后再接听就应道歉：“对不起，让你久等了。”如果受话人正在做一件要紧的事情不能及时接听，代接的人应适当解释。如果既不及时接电话，又不道歉，甚至极不耐烦，就是不礼貌的行为。尽快接听电话会给对方留下好印象，让对方觉得自己被看重。

（二）确认对方

对方打来电话，一般会自己主动介绍。如果没有介绍或者没有听清楚，就应该主动问：“请问您是哪位？我能为您做什么？您找哪位？”但是，人们习惯的做法是，拿起电话听筒盘问一句：“喂！哪位？”这在对方听来，陌生而疏远，缺少人情味。接到对方打来的电话，拿起听筒应首先自我介绍：“你好！我是×××。”如果对方找的人在旁边，应说：“请稍等。”然后用手掩住话筒，轻声招呼同事接电话。如果对方找的人不在，应该告诉对方，并且问：“需要留言吗？我一定转告！”

（三）讲究艺术

接听电话时，应注意使嘴和话筒保持 4 厘米左右的距离；要把耳朵贴近话筒，仔细倾听对方的讲话。最后，应让对方自己结束电话，然后轻轻把话筒放好，不可“啪”的一下扔回原处，这是极不礼貌的。最好的做法是在对方放下话筒之后挂电话，显示出对他人的尊重。

（四）调整心态

当拿起电话听筒的时候，一定要面带笑容。不要以为笑容只能表现在脸上，它也会藏在声音里。亲切、温情的声音会使对方对我们产生良好的印象。如果绷着脸，声音会变得冷冰冰。

接听电话的时候不能叼着香烟、嚼着口香糖；说话时，声音不宜过大或过小，吐字清晰，保证对方能听明白。

（五）随时记录

用左手一边接听电话，右手一边准备纸笔，便于随时记录有用信息。

温馨提示

接电话时，电话铃响三遍之前就应接听，注意“响铃不过三”原则。

三、拨打电话礼仪

拨打电话时，需注意以下几点：

（1）要选好时间。打电话时，如非重要事情，尽量避开受话人休息、用餐的时间，而且最好别在节假日打扰对方。

（2）要掌握通话时间。打电话前，最好先想好要讲的内容，以便节约通话时间，通常一次通话不应长于 3 分钟，即所谓的“3 分钟原则”。

电话礼仪的礼貌用语

（3）要态度友好。通话时不要大喊大叫，震耳欲聋。

（4）要用语规范。通话之初，应先做自我介绍，不要让对方“猜一猜”。请受话人找人或代转时，应说“劳驾”或“麻烦您”“谢谢”等礼貌用语。

温馨提示

打电话要注意通话时间。通常一次通话不应长于 3 分钟，即所谓的“3 分钟原则”。

本节测试

一、选择题

1.［单选］当你的同事不在，你代他接听电话时，应该（　　）。

A. 先问清对方是谁

B. 先告诉对方他找的人不在

C. 先问对方有什么事

D. 先记录下对方的重要内容，待同事回来后告诉他处理

2.［单选］电话通话过程中，以下说法正确的有（　　）。

A. 为了不影响他人，不使用免提方式拨号或打电话

B. 为了维护自己的形象，不边吃东西边打电话

C. 为了尊重对方，不边看资料边打电话

D. 以上说法都正确

3. [单选] 接到打错的电话，应当说（　　）。

A. 对不起，您打错了　　　　B. 讨厌，打错了

C. 真烦人，以后别打了　　　D. 什么也不说，直接挂断电话以节约时间

4. [单选] 为了减少偏差 ，在通话过程中应当（　　）。

A. 确定对方的身份

B. 主动报上公司名称以及自己的职务

C. 仔细聆听，专心应对

D. 重复重要事项、人名和电话号码

5. [单选] 你正在接听电话，此时另一部电话也响了，而办公室里只有你一个人在，你应当（　　）。

A. 置之不理

B. 同时接起另一部电话

C. 挂断第一个电话，再接听第二个电话

D. 征得客户的同意与谅解，接听并迅速处理第二个电话

二、案例分析

李凌是某师范学院教务处秘书，她和学院 12 个系的教学秘书不仅工作配合到位，而且建立了良好的私人友谊。这天，她给地理科学系打电话，告知秘书小吴“赶快过来取学院《关于提高教师课时费的决定》和《大学英语四、六级考试报名的通知》等文件和材料”。

之后，她又询问小吴的孩子感冒是否好了，“还打不打点滴？”“晚上咳嗽得还厉害吗？”“爱吃什么？我给他买一些……”接着她一直握着话筒，查询其他各系电话号码后通知相关事项。其中通知到中文系时是副主任接的电话，他向李凌询问教务处长在否，他想就近期普通话测试工作中存在的问题和处长尽快商议解决的办法。李秘书说：“处长在，但他现在正和外校同志商讨联合办学事宜进行会谈呢，等会谈结束我请他给您打电话好吗？”之后，她在办公室坐等各系秘书前来领取文件和相关教学资料。

问题：李秘书在办公室打电话过程中存在哪些合礼和失礼之处？

实践训练

【情景一】

早上上班高峰期，小林正在公交车上，因为堵车要迟到了，这时小林要向办公室刘主任打电话请假，这个电话应该怎么打？

训练要求：

1. 分组训练，两人一组，一人扮演小林，一人扮演办公室刘主任。

2. 规范演示拨打电话的过程。

3. 老师、学生评价。

【情景二】

有一位客户的电话，王经理交代赵助理不要转给他，请问当这位客户来电话时赵助理该怎样应对？

训练要求：

1. 分组训练，三人一组，一人扮演王经理，一人扮演赵助理，一人扮演客户。

2. 规范演示接打电话的过程。

3. 老师、学生评价。

【情景三】

有一位客户所选购的产品出了一些问题，打电话来投诉，火气很大，请问你作为办公室人员应该如何应对？

训练要求：

1. 分组训练，两人一组，一人扮演办公室人员，一人扮演客户。

2. 规范演示接打投诉电话的过程。

3. 老师、学生评价。

【情景四】

办公室助理张艳正在公司前台接电话，电话是一个客户打来的，事情较为复杂。这时候手机响了，是一位大客户的来电，如果你是办公室助理张艳，如何处理才能使电话里的客户和手机里的客人都满意？

训练要求：

1. 分组训练，三人一组，一人扮演办公室人员，一人扮演电话客户，一人扮演手机客户。

2. 规范演示多个电话处理的过程。

3. 老师、学生评价。

第三节　职场交谈礼仪

情境导入

郑丽是飞腾公司的销售员。她的口头表达能力不错，对公司产品的介绍也得体，人又勤快，在业务人员中学历又最高，老总对她抱有很大期望。可做销售代表半年多了，她的业绩总上不去。问题出在哪儿呢？原来，有客户反映小郑说话太快，经常没听懂或没听完客户的意见就着急发表看法，有时说话急促，风风火火的，好像每天都忙忙碌碌的，少有停下来的时候。另外，小郑性格直率，又爱与他人交谈，总喜欢把自己的事情拿到办公室说给同事听。对同事之间的关系，她也常常发表自己的感想。时间长了，同事们对她原本的关心和友好慢慢地竟变成漠然和冷淡了。这令小郑想不通，觉得身边的人都太冷血，毫无人情味儿。上司对她的态度也发生了变化，原本许多事情让她做，现在也越来越少，这是为什么呢？

问题：郑丽在职场交谈礼仪方面存在哪些问题？

身处职场，少不了与他人通过交谈处理问题。作为职场人员，必须掌握职场交谈礼仪的基本知识和规范。

一、交谈的态度

职场人员在与人交谈时应当体现出以诚相待、以礼相待、谦虚谨慎、主动热情的基本态度，而绝对不能逢场作戏、虚情假意或应付了事。

（一）表情自然

（1）专注。交谈时目光应当专注，或注视对方，或凝神思考，应和谐地与交谈进程相配合。眼珠一动不动，眼神呆滞，甚至直愣愣地盯视对方，都是极不礼貌的。目光东游西走，四处“扫瞄”，是对对方不屑一顾的失礼之举，也是不可取的。如果是多人交谈，就应该不时地用目光与众人交流，以表示彼此是平等的。

（2）配合。交谈时可适当运用眉毛、嘴、眼睛在形态上的变化，来表达自己对对方所言的赞同、理解、惊讶、疑惑，从而表明自己的专注之情，使交谈顺利进行。

（3）协调。交谈时的表情应与说话的内容相配合。与上级领导谈话，应恭敬大方；与客人谈话，则应亲切而自然。

（二）说话礼貌

（1）注意语音。与人交谈时，尤其是在大庭广众之下，必须有意识地压低自己说话时的音量。最佳的说话声音标准是，只要交谈对象可以听清楚即可。如果粗声大气，不仅有碍于他人，而且也说明自己缺乏教养。

（2）注意语态。与人交谈时，在神态上要既亲切友善，又舒展自如、不卑不亢。自己说话时，要恭敬有礼，切忌指手画脚、咄咄逼人。最佳的语态是平等待人、和缓亲善、热情友好、自然而然。当别人讲话时，则要洗耳恭听，最忌三心二意、用心不专。

（3）注意语气。在与别人交谈时，语气应当和蔼可亲，一定要注意平等待人、谦恭礼貌。讲话的速度稍微舒缓一些，讲话的音量低一些，讲话的语调抑扬顿挫一些。在交谈时既不要表现得居高临下，也不宜在语气上刻意奉迎，故意讨好对方，令对方反感。同时，在语气上一定要力戒生硬、急躁或者轻慢。

（4）注意语速。在交谈中，语速应保持相对的稳定，既快慢适宜、舒张有度，又在一定时间内保持匀速。语速过快、过慢或者忽快忽慢，会给人一种没有条理、慌慌张张的感觉，是应当力戒的。

（三）举止得体

（1）善于运用举止传递信息。例如：发言者可用手势来补充说明其所阐述的具体事由，适度的举止既可表达敬人之意，又有助于双方的沟通和交流。

（2）避免过分或多余的动作。与人交谈时可有动作，但动作不可过大，更不要手舞足蹈、拉拉扯扯、拍拍打打。为表达敬人之意，切勿在谈话时左顾右盼，或是双手置于脑后，或是高架“二郎腿”，甚至修指甲、挖耳朵等。交谈时应尽量避免打哈欠，如果实在忍不住，也应侧头掩口，并向他人致歉。尤其应当注意的是，不要在交谈时以手指指人，否则就有训斥他人之意。

（四）遵守惯例

（1）注意倾听。在交谈时务必要认真聆听对方的发言，以表情举止予以配合，从而表达自己的敬意，并为积极融入交谈中去做最充分的准备。切不可追求“独角戏”，对他人的发言不闻不问，甚至随意打断对方的发言。

（2）谨慎插话。交谈中不应随便打断别人说话，要尽量让对方把话说完再发表自己的看法。如确实想要插话，应向对方先打招呼：“对不起，我插一句行吗？”所插之言也不可冗长，一句两句点到为止即可，不能接过话茬就开始长篇大论，完全不顾及对方的感受，也不管对方是否已经阐述完毕。

（3）重视交流。交谈是一种双向或多向交流的过程，需要各方的积极参与。因此在交谈时切勿造成“一言堂”的局面。自己发言时要给其他人发表意见的机会，别人说话时自己则要适时发表个人看法，互动式地促进交谈进行。同时，要以交谈各方都感兴趣的话题为中心，并利用双方均能接受的方式进行。若发现话不投机，需及时调整话题。

（4）礼让对方。在与他人交谈时，不要以自我为中心，而忽略了对方。在谈话中不要随便否定对方或是质疑对方，不要动辄插嘴、抬杠，不要一人独霸“讲坛”，或者一言不发、有意冷场。

（5）委婉表达。在陈述自己的见解时，应该力求和缓、中听，不仅要善解人意，而且要留有余地。即使是提出建议或忠告，也可以采用设问句，最好不用有命令之嫌的祈使句。在任何时候，都不要强人所难。

温馨提示

交谈态度五不准：第一，不准训斥别人。第二，不准挖苦别人。第三，不准纠正对方。第四，不准随便去质疑别人。第五，不准随便去补充别人。

交谈的技巧

二、交谈的语言

语言运用是否准确恰当，直接影响交谈能否顺利进行。所以，在交谈中尤其要注意语言的使用问题。

（一）通俗易懂

1. 说明白话

交谈所使用的语言最好是让人一听便懂的明白话，切不可满口“之乎者也”，滥用书面语言、专业术语或名词典故。在交谈时，要以务实为本，应当通俗活泼、生动形象、浅显易懂，犹如家常话一般。

2. 说通俗话

在与普通群众交谈时，为了避免谈话时语言枯燥乏味，应充分考虑到对方的职业、受教育程度等因素，努力使自己的语言生动、形象、具体、鲜明，所说的话应力求通俗易懂，以利于沟通交流。如果“官话”连篇，不仅有碍信息的传达，而且容易脱离群众。

（二）灵活简洁

1. 机动灵活

在交谈过程中，随时对自己所运用的口语具体内容与形式进行适度调整。从表面上看，口语大都显得语句简短、结构松散，多有省略之处。有时，它甚至会出现话题转变、内容脱节、词序颠倒等现象。然而由于口头交际具有一定的双向性、互动性，这些问题往往瑕不掩瑜，反而更能显示口语生动活泼的特性。

2. 简明扼要

一方面要求发音标准，吐字清晰；另一方面要求所说之话含义明确，不可模棱两可、产生歧义，以免造成不必要的误会。

（三）文明礼貌

（1）尽量使用尊称，并善于使用一些约定俗成的礼貌用语，如“您”“谢谢”“对不起”等。

（2）多使用文明用语，在语言的选择和使用中，应当既表现出使用者良好的文化水平、待人处事的实际态度，又能够令人产生优雅、温和、脱俗之感。

（3）在交谈时不可意气用事，以尖酸刻薄的话对他人冷嘲热讽，也不可夜郎自大，处处卖弄学识指正别人。

（4）交谈中应当尽量避免某些不文雅的语句和说法，对于不宜明言的一些事情，可以尽量用委婉的词句来表达，多用一些约定俗成的隐语。如想要上厕所时，可以说：“对不起，我去一下洗手间。”或者说：“不好意思，我去打个电话。”

三、交谈的内容

交谈内容的选择，应遵守一定的原则。

职场交谈的禁忌

（一）契合语境

（1）交谈内容务必要与交谈的时间、地点、场合相对应，否则就有可能出错。

（2）交谈内容还应符合自己的身份。应使谈话符合我国的法律法规，并与单位和领导保持一致。切勿与单位或领导唱反调，切勿泄露本单位的机密。

（二）因人而异

在交谈时要根据交谈对象的不同而选择不同的交谈内容。谈话的本质是一种交流与合作，因此在选择交谈内容时，应当为谈话对象着想，根据对方的性别、年龄、性格、民族、阅历、职业、地位等选择适宜的话题。

（三）宜选话题

交谈中经常会发现彼此有不同的兴趣爱好、关注话题等。遇到此种情况，职场人员应当本着求同存异的原则，选择大家都感兴趣的话题作为谈话内容，使双方在交谈过程中有来有往、彼此呼应、热情参与、皆大欢喜。

1. 选择高雅的内容

职场人员应当自觉地选择高尚、文明、优雅的内容，如哲学、历史、文学、艺术、风土、人情、传统、典故，以及政策国情、社会发展等话题。不宜谈论庸俗低级的内容，如男女关系、凶杀惨案，更不应参与小道传闻的道听途说。

2. 选择轻松的内容

职场人员在交谈时要有意识地选择那些能给交谈对象带去开心与欢乐的轻松的话题，如谈论电影、美食、时尚、旅游等话题内容。除非必要，切勿选择那些让对方感到沉闷、压抑、悲哀、难过的话题。如果双方实在找不到共同话题，谈论天气情况总不会出错。

3. 选择擅长的内容

交谈的内容应当是自己或者对方所熟知甚至擅长的。选择自己所擅长的内容，就会在交谈中驾轻就熟、得心应手，并令对方对自己刮目相看。选择对方所擅长的内容，则既可以给对方发挥长处的机会，调动其交谈的积极性，也可以借机向对方表达自己的谦恭之意，并可取人之长，补己之短。应当注意的是，无论是选择自己擅长的内容，还是选择对方擅长的话题，都不应当涉及另一方一无所知的内容。否则便会使对方感到尴尬难堪，或者令自己贻笑大方。

（四）回避禁忌

在与别人交谈时，应当把握好“度”。在态度上要注意克制，不要引起对方的不快，不可一言不发，不可没完没了，不可讽刺挖苦，不可骄傲自大。在内容上要慎重斟酌，千万不要犯忌，不宜对自己的单位或领导横加非议，必要时维护单位的声誉，绝对不能对自己的领导、同事、同行说三道四。不应涉及对方单位内部事务，不要涉及对方的弱点与短处。同时，如果双方不是十分熟识，也不要涉及对方的个人隐私，如年龄、收入等。

温馨提示

职场交谈六不谈：

1. 不非议国家、党和政府。

2. 不涉及国家秘密与行业秘密。

3. 不非议交往对象。

4. 不在背后议论领导、同行和同事。

5. 不谈论格调不高的话题。

6. 不谈论个人隐私问题。

四、交谈的方式

交谈的方式，即人们在与他人进行交谈时所采用的具体的形式。交谈方式的选择恰当与否，对于能否正确进行人际沟通、恰当表达个人思想、友善传递敬人之意都起着相当关键的作用。一般而言，常见的交谈方式主要有如下六种。

（一）倾泻式交谈

倾泻式交谈，就是人们通常所说的“打开窗户说亮话”，无所不言，言无不尽，将自己的所有想法和见解统统讲出来，以便让对方较为全面客观地了解自己的内心世界。倾泻式交谈方式的基本特征是以我为主，畅所欲言。

采用倾泻式交谈方式易赢得对方的信任，而且可以因势利导地掌握交谈主动权，控制交谈走向。但此种交谈方式会给人以不稳重之感，有可能泄密，而且还会被人误以为是在和对方“套近乎”。

（二）静听式交谈

静听式交谈，即在交谈时有意识地少说多听，以听为主。当别人说话时，除了予以必要的配合，自己主要是洗耳恭听。在听的过程中努力了解对方思路、理清头绪、赢得时间，以静制动。

静听式交谈的长处在于它既是表示谦恭之意的手段，也可后发制人，变被动为主动。但此种方式并非要人自始至终一言不发，而是要求以自己的片言只语、神情举止去鼓励、配合对方，否则就会给人高人一等、自命不凡之感。

（三）启发式交谈

启发式交谈，即交谈一方主动与那些拙于辞令的谈话对象进行合作，在话题的选择或谈话的走向上对对方多方引导、循循善诱，或者抛砖引玉，鼓励对方采用恰当的方式阐述己见。

职场人员在采用此种交谈方式时，切勿居高临下，企图以此控制对方，也不可存心误导对方、愚弄对方，令对方丢人现眼。

（四）跳跃式交谈

跳跃式交谈，即在交谈中，倘若一方或双方对某一话题感到厌倦、不合时宜、无人呼应或难以回答时，应及时地转而谈论另外一些较为适当的、双方都感兴趣的话题。

跳跃式交谈的长处在于可使交谈者避免冷场的尴尬，使交谈能够顺利进行。跳跃式交谈虽可对交谈话题一换再换，但交谈者切勿单凭个人兴趣，频繁跳换话题，让对方无所适从。要使双方处于平等的地位，共同选择适当的内容。

（五）评判式交谈

评判式交谈，即在谈话中听取了他人的观点、见解后，在适当时刻，以适当方法恰如其分地进行插话，来发表自己就此问题的主要看法。此种方式的主要特征是当面肯定、否定或补充、完善对方的发言内容。

职场人员在涉及根本性、方向性、原则性问题的交谈中，有必要采取评判式方式。采用这种方式的关键是要注意适时与适度。同时要重视与对方彼此尊重、彼此理解、彼此沟通。切不可处处以“仲裁者”自居，不让他人发表观点，或是不负责任地信口开河，对他人见解妄加评论，甚至故意与他人唱反调，粗暴无礼地打断别人的谈话。

（六）扩展式交谈

扩展式交谈，即围绕大家共同关心的问题，进行由此及彼、由表及里的探讨，以便开阔思路、加深印象、提高认识或达成一致。扩展式交谈的目的在于使各方各抒己见，交换意见，以求集思广益。

扩展式交谈能使参与交谈的各方统一思想、达成共识，或者交换意见，完善各自观点。职场人员在进行扩展式交谈时，一定要注意就事论事，以理服人，善于听取他人意见，切不可自命不凡、强词夺理。

职场人员在交谈过程中，要善于选择双方最合适的谈话方式，双方积极参与、有效沟通，提高工作效率，有效解决问题。

本节测试

一、选择题

1.［单选］职场交谈是一项很有技巧的职场活动形式，交谈得好会对工作有很大的促进作用，因此在职场交谈中，你应该（　　）。

A. 充分发挥你的能力，滔滔不绝

B. 多向对方提问，越多越好，越彻底越好，以获得更多的信息

C. 表情自然，语气和蔼，要注意内容，并避讳一些问题

D. 以上都不对

2. [单选] 当面对别人的不幸时，自己的言行更要注意礼仪，下面做法欠妥的是（　　）。

A. 认真倾听当事人的诉说，表示同情并尽全力帮忙

B. 适当地安慰对方，心灵上的安慰是更大的帮助

C. 一定要使自己处于同类处境或表现得高人一等来减轻对方的痛苦

D. 以上都不对

3. [单选] 关于面对生活中的礼仪难题和应对策略处理恰当的是（　　）。

A. 任何人的批评都要认真对待，多多感谢对方

B. 听到别人在对他人评头论足时躲开为妙

C. 在试用期内，对别人应该越热情越好

D. 以上都不对

4. [单选] 职场交谈在话题选择上应选（　　）。

A. 小道消息　　B. 个人隐私　　C. 单位机密　　D. 天气

5. [多选] 与别人交谈时三不准是指不准（　　）。

A. 打断对方　　B. 补充对方　　C. 更正对方　　D. 看重对方

二、案例分析

某市文化单位计划兴建一座影剧院。一天，公司王经理正在办公，家具公司李经理上门推销座椅，一进门便说："王经理，你好！哇！你的办公室好气派。我很少看见这么漂亮的办公室。如果我也有一间这样的办公室，我这一生的心愿就满足了。"李经理就这样开始了他的谈话。然后他又摸了摸办公椅扶手说："这不是香山红木嘛，难得一见的上等木料呀。""是吗？"王经理的自豪感油然而生，接着说："我这整个办公室是请市里最有名的装潢厂家装修的。"于是王经理亲自带着李经理参观了整个办公室，介绍了计算比例、装修材料、色彩调配，兴奋之情溢于言表，李经理也恰到好处地与他交流自己的看法。最后，李经理很顺利地拿到了王经理签字的座椅订购合同。

问题：李经理的商务洽谈为什么会成功？

实践训练

【情景一】

模拟长假后一般朋友见面、老朋友见面、办公室同事见面、领导与下属见面时

寒暄的场景。

训练要求：

1. 分组训练，两人一组，分别演示其中的角色。

2. 规范演示见面过程，语言表达切合场景和角色身份。

【情景二】

周女士买了一套新房准备装修，选定了蓝天装潢公司。三个月后，房子装修好了，周女士看到效果也觉得很满意。可新居入住不到一个月，问题就出来了：原先铺得好好的地板出现卷边，墙面也出现裂缝，水龙头也开始滴水……这下可把周女士给气坏了，于是打电话到蓝天装潢公司投诉，蓝天装潢公司答复会派人上门处理，可等了一个星期也不见人影。周女士只好上门找经理投诉。但她去找经理那天，恰好经理外出开会了，只有办公室助理小张在。小张让周女士坐下来，并告诉周女士："经理不在，有何意见，我可以代为转达。"于是，周女士就滔滔不绝地抱怨起来……

训练要求：

1. 分组训练，两人一组，一人扮演周女士，一人扮演办公室助理。

2. 规范、得体地演示谈话过程，语言表达切合场景和角色身份。

第四节　职场网络礼仪

情境导入

某公司大中华区总裁陈某回到办公室取东西，到门口发现自己忘记带钥匙了。而此时他的助理康某已经下班。陈某试图联系康某未果，非常恼怒。在次日凌晨，陈某通过电子邮件系统用英文给康某发了一封措辞严厉的"指责邮件"，告诫她下次要在确保其服务的主管无事后方可离开，并将这封邮件抄送给了公司的其他几位高管。面对上司的指责，康某在两天之后，以中文对陈某的邮件做了正式答复。答复反过来指责陈某忘记带钥匙而迁怒于她是推卸责任，同时认为陈某无权干涉和控制其工作时间8小时外的私生活。更出乎意料的是，她将其答复转到了公司群发。最终导致邮件被疯狂转发，并引起网络争论热潮。事件之后，康某离开公司，称：“这件事闹得太厉害，我已经找不到工作了。”

问题： 助理康某在职场网络礼仪方面存在哪些问题?

网络礼仪（netiquette）是英语中出现的一个新词，由“网络”（network）和“礼仪”（etiquette）组合而成，指网络中人们交往的方式。正如在现实生活中的入乡随俗一样，只要进入网络，就应该按网络的方式行事，与人友好相处，这是起码的要求。因此，网络礼仪既是保证网上人们正常交往和相互理解的重要手段，也是判别网民是否文明礼貌的行为标准。

一、网络礼仪的基本规则

（1）尊重他人隐私。网民一般不愿公开自己的真实姓名、地址、电话号码等个人信息。所以，对于已知的个人信息，应注意保密。同时，与别人的电子邮件或私聊的记录，也是别人隐私的一部分，也不能擅自将之公开。

（2）网络内外要一致。在现实生活中大多数人都遵纪守法，同样地在网上也应如此。不能认为在虚拟世界里，别人看不见、听不着，就可以随随便便、为所欲为。

（3）网络是学习和交流经验的场所，分享知识也是网络的乐趣。当你向他人求教时，态度应诚恳，尽量每次只询问一个问题，以便对方回答。当对方暂时没有回复时，不要再次发送询问信件。

（4）给网友留下好印象。因为网络的匿名性质，别人无法通过你的外观来观察，所以在语言交流的时候，要尽量委婉、平和、友好，这样才能给他人留下好印象，这是尊重他人的体现，也是获得他人尊重的开端。

（5）待人宽容。正所谓“己所不欲，勿施于人”。要宽容对待别人的失误，当看到别人写错字、用错词，不要太在意。如果真的想给对方建议，最好用电子邮件私下提议。

（6）尊重他人的劳动成果，不能剽窃别人的作品。试图对别人的作品做一些作者明确禁止的事情，不仅有失礼数，有时还可能是违法的。

（7）争论要以理服人。聊天时，意见难免会有分歧，争论也是正常现象。但要注意，争论要心平气和，要以理服人，不要进行人身攻击。

（8）遵守法律法规，禁止发布任何非议国家和政府的言论，禁止发布未经核实的虚假信息，禁止发布污蔑、诋毁他人的言论。

温馨提示

网络世界不是法外之地，要注意网上网下一个样，遵守法律法规，谨慎发言。

二、电子邮件礼仪

（一）发送电子邮件的礼仪规范

电子邮件正文的礼仪规范

1. 慎重选择发信对象

传送电子信息之前，须确认收信对象是否正确，以免造成不必要的困扰。若要将信函副本同时转送相关人员以供参考时，可选用抄送的功能，但要将人数降至最低，否则，传送与副本转送的用途将混淆不清，也制造了一大堆不必要的垃圾邮件。

2. 电子邮件标题要明确且具描述性

电子邮件一定要注明标题，因为许多网络使用者是以标题来决定是否详读信件内容的。此外，邮件标题应尽量写得具有描述性，或是与内容相关的主旨大意，让人一看便知，以便对方快速了解与记忆。

3. 信件内容应简明扼要

沟通讲求时效，收信较多的人多具有不耐等候的特性，所以电子邮件的内容应力求简明扼要，尽量坚持“一个信息、一个主题”的原则。

4. 理清建议或意见

若要表达对某一事情的看法，可先简要地描述事情缘起，再陈述自己的意见；若是想引发行动，则应针对事情可能的发展提出看法与建议。有时因信息太过简短或标明不够清楚，收信对象可能会不清楚发信者陈述的到底是建议还是意见，因而造成不必要的误解或行动。

5. 避免使用太多标点符号

经常会看到一些电子信件中夹杂了许多标点符号，特别是感叹号。若真要强调事情，应该在遣词造句上特别斟酌，而不应使用太多不必要的标点符号。

6. 注明送信者及其身份

除非是熟识的人，否则收信人一般无法从账号中解读出发信人到底是谁，因此标明发信人的身份是电子邮件沟通的基本礼节。在发送邮件时注意标识显示的名字，对中国人尽可能使用中文姓名，以便理解记忆。

7. 小心附件功能的使用

如果附件内容不长时，可以把附件内容直接写于信件中，以便收信人不打开附件也可阅读。

8. 不重复传送同一信息

重复传送相同的信息给相同的对象，不仅会使网络超载，从而降低传输效率，而且会占用他人的信箱容积。此外，传送电子信件时也须注意，不要分别发送相同的信息给多个组群，因为有不少网络使用者同时隶属于几个不同的电子邮件组群，如此一传送，这些使用者势必会重复收到相同的信息。若要传送邮件给多个组群，请一次传送完毕，计算机会自动识别相同邮件地址。

9. 定期检查计算机系统的时间与日期的自动标示

电子邮件传送时会以所用计算机的设定日期与时刻来标示信息发送的时间，为避免不必要的误会发生，使用者须定期检查计算机系统时间与日期的设定是否正确。

（二）回复电子邮件的礼仪规范

1. 及时回复邮件

收到他人的重要的电子邮件后，应立即回复对方，这是对他人的尊重。理想的回复时间是 2 小时以内，特别是一些紧急重要的邮件。立即处理每一份邮件是很占用时间的，对于一些优先级别低的邮件可集中在特定时间处理，但一般不要超过 24 小时。如果事情复杂，无法确切回复，至少应该及时地回复说“收到了，我们正在处理，一旦有结果就会及时回复，云云”。不要让对方苦苦等待，一定要及时做出响应，哪怕只是确认一下收到。如果正在出差或休假，应该设定自动回复功能，提示发件人，以免影响工作。

2. 不要就同一问题多次回复讨论，不要“盖高楼”

如果收发双方就同一问题的交流回复超过 3 次，只能说明交流不畅，说不清楚。此时应采用电话沟通等其他方式进行交流后再做判断。电子邮件有时并不是最好的交流方式。对于较为复杂的问题，多个收件人频繁回复，发表看法，将导致邮件过于冗长笨拙而不可阅读。此时应对之前讨论的结果进行小结，删减瘦身，突出有用信息，并及时结合电话或者会议沟通的方式进行。

3. 阅读信件时应设法理清建议与意见

如同撰写传送邮件时须注意理清建议与意见一般，阅读他人的信件时也须注意这项原则。详细辨明来信到底只是表达看法、反映需求还是提出方案、付诸行动，如此，才能适当地回复来信。

4. 避免非相关主题性的言语

回复他人建议与意见时，必须紧扣主题，并提出相关的实证予以说明，尽量避免非相关主题的言论涉入回复信函的内容中。此外，在回复他人信件时，应使用回复的功能，不要另起标题而造成对方的混淆。

5. 切勿在未经同意前，将他人信函转送给第三者

如果要把他人的来函转送给第三者，要先征询来信者的同意，否则就犯了网络礼仪的大忌。对来信者而言，邮件内容是针对收信者所撰写的信函，不见得会同意转送他人阅读。

温馨提示

回复邮件要及时；勿将他人信函随意转送给第三者。

三、微信礼仪

目前，微信已经逐渐成为工作中最常用的沟通方式之一。但微信毕竟是新生事物，在工作方式比较严谨和传统的单位，使用不当会出现很多问题。因此，职场人员必须掌握微信礼仪。

（一）微信添加礼仪

1. 自报家门和身份背景

微信添加他人要写清楚自己是谁，如果是工作原因，要写清楚自己的工作单位和职务。想要和对方建立深入联系的关系，还要写明自己的联系方式和职责范围。

2. 不要多次添加

如果添加了几次，对方都没有同意，表明对方不愿意深入联系，就不要再添加了。

3. 不乱推名片

如果需要帮人介绍朋友，千万不要乱推名片，要先说明原因，征得当事人允许再推。

（二）微信使用禁忌

1. 不要滥用截屏

截屏功能与职场大多数礼仪背道而驰。两个人的聊天是非常私密的行为，截图发送信息相当于暴露隐私。在职场上使用微信截图要格外谨慎，不要随意截屏为证，更不可随意把截屏发送给第三者。

2. 微信群里也要讲规矩

单位微信群的感情交流功能相对弱一些，主要是为了工作。所以在工作群里聊天，如果不是工作内容，一定要适可而止。同时，不要随便拉陌生人进入工作群，以免泄露工作秘密。

3. 慎用语音

虽然微信交流方式很丰富，有文字、语音、表情等，但交流时对方性格、身处环境、职位高低等都是必须考虑的。对于那些职位比自己高很多的人，最好的方法是直接打电话。为了工作方便和准确无误，在大多数情况下不要使用语音。

4. 注意沟通效率

单位里使用微信沟通，一定要考虑对方处境。比如对方身处领导岗位，事务极其繁忙，这时候切勿使用“看到请回复”“在吗”这些词，要直接切入主题。如果稍微感到沟通效率低下，可马上致电询问。设想沟通对象处境，随时调整沟通节奏，工作会更加顺畅。

5. 区分朋友圈和工作圈

朋友圈是每个人的一张网络面孔。若工作和生活共用一号，一定要注意朋友圈分组。发一条在亲戚朋友们看来逗趣的内容，单位领导或同事看到了可能是另一种感受，或许会造成一些误会和偏见。在人际关系和社交工具使用上，一定要因人而异。

6. 不滥用私人化表情

对私人化、真人截图等比较特殊的表情的认可，一般限于私人圈子，但在单位工作群里用可能会使一些人生厌。单位工作群年龄差异大，不太适宜使用各种怪异表情，使用不当会增加负面印象。

7. 不要处理太复杂的问题

职场工作，准确和效率永远是第一位的，微信的即时性提高了工作效率，但在严谨程度上却是短板。对于复杂问题，无论是长篇大论还是长谈良久，都容易出现误解和误判，还是电话或面谈更好。

8. 发信息要合并同类项

发消息的时候，要尽量地简洁和凝练，一条信息用回车分成若干段，相同的内容放到同一条当中。把要求对方做的事情放前面，先列出结论，然后再说明事情，是较好的做法。

9. 及时回复信息

及时回复他人信息是一种美德。

（三）朋友圈发布微信

微信使用“十不准”

（1）少发负能量的信息，要发就发带有正能量的信息。

（2）转发尽量带评论。如果发布自己非常赞同的文章，转发的时候最好做一个梗概，这样方便他人阅读。

（3）互动点赞要看清。经常为朋友点赞，是一个好习惯，这样有利于彼此互动，但是如果不经过查看就直接点赞，是一件很愚蠢的事情。

（4）不发布引起他人不适的内容。有些恐怖、暴力、吓人的事情不要发朋友圈，会引起他人的不适，这种不利己、不利人的行为也非常不礼貌。

（5）不发布未经核实的消息。网络信息非常庞杂，信息的真假性难以核实，随意发布未经核实的消息，无形中就充当了散布谣言的帮凶，所以我们绝对不要散发没有经过核实的信息。

温馨提示

微信群里讲规矩，慎用语音，注意沟通效率。

本节测试

一、选择题

1. ［单选］以下发送电子邮件的做法不符合礼仪规范的有（　　）。

A. 邮件内容简明扼要　　B. 注明发送者及其身份

C. 及时快速发送邮件　　D. 邮件中夹杂个人隐私

2. ［单选］下列回复电子邮件的做法符合礼仪规范的是（　　）。

A. 觉得邮件不重要，拖了一天后再去回复

B. 就同一问题的交流回复超过 5 次以上，次数越多越好

C. 收到邮件尽量快速回复对方

D. 将他人电邮随意转送给第三者

3. ［多选］电子邮件正文的礼仪要求是（　　）。

A. 简明扼要　　B. 语气恰当

C. 多用“笑脸”之类的图形符号　　D. 避免错别字

4. ［多选］微信使用的禁忌有（　　）。

A. 不滥用截屏　　B. 不泄露工作秘密

C. 不滥用私人化表情　　D. 以上都正确

5.［多选］网络礼仪要求人们遵守下列哪些礼仪规则？（　　）

A. 尊重他人隐私　B. 待人宽容　C. 以理服人　D. 遵守法律法规

二、案例分析

5月22日上午，某论坛上一名网友发布了题为《偷拍公交见闻》的帖子，并上传了4张未经任何处理的照片。图片的内容是一名孕妇挺着大肚子站在公交车上，她身边3个座位上坐着3名男子，这3名男子不是低头，就是把头扭向窗外，没有人给孕妇让座。孕妇就用自己的手机拍下了这一幕。照片中，3名乘客的面部被曝光。该网友就这名孕妇没有做更多评论，只是在照片最后写了一句："真给男人丢脸！"这个帖子发出后，一时间成了论坛最热的帖子。网上言论一方面谴责乘客冷漠，另一方面谴责孕妇侵权。孕妇让座事件的一名当事人因为被曝光被单位解除合同，据说当事人在整理资料，直接找到孕妇单位讨个公道。

问题：结合此案例，分析网络礼仪有哪些基本规则与禁忌。

实践训练

【情景一】

在东方公司何总经理的办公室里，何总经理向助理刘峰口述了一封请柬的概要，内容是东方公司定于5月18日晚上6点在东方大厦三楼宴会厅举行公司十周年庆典晚宴，邀请飞腾公司总经理李光明莅临参加宴会。何总经理要求刘助理整理出来后，以最快速度发出，并保证对方也能够在最短时间内收到并回复这封邮件。

训练要求：

1. 详细描述刘助理由整理信函到发出信函的全过程。

2. 分组模拟：将学生分成若干组，每组2人，分别扮演何总经理和刘助理，在一个模拟办公室中演示口述、整理和发送电子信函的全过程。其他学生对演示的结果进行评议。

【情景二】

在飞腾公司总经理李光明的办公室里，李总经理向助理王刚口述了一封邮件的概要，内容是东方公司定于5月18日晚上6点在东方大厦三楼宴会厅举行公司十周年庆典晚宴的请柬已经收到。总经理李光明届时会莅临晚宴。李总经理要求王助理以最快速度回复邮件。

训练要求：

1. 详细描述王助理回复邮件的全过程。

2. 分组模拟：将学生分成若干组，每组 2 人，分别扮演李总经理和王助理，在一个模拟办公室中演示口述、整理和回复电子邮件的全过程。其他学生对演示的结果进行评议。

本章小结

职场办公礼仪包括办公室礼仪、职场电话礼仪、职场交谈礼仪和职场网络礼仪。办公室礼仪主要是办公室环境布置礼仪、办公室形象、交往和接待等礼仪；职场电话礼仪主要是接听和拨打电话的礼仪；职场交谈礼仪是职场交谈中的态度、语言、内容等礼仪规范；职场网络礼仪主要是网络基本礼仪、电子邮件礼仪和微信礼仪。通过本章学习，学生应掌握办公室礼仪规范，掌握接打电话的礼仪及技巧，掌握职场交谈礼仪和禁忌，掌握网络礼仪和微信使用礼仪。职场办公礼仪不仅是职场人员对职场文化的认同和基本要求，而且是职场人员为人处世、礼貌待人的最直接表现。职场人员恪守办公礼仪，有助于在职场塑造良好的形象，得体应对各项事务，提高工作效率，有效解决问题，在职场上取得更大的成绩。

第五章　职场公务活动礼仪

学习目标

※ 知识目标

了解签约礼仪的仪式和流程；学习职场庆典活动礼仪的基本知识；掌握职场参观活动礼仪的内容；掌握新闻发布会的各项议程和礼仪规范。

※ 能力目标

能根据实际情况操作签约仪式；能灵活运用庆典礼仪举办各种庆典活动；能得体实施各项参观活动；能做好新闻发布会的筹备和现场组织工作。

※ 素养目标

培养操作各项职场公务活动的实践能力，培养低调务实、精明能干的工作作风，反对浮夸、铺张浪费的工作作风。

第一节　职场签约礼仪

情境导入

阳光公司与宏大公司经过多轮磋商，终于达成了合作意向。双方决定于8月8日上午9点在阳光公司的小型会议室举行签字仪式，准备工作由阳光公司的总经理助理杨倩负责。这天上午，杨倩本想提前一小时到单位做好签约工作的检查和落实，以便查漏补缺，但她正要出发时，突然接到办公室王秘书的电话，王秘书说昨晚发烧，身体不适，今天要请假，不能作为助签人参加签约仪式。杨倩答应了王秘书的请假，她一边开车一边想着签约准备工作。没想到上班路上堵车，到单位签约现场时已经8:30，于是急忙检查签约厅的场地布置，看到双方签字人的座椅和名签位置摆放正确，签字文本和签字笔摆放完整。等到检查好时，离签约仪式正式开始只有 15 分钟了，杨倩总算松了一口气。可在主持人宣布签约仪式开始时，杨倩发现她忘记重新安排助签人了。她急忙上前自己临时担任助签人。杨倩身穿浅白色西装套装，与原本要求助签人穿深色西装套裙不一致，于是她感到自己有些尴尬。

问题：举行签约仪式应做好哪些准备？签约仪式上对签字人、助签人有何要求？

签约仪式又称签字仪式，通常是指订立合同、协议、条约的各方在合同、协议、条约正式签署时所举行的正规签署仪式。举行签约仪式，不仅是对谈判成果的一种公开化、固定化、系统化、文字化，而且也是有关各方对自己履行合同、协议、条约所做出的一种正式承诺。

签约仪式的整个过程所需时间并不长，其程序也不复杂，但作为一种正式的仪式活动，其严肃性和庄重性使得人们重视，因此，一定要认真准备、认真筹办，不能敷衍对待。

一、签约仪式的准备礼仪

（一）准备签字文本

1. 签字文本定稿

签字文本定稿是通过谈判和磋商确定会谈正式文件的各项具体条款及其表述的过程，这是文本准备的前提。会谈过程中，各方都可以对具体条款和表述提出修改意见，因此可以说，谈判的过程就是签字文本定稿的过程。只有在文本定稿后，才可以举行签约仪式。

2. 确定使用的文字

如果是涉外商务会谈签字，还要确定文本选择哪种文字。如果双方使用不同的语言文字，签字文本应该使用双方的文字书写印刷，具有同等效力。

3. 确定签字文本正本和副本

正本即签字文本，用于签字后由各方或交专门的机构保存。正本的数量根据签字方的数量而定，各方各保存正本一份，各方都必须在每份正本的每种文字文本上签字。有时为了方便使用，也可以根据正本的内容与格式印制若干副本。副本的法律效力、印制数量和各方保存的份数，由签字各方根据实际需要协商确定，并在条款中加以规定。一般情况下，副本不用签字、盖章，或者只盖章不签字。

4. 校印

校印即根据定稿印制、校对正本和副本。文本排版后，必须经过严格的校对，确认无误后，才能最后交付印刷、装订。国内合同和协议书的标印格式应当符合有关规定。涉外双边签字的文本印制还应注意优先权的问题。文本应以精美的白纸印制而成，按大八开的规格装订成册，并以高档质料如真皮、金属、软木等作为封面。

5. 签字文本盖章

为了保证文本在签字后立即生效，一般在举行签字仪式前，先在签字文本上盖上双方的公章，这样，文本一经签字便具有法律效力。

（二）商定签约参加人员

1. 签字人

签字人员是签约仪式上的主要角色。签字人员可以是各方参加谈判的主谈人，也可另派更高级别的领导人作为签字人员，以示重视。签字人员要符合以下条件：

（1）具有法定资格。各方签字人员必须具有企业法人代表资格，或者由法人代表所委托的人员签字。委托签字时必须出示委托人亲笔签署的委托书。

（2）规格相等。各方签字人员的职务和身份应当一致或大致相等。比如，企业之间举行签字仪式，一方由董事长签字，另一方也应当由董事长出面，没有特殊情况，不应当派级别较低的人员签字。

2. 领导人

为了表示对谈判成果的重视和庆贺，签字各方也可以派出身份较高的领导人参加签约仪式，但也应当注意规格大体相等。

3. 致辞人

如安排致辞，一般由签字各方身份最高的人分别致辞。有时也可安排上级机关或协调机构的代表致贺词。

4. 主持人

如果签约仪式中安排致辞、祝酒等活动，应当有一位主持人介绍致辞人的身份。主持人一般由主办方派有一定身份的人士担任。

5. 见证人

见证人主要是参加会谈的人员，各方人数应当大致相等。有时也可邀请保证人、协调人、律师、公证机关的公证人员参加。

6. 助签人

助签人的主要职责是在签字过程中帮助签字人员翻揭文本，指明签字之处。助签人必须十分了解文本的印制情况，非常熟悉业务，认真仔细，忠实可靠。双边签字时，双方助签人的人选应事先商定。多边签字时，也可由主办方派一名助签人，依次协助各方签字。派礼仪小姐担当助签人的做法，仅适用于一些庆祝性的签字仪式，而且事先一定要对礼仪小姐进行培训。

7. 群众代表

有时为了充分发挥签字仪式的鼓动和宣传教育作用，可邀请主办单位或双方单位的部分群众代表参加，以鼓舞员工的士气。

8. 记者

为扩大影响，可邀请有关新闻单位派记者参加签字仪式。

参加签字仪式的人员要注意自己的仪表、仪态。穿着要整洁得体，举止要大方。按照规定，签字人员、助签人员以及随员，在出席签约仪式时，应当穿深色西装套装、西装套裙，并配以白色衬衫与深色皮鞋，男士必须打领带，以示正规。签约仪式上的礼仪、接待人员可穿统一的工作制服，或是旗袍类的礼仪性服饰。

（三）布置签约厅

（1）选择签约厅。签约厅有常设专用的，也有临时以会议厅、会客室来代替的。布置的总原则是要庄重、整洁、清静。

一间标准的签约厅，应当室内铺满地毯，除了必要的签字用桌椅外，其他一切陈设都不需要。

（2）放置签字桌椅。双边签字，一般设长方桌，上铺深绿色或暗红色的台布。桌后放两把椅子，为双方签字人员的座位。如签字方较多，则加长桌子，增加座位。多方签字也可将桌子排成圆形或方形，或仅放一张椅子，由各方代表依次签字。涉外双边签字仪式的座位按主左客右的礼仪顺序摆放，即客方的座位安排在主方的右边。多方签字则按礼宾次序安排各方签字代表的座次，一般按英文国名当头字母的顺序排列，也可按事先商定的顺序排列。

签字桌上可放置各方签字人的席卡。席卡一般写明签字的国家或组织的名称、签字人的职务及姓名。涉外签字仪式应当用中英文两种文字标示。

（3）准备签字用具。在签字桌上，应事先安放好待签的合同文本以及签字笔、吸墨器等签字时所用的文具。

（4）摆放国旗。与外商签署涉外商务合同时还需在签字桌上插放有关各方的国旗。插放国旗时，在其位置与顺序上，必须按照礼宾序列而行。

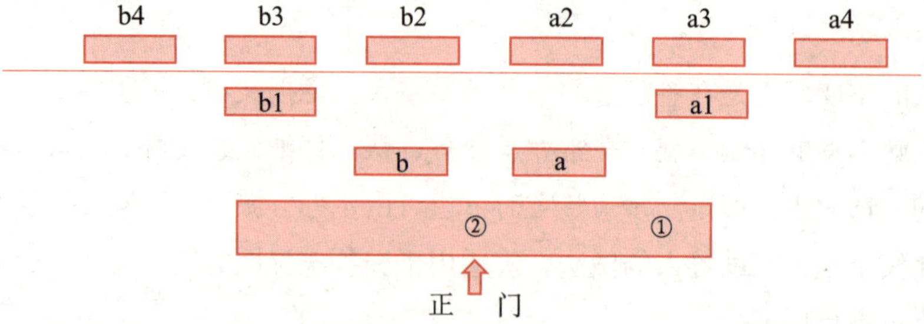

①签字桌；②双方标志或小国旗
a.主方主签人；b.客方主签人
a1.主方助签人；b1.客方助签人
a2、a3、a4主方观礼人员；b2、b3、b4客方观礼人员

图 5-1 签字桌及其人员站位图

（5）讲台或落地话筒。如果安排致辞，可以在签字桌的右侧放置讲台或落地话筒。

（6）会标。签约仪式的会标要求醒目，写法由签字双方名称、签字文本标题和“签约仪式”组成。

（7）香槟酒。有时在签约仪式结束后，各方举行小型酒会，举杯共庆会谈成功。工作人员应事先准备好香槟酒、酒杯等。

温馨提示

签约仪式开始前，要做好签字文本的准备，商定签约人员，安排好签字桌椅。

二、签约仪式的座次礼仪

签约仪式的座位安排一般有并列式、相对式和主席式三种。

（一）并列式

并列式是签约仪式最常见的一种形式。并列式中，签字桌面门横向摆放，签字双方的全体成员在签字桌后并排排列，面门而坐，客方居右，主方居左。

（二）相对式

相对式与并列式基本相同，差别在于相对式中，双方的随员移至签字人员对面，而非并列式中与签字人员坐在一方。双方签字人员并排面门而坐，而随员则坐在签字桌与大门之间，与签字人员隔着签字桌。

（三）主席式

主席式适用于多边签约仪式。主席式中，签字桌仍然面门横向放置，桌后只设一个签字席，且不固定就座者。各方签字人员皆背对正门、面对签字席就座，签字时，以规定顺序依次走到签字席签字，然后回到原来坐席。

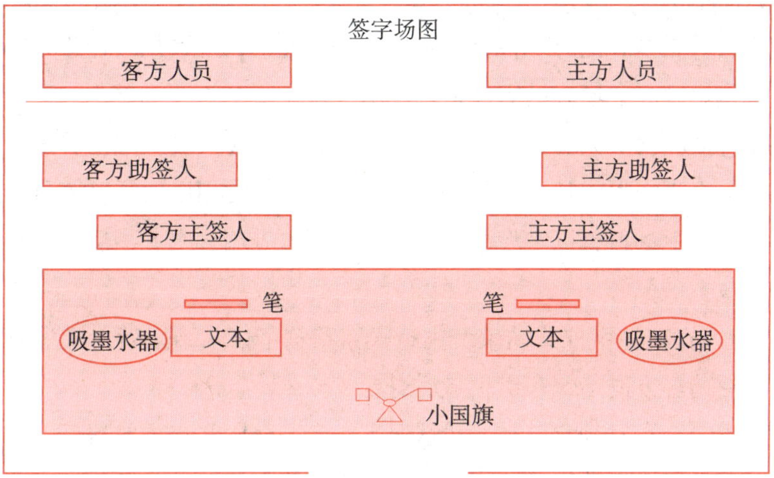

图 5-2　并列式签约仪式图

温馨提示

根据签约仪式类别，选择合适的座次安排。

签约仪式礼仪

三、签约仪式的程序

（1）主持人宣布签约仪式正式开始。

（2）请双方主要负责人和签约人上台就位（事先贴好地签）。

（3）合影留念。

（4）介绍双方领导及主要嘉宾。

（5）由主方代表致辞并简要介绍签约背景。

（6）由客方代表致辞。

（7）正式签署合同文本。

1）签字人入座。双方的助签人员分别站立于签字人员的外侧，协助翻揭文本及指明签字处。其他人员分主方、客方，按身份顺序站立于后排，客方人员按身份由高到低从中间向右边排列，主方人员按身份高低由中间向左边排列。

2）文本签署按照惯例一般先签署由己方（本国或本省市、本部门、本单位）保存的文本。签字的位置在上首（首位处，即第一位），由助签人交换文本后，再在对方的文本下首位置（首位之后，即第二位）进行签署，按照国际惯例遵守轮换制，在礼宾次序上称为“倒本”。就是在本方使用并保存的文本中，本方的称谓居对方之前，签字人签署的位置也在对方之前；而对方保存的文本则是对方在前。这一做法体现了相互平等、强调尊严的意识。

（8）交换签署文本。此时，各方签字人应热烈握手，互致祝贺，并相互交换使用过的签字笔，以作纪念。全场人员应鼓掌，表示祝贺。

（9）共饮香槟酒祝贺。交换已签的合同文本后，礼宾人员应端上香槟酒，酒杯六七分满，双方签字人当场喝一杯香槟酒，这是国际上通行的用以增添喜庆色彩的做法。如有忌酒的，可以送上饮料，以水代酒。让酒时，客方先端、主方稍后，这是国际通行的常规性做法。

（10）主持人宣布签字仪式结束。主持人宣布签字仪式结束后，应当请双方最高领导人退场，然后请客方退场，东道主最后退场。

整个仪式以半个小时为宜。在一般情况下，商务合同在正式签署后，应提交有关方进行公证，此后才正式生效。

温馨提示

签约仪式按照流程操作，签字时按照国际惯例遵守轮换制。

涉外签约仪式礼仪

本节测试

一、选择题

1. ［多选］签约仪式的准备礼仪主要包括（　　）。

A. 准备签字文本　　B. 商定签约参加人员

C. 布置签约厅　　D. 以上都不对

2. ［多选］签约仪式的座位安排一般有（　　）。

A. 并列式　　B. 相对式　　C. 主席式　　D. 以上都不对

3. ［多选］并列式是签约仪式中最常见的一种形式，签字双方的全体成员在签字桌之后并排排列（　　）。

A. 面门而坐　　B. 客方居右，主方居左

C. 客方居左，主方居右　　D. 以上都不对

4. ［多选］关于签字桌椅的布置，以下说法正确的有（　　）。

A. 正确的签字桌应当为长桌

B. 桌上最好铺设深绿色或暗红色的台布

C. 签字桌上可放置各方签字人的席卡

D. 以上说法都不对

5.［多选］签约仪式双方的助签人员分别站于各方签字人的外侧，其任务是（　　）。

A. 翻揭待签文本　　B. 指明签字处

C. 交换文本　　D. 以上说法都正确

二、案例分析

经过几轮艰苦的谈判之后，南方某市的一家药厂终于同美国的一家跨国公司谈妥了一笔生意，双方在达成共识之后，决定举办一次正式的签约仪式巩固谈判成果。中方的工作人员精心准备签约仪式，选择了庄重的签字大厅，准备了规范的签字桌，并铺上了深色的台呢。本着客方优先的原则，按照中国的做法“以左为尊”的原则，将美方的座位安排在中方的左侧，将美国的国旗摆到了签字桌的左侧，将中方的国旗摆到了签字桌的右侧，结果美国人一见就很生气，差一点“临场变卦”。好在中方人员问清原因，及时做出调整，才使签约仪式有惊无险地完成了。

问题：在这个签约仪式中，你认为中方工作人员犯了哪些错误？试分析原因。

实践训练

训练内容：

王霞是兴旺公司方总经理的助理。最近，方总打算给公司员工更换新电脑。经过与方正电脑公司的多轮谈判，终于达成了购买意向。方总决定在今天上午10点与王霞及办公室李主任一起去方正公司，参加方正公司组织的签约仪式。方正公司王总经理、销售部经理以及一名销售员将参加这个签约仪式。

训练要求：

1. 分组训练，每组7人，其中3人扮演兴旺公司人员，3人扮演方正公司人员，1人进行监督和评价。

2. 在演练之前，各组人员应准备好自己参加签约仪式的相关用品，并整理好仪容仪表。签约仪式的主办方应布置好签约场地。

3. 每个签约人员在演练过程中一定要严肃认真，言行符合规范。

4. 在实际演练中，教师可以临场发挥，增设模拟角色和任务，或全体学生一起对某一小组的演练进行评价。

第二节　职场庆典活动礼仪

情境导入

李毅是达利科技有限公司办公室主任。达利公司近年来业务发展迅速，业务范围从浙江省内逐渐扩大到上海等省外地区。公司考虑到上海业务的大好增长前景，决定近期在上海开设一家分公司。公司总经理方阳明决定将公司的开业庆典准备工作交给李毅。李毅在大学阶段未有过准备开业庆典的经历，虽说在课程里学习过，但是没有真正实践过，因此在接到这个任务时既兴奋又紧张。

经过一段时间的准备，李毅将最后的实施方案交给总经理方阳明审查。方总经理看完李毅的方案后较为满意，但他还是提醒李毅在方案真正实施时，一定要注意活动中细节的衔接与准备，比如活动时的场地布置、嘉宾的邀请和接待等。李毅听后，觉得获益不少，决心周详地策划这次庆典活动。

问题：庆典活动在具体操作时，最关键的难点在哪里？

职场庆典活动是各种庆祝仪式的统称，常见的庆典仪式有剪彩仪式、开业仪式等。庆典活动的礼仪，即有关庆典的礼仪规范。职场人员参加庆典的机会很多，既有可能奉命为本单位组织一次庆祝仪式，也有可能应邀去出席外单位的某一次庆祝活动。因此，掌握常见的庆典活动礼仪是职业工作的必然要求。

一、剪彩仪式

剪彩的礼仪主要包括剪彩的准备、剪彩的人员、剪彩的程序、剪彩的做法四个方面。

剪彩仪式的由来

（一）剪彩的准备

剪彩的准备包括场地布置、环境卫生、灯光与音响的准备、媒体的邀请、人员的培训等。在正常情况下，剪彩仪式应在行将启用的建筑、工程或者展销会、博览会的现场举行。正门外的广场、正门内的大厅，都可以优先考虑。活动现场可略做装饰。在剪彩之处悬挂写有剪彩仪式的具体名称的大型横幅更是必不可少。

此外，尤其对剪彩仪式上所需使用的某些特殊用具，诸如红色缎带、新剪刀、白色薄纱手套、托盘以及红色地毯，要仔细地选择与准备。

1. 红色缎带

红色缎带是剪彩仪式中的“彩”。作为主角，它自然受万众瞩目。按照传统做法，它应当由一整匹未经使用的红色绸缎，在中间结成数朵花团而成。目前，有些单位为了厉行节约，代之以长度为两米左右的细窄的红色缎带，或者以红布条、红线绳、红纸条作为其变通，也是可行的。一般来说，红色缎带上所结的花团，不仅要生动、硕大、醒目，而且其具体数目往往还同现场剪彩者的人数直接相关。按照惯例，红色缎带上所结的花团的具体数目比现场剪彩者的人数多一个，使每位剪彩者总是处于两朵花团之间，显得非常正式。

2. 新剪刀

新剪刀是专供剪彩者在剪彩仪式上剪彩时所用。它必须是每位现场剪彩人人手一把，而且必须崭新、锋利而顺手。事先一定要逐一检查一下剪彩用的剪刀是否已经开刃，好不好用。务必要确保剪彩者在正式剪彩时，可以“手起刀落”，一举成功。在剪彩仪式结束后，主办方可将每位剪彩者所使用的剪刀经过包装后，送给对方作为纪念。

3. 白色薄纱手套

白色薄纱手套是专为剪彩者准备的。在正式的剪彩仪式上，剪彩者剪彩时最好每人戴上一副白色薄纱手套，以示郑重。在准备白色薄纱手套时，除了要确保其数量充足之外，还须使之大小适度、崭新平整、洁白无瑕。有时，也可以不准备白色薄纱手套。

4. 托盘

托盘在剪彩仪式上是托在礼仪小姐手中，用于盛放红色缎带、剪刀、白色薄纱手套的。在剪彩仪式上所使用的托盘，最好是崭新的、洁净的，首选银色的不锈钢制品。为了显示正规，可在使用时上铺红色绒布或绸布。就其数量而论，在剪彩时，可以一只托盘依次向各位剪彩者提供剪刀与手套，并同时盛放红色缎带；也可以为每一位剪彩者配置一只专为其服务的托盘，同时使红色缎带专由一只托盘盛放。后一种方法显得更加正式一些。

5. 红色地毯

红色地毯主要用于铺设在剪彩者正式剪彩时的站立之处。其长度可视剪彩人数的多寡而定，其宽度则不应在一米以下。在剪彩现场铺设红色地毯，主要是为了提升其档次，并营造一种喜庆的气氛。有时，也可不予铺设。

（二）剪彩的人员

在剪彩仪式上，对剪彩人员必须认真地进行选择，并于事先进行必要的培训。除主持人外，剪彩人员主要由剪彩者与助剪者两个主要部分的人员构成。对于剪彩者与助剪者的礼仪性要求，主要有以下内容。

1. 剪彩者

在剪彩仪式上担任剪彩者是一种很高的荣誉。剪彩仪式档次的高低，往往也同剪彩者的身份密切相关。因此，一定要选好剪彩者。根据惯例，剪彩者可以是一个人，也可以是几个人，但是一般不应多于五人。通常，剪彩者多由上级领导、合作伙伴、社会名流、员工代表或客户代表担任。

必须在剪彩仪式正式举行之前确定剪彩者名单。名单一经确定，应尽早告知对方，使其有所准备。在一般情况下，确定剪彩者时，必须尊重对方个人意见，切勿勉强对方。需要由数人同时担任剪彩者时，应分别告知每位剪彩者届时将与何人共同剪彩，这样做是对剪彩者的一种尊重。千万不要“临阵磨枪”，在剪彩开始前强拉硬拽，临时找人凑数。必要时可在剪彩仪式举行前，将剪彩者集中在一起，告知对方有关的注意事项，并稍事训练。按照常规，剪彩者应着套装、套裙或制服，将头发梳理整齐。不允许戴帽子，不允许戴墨镜，也不允许其穿着便装。

若剪彩者仅为一人，则其剪彩时居中而立即可。若剪彩者不止一人，则其同时上场剪彩时位次的尊卑就必须予以重视。一般的规矩是：中间高于两侧，右侧高于左侧，距离中间站立者越远位次越低，即主剪者应居于中央。需要说明的是，之所以规定剪彩者的位次“右侧高于左侧”，主要是因为这是一项国际惯例，剪彩仪式理当遵守。其实，若剪彩仪式并无外宾参加，执行我国“左侧高于右侧”的传统做法也无不可。

剪彩者是剪彩仪式的主角，剪彩者的仪容仪态直接关系到剪彩仪式的效果和企业的形象。因此，作为剪彩者，衣着、服饰要求大方、整洁、正规、严肃，男士可选择中山装或者西装，女士最好选套装或者套裙；容貌适当修饰，头发要梳理好，颜面要整洁，让人感觉容光焕发、充满活力，给人一种精干和有修养的感觉。剪彩者还必须注意自己在剪彩过程中的仪态举止。举止要大方文雅，谈笑要节制有度，做到稳重、洒脱及优雅。

2. 助剪者

助剪者指在剪彩的一系列过程中为剪彩者提供帮助的人员。一般而言，助剪者多由东道主一方的女职员担任。现在，人们对她们的常规称呼是礼仪小姐。具体而言，在剪彩仪式上服务的礼仪小姐，又可以分为迎宾者、引导者、服务者、拉彩者、捧花者、托盘者。迎宾者负责在活动现场迎来送往。引导者负责在剪彩时带领剪彩者登台或退场。服务者是为来宾尤其是剪彩者提供饮料，安排休息之处。拉彩者是在剪彩时展开、拉直红色缎带。捧花者则在剪彩时手托花团。托盘者则是为剪彩者提供剪刀、手套等剪彩用品。

在一般情况下，迎宾者与服务者应不止一人。引导者既可以是一个人，也可以为每位剪彩者各配一名。拉彩者通常应为两人。捧花者的人数则需视花团的具体数目而定，一般应为一花一人。托盘者可以为一人，也可以为每位剪彩者各配一人。有时，礼仪小姐也可身兼数职。礼仪小姐的基本条件是：相貌姣好、身材颀长、年轻健康、气质高雅、音色甜美、反应敏捷、机智灵活、善于交际。礼仪小姐的最佳装束应为：化淡妆、盘起头发，穿款式、面料、色彩统一的单色旗袍，配肉色连裤丝袜、黑色高跟皮鞋。除戒指、耳环或耳钉外，不佩戴其他任何首饰。有时，礼仪小姐可身穿深色或单色的套裙。但是，她们的穿着打扮必须尽可能地整齐划一。必要时，可向外单位临时聘请礼仪小姐。

（三）剪彩的程序

一般来说，剪彩仪式宜紧凑，忌拖沓。短则一刻钟，长则至多不宜超过一个小时。剪彩仪式通常包含 6 个基本步骤：

1. 嘉宾入场

在剪彩仪式上，通常只为剪彩者、来宾和本单位的负责人安排座席。在剪彩仪式开始前 5 分钟，嘉宾在礼仪小姐的引领下集体入场。在一般情况下，剪彩者应就座于前排。若剪彩者不止一人，按照剪彩时的具体顺序就座。全部剪彩者及来宾入座后，剪彩仪式就可以开始了。

2. 仪式开始

在主持人宣布仪式正式开始后，应全场起立。奏国歌或请乐队演奏本组织标志性音乐，现场可燃放鞭炮烘托热烈气氛，全体到场者应热烈鼓掌。此后，主持人应向全体到场者介绍到场的重要来宾，并对他们表示谢意。

3. 致辞发言

东道主或嘉宾发言。发言者依次应为东道主单位的代表、上级主管部门的代表、地方政府的代表、合作单位的代表，等等。其内容应言简意赅，每人不超过 3 分钟，重点应为介绍、道谢与致贺。

4. 进行剪彩

当主持人宣告进行剪彩之后，礼仪小姐在欢乐的乐曲声中登场，引领剪彩者按主办单位的安排站立在确定的位置，而礼仪小姐的数量及站位都需要经过彩排。这时拉彩者拉起红绸及彩球，在剪彩者剪断红绸、彩球落盘时，全体人员热烈鼓掌。

5. 退场

剪彩者剪彩结束后可依次与主人握手道喜，并列队在引导者的引导下退场。退场时，一般宜从右侧下台。待剪彩者退场后，其他礼仪小姐方可列队由右侧退场。

6. 后续活动

剪彩过程结束，主办单位可安排一些文艺、参观、联谊、座谈、签名、题词、就餐或继续参观等后继活动，具体做法可因剪彩内容而定，最后可以向来宾赠送一些纪念品，热情欢送他们离去。

（四）剪彩的做法

剪彩的做法必须标准无误。

进行正式剪彩时，剪彩者与助剪者的具体做法必须合乎规范，否则其效果会大受影响。

当主持人宣告进行剪彩之后，礼仪小姐应率先登场。在上场时，礼仪小姐应排成一行行进。从两侧同时登台，或是从右侧登台均可。登台之后，拉彩者与捧花者应当站成一行，拉彩者处于两端，拉直红色缎带，捧花者各自双手手捧一朵花团。托盘者须站立在拉彩者与捧花者身后一米左右，并且自成一行。

在剪彩者登台时，引导者应在其左前方进行引导，使之各就各位。剪彩者登台时，宜从右侧出场。当剪彩者均已到达既定位置之后，托盘者应前行一步，到达前者的右后侧，以便为其递上剪刀、手套。

若剪彩者不止一人，则其登台时也应列成一行，并且使主剪者行进在前。在主持人向全体到场者介绍剪彩者时，后者应面含微笑向大家欠身或点头致意。

剪彩者行至既定位置之后，应向拉彩者、捧花者含笑致意。当托盘者递上剪刀、手套时，也应微笑着向对方道谢。

在正式剪彩前，剪彩者应首先向拉彩者、捧花者示意，待其有所准备后，集中精力，右手手持剪刀，表情庄重地将红色缎带一刀剪断。若多名剪彩者同时剪彩，其他剪彩者应注意主剪者动作，与其协调一致，力争大家同时将红色缎带剪断。

按照惯例，剪彩以后，红色花团应准确无误地落入托盘者手中的托盘里，而切勿使之坠地。为此，需要捧花者与托盘者的合作。剪彩者在剪彩成功后，可以右手举起剪刀，面向全体到场者致意。然后将剪刀、手套放于托盘之内，举手鼓掌。接下来，可依次与主人握手道喜，并列队在引导者的引导下退场。退场时，一般宜从右侧下台。

待剪彩者退场后，其他礼仪小姐方可列队由右侧退场。

在上下场时，不管是剪彩者还是助剪者，都要注意井然有序、步履稳健、神态自然。在剪彩过程中，更要表现得不卑不亢、落落大方。

温馨提示

剪彩者是剪彩仪式的主角，他们的仪表着装和言行举止要特别注意，做到符合礼仪规范。

二、开业仪式

开业仪式是组织在成立或开张时，经过细心策划，按照一定的程序专门举行的一种庆祝活动仪式，以达到宣传组织、扩大知名度、塑造自身良好形象的目的。它体现出组织领导的组织能力、社交水平及其文化素质，往往会成为社会公众取舍和亲疏组织的一个重要标准，是组织发展的一个重要的里程碑。

（一）开业仪式的准备

（1）做好舆论宣传工作。举办开业仪式的主旨在于塑造本单位的良好形象，那么就要对其进行必不可少的舆论宣传，以吸引社会各界对自己的注意，争取社会公众对自己的认可或接受。为此要做的常规工作有：一是选择有效的大众传播媒介进行集中性的广告宣传。其内容多为：开业仪式举行的日期、开业仪式举行的地点、开业之际对顾客的优惠、开业单位的经营特色，等等。二是邀请有关大众传播界人士在开业仪式举行之时到场进行采访、报告，以便对本单位进行进一步的正面宣传。

（2）精心拟定出典礼的宾客名单。开业仪式影响的大小，实际上往往取决于来宾身份的高低及其数量的多少。在力所能及的条件下，要力争多邀请一些来宾参加开业仪式。地方领导、上级主管部门与地方职能管理部门的领导、合作单位与同行单位的领导、社会团体的负责人、社会贤达、媒体人员，都是邀请时优先考虑的重点。为慎重起见，用以邀请来宾的请柬应认真书写，并装入精美的信封，由专人提前送到嘉宾手中，以便对方早做安排。

（3）确定典礼的规模和时间。

（4）确定致贺、答词人名单，并为本单位负责人拟写答词。

（5）确定剪彩人员，并准备用具。参加剪彩的除本单位负责人外，还应邀请来宾中职位较高、有一定声望的人共同剪彩。

（6）做好接待服务工作。在举行开业仪式的现场，一定要有专人负责来宾的接待服务工作。除了要教育本单位的全体员工在来宾面前，人人都要以主人翁的身份热情待客、有求必应、主动相助之外，更重要的是分工负责，各尽其职。在接待贵宾时，需由本单位主要负责人亲自出面。在接待其他来宾时，则可由本单位的礼仪小姐负责此事，为来宾准备好专用的停车场、休息室，并应为其安排饮食。

（7）要做好场地布置工作。开业仪式多在开业现场举行，其场地可以是正门之外的广场，也可以是正门之内的大厅。按惯例，举行开业仪式时宾主一律站立，故一般不布置主席台或座椅。为显示隆重与敬客，可在来宾尤其是贵宾站立之处铺设红色地毯，并在场地四周悬挂横幅、标语、气球、彩带、宫灯。此外，还应当在醒目之处摆放来宾赠送的花篮、牌匾。来宾的签到簿、本单位的宣传材料、待客的饮料等，也须提前备好。对于音响、照明设备，以及开业仪式举行之时所需的用具、设备，必须事先认真检查、调试，以防其在使用时出现差错。

（8）要做好礼品馈赠工作。举行开业仪式时赠予来宾的礼品，一般属于宣传性传播媒介的范畴之内。若能选择得当，必定会产生良好的效果。根据常规，向来宾赠送的礼品应具有如下三大特征。第一，宣传性。可选用本单位的产品，也可在礼品及其包装上印有本单位的企业标志、广告用语、产品图案、开业日期，等等。第二，荣誉性。礼品要具有一定的纪念意义，并且使拥有者对之珍惜、重视，并为之感到光荣和自豪。第三，独特性。礼品应当与众不同，具有本单位的鲜明特色，使人一目了然，并且可以令人过目不忘。

（二）开业典礼的程序

（1）典礼开始。主持人宣布开业典礼正式开始，全体起立，鸣放鞭炮，奏乐。

（2）主持人宣读重要来宾名单。

（3）致贺词。由上级领导或来宾代表致贺词，主要表达对开业单位的祝贺，并寄予厚望。

（4）致答词。由本单位负责人致答词，其主要内容是向来宾及祝贺单位表示感谢，并简要介绍本单位的经营特色和经营目标等。

（5）揭幕或剪彩。揭幕就是由本单位负责人和上级领导或嘉宾揭去盖在牌匾上的红布。剪彩的彩带通常是用红绸制作的，剪彩前应事先准备好剪刀、托盘和彩带。剪彩时，由礼仪小姐拉好彩带，端好托盘，剪彩者用剪刀将彩带上的花朵剪下，放在托盘内。这时，场内应以掌声表示祝贺。

（6）参观座谈。

（7）欢迎首批顾客光临。

（8）举行招待酒会或文艺演出等。

开业典礼的程序可视具体情况有所增减，无须生搬硬套。总之，开业典礼的整个过程要紧凑、简洁。

（三）参加开业仪式的礼仪要求

参加庆典的礼仪

（1）参加人员要注意仪容仪表，并准时参加典礼，为主办方捧场。

（2）宾客可在典礼前或典礼进行时，送些贺礼，并写上贺词。

（3）宾客见到主人应向其表示祝贺，并说一些祝兴旺发达等吉利话语。

（4）宾客在致贺词时，要简短精练，注意文明用语，少用含义不明的手势。

（5）在典礼进行过程中，参加人员应做一些礼节性的附和，如鼓掌、跟随参观、写留言等。

（6）典礼结束后，宾客离开时，应与主办单位领导、主持人、服务人员等握手告别，并致谢意。

（四）开业仪式的运作

从庆典礼仪的角度来看，开业仪式其实只不过是一个统称，在不同的适用场合，它往往会采用其开业仪式的常见形式。常见的开业形式包括开幕仪式、开工仪式、奠基仪式、破土仪式、竣工仪式等。下面就几种常见的开业仪式做简要的介绍：

1. 开幕仪式

在名目众多的各种开业仪式中，商务人员接触最多的是开幕仪式。正是出于这种原因，在不少人的认识里，开业仪式与开幕仪式往往是被画上等号的。严格地讲，开幕仪式仅仅是开业仪式的具体形式之一，通常是指公司、企业、宾馆、商店、银行正式启用之前，或是各类商品的展示会、博览会、订货会正式开始之前所举行的相关仪式。每当开幕仪式举行之后，公司、企业、宾馆、商店、银行将正式营业，有关商品的展示会、博览会、订货会将正式接待顾客与观众。

依照常规，举行开幕式需要较为宽敞的活动空间，所以门前广场、展厅门前、室内大厅等处，均可用作开幕仪式的举行地点。

开幕仪式的主要程序共有六项。第一项，仪式宣布开始，全体肃立，介绍来宾。第二项，邀请专人揭幕或剪彩。揭幕的具体做法是：揭幕人行至彩幕前恭位，礼仪小姐双手将开启彩幕的彩索递交对方。揭幕人随之目视彩幕，双手拉启彩索，令其展开彩幕。全场目视彩幕。鼓掌并奏乐。第三项，在主人的亲自引导下，全体到场者依次进入幕门。第四项，主人致辞答谢。第五项，来宾代表发言祝贺。第六项，主人陪同来宾进行参观。开始正式接待顾客或观众，对外营业或对外展览宣告开始。

2. 开工仪式

开工仪式，即工厂准备正式开始生产产品、矿山准备正式开采矿石时，专门举行的庆祝性、纪念性活动。为了使出席开工仪式的全体人员均能耳濡目染、身临其境，按照惯例，开工仪式大都讲究在生产现场举行，即以工厂的主要生产车间、矿山的主要矿井等处作为举行开工仪式的场所。除司仪人员按惯例应着礼仪性服装之外，东道主一方的全体员工均应穿着干净整洁的工作服出席仪式。开工仪式的常规程序主要有五项。第一项，仪式宣布开始。全体起立，介绍各位来宾，奏乐。第二项，在司仪的引导下，本单位的主要负责人陪同来宾行至开工现场肃立，如机器开关或电闸附近。第三项，正式开工。届时应请本单位员工代表或来宾代表来到机器开关或电闸旁，首先对其躬身施礼，然后再动手启动机器或合上电闸。全体人员此刻应鼓掌祝贺，并奏乐。第四项，全体员工各就各位，上岗进行操作。第五项，在主人的带领下，全体来宾参观生产现场。

3. 奠基仪式

奠基仪式，通常是一些重要的建筑物（如大厦、场馆、亭台、楼阁、园林、纪念碑等），在动工修建之初所举行的庆贺性活动。

对于奠基仪式现场的选择与布置有一些独特的规矩。奠基仪式举行的地点一般应选择在动工修筑建筑物的施工现场。而奠基的具体地点则按常规均应选择在建筑物正门的右侧。在一般情况下，用以奠基的奠基石应为一块完整无损、外观精美的长方形石料。在奠基石上，文字通常应当竖写。在其右上款，应刻有建筑物的正式名称。在其正中央，应刻有“奠基”两个大字。在其左下款，则应刻有奠基单位的全称以及举行奠基仪式的具体年月日。奠基石上的字体，大都讲究以楷体字刻写，并且最好是白底金字或黑字。在奠基石的下方或一侧，还应安放一只密闭完好的铁盒，内装与该建筑物相关的各项资料以及奠基人的姓名。届时，它将同奠基石一道被奠基人等培土掩埋于地下，以志纪念。

通常，在奠基仪式的举行现场应设立彩棚，安放该建筑物的模型或设计图、效果图，并使各种建筑机械就位待命。

奠基仪式的程序大体上共分五项。第一项，仪式正式开始。介绍来宾，全体起立。第二项，奏国歌。第三项，主人对该建筑物的功能以及规划设计进行简介。第四项，来宾致辞道喜。第五项，正式进行奠基。此时，应锣鼓喧天，或演奏喜庆乐曲。首先由奠基人双手持握系有红绸的新锹为奠基石培土。随后，再由主人与其他嘉宾依次为之培土，直至将其埋没为止。

4. 破土仪式

破土仪式，也称破土动工，它是指在道路、河道、水库、桥梁、电站、厂房、机场、码头、车站等正式开工之际，专门举行的动工仪式。破土仪式举行的地点大多应当选择在工地的中央或其某一侧。举行仪式的现场，务必要事先进行过认真的清扫、平整、装饰，至少也要防止出现道路坎坷泥泞、飞沙走石，或是蚊蝇扑面的状况。若来宾较多，尤其是当高龄来宾较多时，最好在现场附近临时搭建某些以供休息的帐篷或活动房屋，使来宾得以免受风吹、日晒、雨淋，并稍事休息。

破土仪式的具体程序共有五项。第一项，仪式宣布开始。介绍来宾，全体肃立。第二项，奏国歌。第三项，主人致辞。以介绍和感谢为发言的重点。第四项，来宾致辞祝贺。第五项，正式破土动工。常规的做法是：首先，由众人环绕于破土之处的周围肃立，并且目视破土者，以示尊重。其次，破土者双手执系有红绸的新锹垦土三次，以示良好的开端。最后，全体在场者一道鼓掌，并演奏喜庆音乐，或燃放鞭炮。一般而言，奠基仪式与破土仪式在具体程序方面大同小异，而其适用范围也大体相近。因此，这两种仪式不宜同时在一处举行。

5. 竣工仪式

竣工仪式又称落成仪式或建成仪式，它是指本单位所属的某一建筑物或某项设施建设、安装工作完成之后，或者是某一纪念性、标志性建筑物（诸如纪念碑、纪念塔、纪念堂、纪念像、纪念雕塑等）建成之后，以及某种意义特别重大的产品生产成功之后，所专门举行的庆贺性活动。举行竣工仪式的地点一般应以现场为第一选择。如新建成的厂区之内、新落成的建筑物之外，以及刚刚建成的纪念碑、纪念塔、纪念堂、纪念像、纪念雕塑的旁边。应予以重视的是，在竣工仪式举行时，全体出席者的情绪应与仪式的具体内容相适应。比如，在庆贺工厂、大厦落成或重要产品生产成功时，应当表现得欢快而喜悦。在庆祝纪念碑、纪念塔、纪念堂、纪念像、纪念雕塑建成时，则须表现得庄严而肃穆。

温馨提示

举办开业仪式要遵守仪式程序。参加人员要注意仪容仪表并准时参加，为主办方捧场。

本节测试

一、选择题

1. [单选] 剪彩仪式上，红色缎带上所结的花团的具体数目比现场剪彩者的人数要（　　）。

A. 多一个　　B. 一样多　　C. 少一个　　D. 多少无关

2.［单选］剪彩者剪彩结束后，退场时一般宜从（　　）侧下台。

A. 左　　B. 右　　C. 中　　D. 无所谓

3.［多选］剪彩仪式上，关于剪彩者的站位，一般的规矩是（　　）。

A. 左侧高于右侧　　B. 右侧高于左侧

C. 主剪者应居于中央的位置　　D. 中间高于两侧

4.［多选］参加开业仪式的礼仪要求是（　　）。

A. 准时参加典礼，为主办方捧场

B. 送些贺礼，并写上贺词

C. 宾客见到主人应向其表示祝贺

D. 宾客在致贺词时，要简短精练

5.［多选］开业仪式是一个通称，常见的开业形式有（　　）。

A. 开幕式　　B. 开工仪式　　C. 奠基仪式　　D. 竣工仪式

二、案例分析

2021 年 8 月 8 日是南方某市新建东港大酒店隆重开业的日子。

这一天，酒店上空彩球高悬，四周彩旗飘扬，身着鲜艳旗袍的礼仪小姐站立在店门两侧，她们的身后是摆放整齐的鲜花花篮，所有员工服饰一新，面目整洁，精神焕发，整个酒店沉浸在喜庆的气氛中。

开业典礼在店前广场举行。

上午 10 时 28 分，应邀前来参加庆典的有关领导、各界友人、新闻记者陆续到齐。正在举行剪彩之际，天空突然下起了倾盆大雨，典礼只好移至厅内，一时间，大厅内聚满了参加庆典的人员和避雨的行人。典礼仪式在音乐和雨声中隆重举行，整个厅内灯光齐亮，使得庆典别具一番特色。

典礼完毕，雨仍在下着，厅内避雨的行人短时间内根本无法离去，许多人焦急地盯着厅外。于是，酒店经理当众宣布："今天能聚集到我们酒店的都是我们的嘉宾，这是天意，希望大家能同本店共享今天的喜庆，我代表酒店真诚邀请诸位到餐厅共进午餐，当然一切全部免费。"霎时间，大厅内响起雷鸣般的掌声。

虽然东港大酒店开业额外多花了一笔午餐费，但东港大酒店的名字在新闻媒体及众多顾客的渲染下却迅速传播开来，接下来酒店的生意格外红火。

问题：东港大酒店的开业典礼有什么意义？

实践训练

训练内容：

2021 年 10 月 10 日是兴旺公司开业十周年的纪念日。兴旺公司自开业以来生意兴隆，事业发展前景红火。方总经理打算举行公司十周年庆典活动。他把庆典活动的策划和筹备工作任务交给了办公室王主任。如果你是王主任，你该怎么完成《兴旺公司十周年庆典策划书》的设计，并落实庆典活动的程序？

训练要求：

1. 10 人为一组，分组讨论协商，完成《兴旺公司十周年庆典策划书》，教师对各组作品进行讲解点评，选出最佳方案。

2. 由最佳方案组负责演练庆典仪式的全过程。

3. 每个同学在演练过程中一定要严肃认真，言行符合规范。

4. 在实际演练中，教师可以临场发挥，增设模拟角色和任务，或全体同学一起对某些同学的演练进行评论。

第三节　职场参观活动礼仪

情境导入

何刚是立阳动漫软件开发公司的企划部主管。众所周知，近几年国内动漫软件开发的竞争异常激烈，要想让自己的公司抢占更大的市场份额，其中非常重要的一点就是要建立良好的公司形象，扩大宣传，提升公司的知名度与美誉度。因此，公司张永总经理授意企划部利用公司五周年庆典之际，策划一些能够提高企业知名度的活动。企划部接到这个指令后，指派何刚具体负责这个项目。何刚接到任务后，便针对公司研发能力强、产品技术领先但是公司宣传却相对薄弱的现状设计了一系列公司开放参观活动，以提升公司知名度。当公司举行五周年庆典时，何刚所在的企划部适时推出了精心设计的开放参观活动。后来的事实证明，何刚的思路非常正确。这个活动加强了公司在行业内的影响，提升了形象，为公司未来的业务拓展起到了良好的铺垫作用。通过这个项目，公司也看到了何刚的工作能力，不久何刚就获得了晋升。

问题：为什么何刚会选择开放参观活动来提升公司的知名度与美誉度？假如你是何刚，你该如何设计这次参观活动？

参观，指的是有计划、有准备地对特定的项目所进行的实质观摩与考察。对于商业企业而言，组织参观活动是指邀请有关人员来本单位参观工作现场、生产流程、设施装备等活动，以展示本企业的雄厚实力和先进技术，从而扩大企业的知名度，促进业务发展的一种商务活动。此外，企业组织参观活动除了平时可进行外，通常也会选择在其他庆典活动期间举行，如开业、周年庆典等庆祝活动期间。作为职场人员，要掌握组织参观活动的相关礼仪规范。

一、参观活动的准备

（一）参观内容的确定

参观内容要选择与主办方的业务工作相关、有助于主办方市场工作开展的项目。此外，参观活动内容的选择要量力而行。在安排参观项目时，应同时兼顾费用的高低、时机的选择。

组织对外开放参观注意事项

（二）参观活动的规模

参观活动开展之前要确定规模的大小，从而做出相应的安排。如果只是少数几个人参观，可以陪同他们到几个部门去，并介绍情况，赠送资料和纪念品等；如果是较大规模的团体参观，最好制定一个计划，安排好接待次数、每次参观人数和开放时间等。一次接待 15 个人比较恰当。每天接待 2～3 次，有专人陪同进行讲解介绍，回答参观者所提出的问题。

（三）参观活动路线的拟定

参观活动路线的设计与企业参观活动产生的效果是息息相关的。一般来说，参观活动的路线应按照尽量显示企业实力的原则去安排，同时，要兼顾参观者的愿望。如果有可能，在确定参观路线时应尽可能地将突显企业优势与照顾参观者意愿两者更好地结合起来。一般情况下，参观项目可由宾主双方共同商定，但路线的设计也要注意避开企业核心机密场所。此外，在参观活动中，企业也会以穿插企业展会或开放企业展览厅的形式来加强客人对本企业的认识和印象，如组织参观者观看与企业和产品有关的影片、录像、幻灯片以及创业史展等，通过展会散发各种相关材料，让参观者对企业或产品有较深入的了解和认识。

（四）参观活动的时间安排

活动的时间不但要考虑开放参观的时间，也要考虑整个参观活动所需的时间。开放参观的时间最好安排在一些特殊的日子，如周年纪念日、企业开工日、节日等。如上海电视台每逢元旦、中秋节、春节便邀请本台职工家属来电视台参观，让他们为自己亲属在这里工作而感到骄傲，使他们支持并协助本台职工的工作。

要有足够时间准备对外开放参观活动。规模较大的开放参观活动需要 3～6 个月的准备时间，如果还要准备大规模的展览会，编印纪念册或其他特别节目，则需要的时间更多，这时就需要注意时间安排的合理性，要尽量避开假期，并考虑好天气、季节的变化等因素。

（五）人员的安排

从有开放参观的构想起一直到活动的结束，都应有高层主管人员参与其中。组织大型的参观活动，最好成立一个专门的活动筹备委员会。委员会成员应包括企业领导、公关人员、行政和人事部门人员等。还要根据参观的不同目的，选择不同的人参加，如果参观的目的是强调服务或产品，还要请销售部门的人员参加。

（六）宣传材料的准备

为使参观活动进行得更有序，也为了更好地进行企业宣传，作为参观活动的组织人员，应事先准备好活动书面宣传册、视听材料及各种产品或企业的模型等纪念品。

（七）休息室的准备

一般来说，参观活动持续的时间不应太长，并可在参观活动日程中安排休息时间。休息室应设在参观活动路线的中间位置，室内可备茶点、沙发等，以备参观者休息。

（八）参观活动的其他准备

参观活动的准备还应包括参观对象、人数的确定，负责人以及工作人员的确定，起止时间的设定，交通工具的安排，费用预算。参观活动方案设定后，需报请上级批准。

温馨提示

组织参观活动，要确定时间、地点、人员和费用等安排，做好一切准备工作。

参观企业的注意事项

二、参观活动实施过程中的礼仪

（1）在进行参观活动时，企业不应停工，工作可照常进行。当参观的客人主动与我方人员握手、攀谈时，可热情地做相应表示。

（2）陪同参观人员不宜过多，且应着正装，以整洁、大方的形象迎接参加活动的客人。同时在参观活动中，陪同人员也应做好参观人员的保卫工作。在参观活动过程中，指定陪同人员不应半途离开或不辞而别。若有紧急情况不得不离开的话，必须向客人致歉，并妥善安排好接替人员。

（3）在进行参观活动时，对本企业的介绍应简明扼要、实事求是；内容要真实、材料要丰富、形式要活泼多样。同时，商务企业陪同人员应利用客人参观的机会，及时向客人介绍企业的优势特点。

（4）在参观活动过程中，作为企业的随同人员介绍情况时应面向全体，注意避免冷落个别参观的客人。对参观者提出的问题，若不触及企业机密，应区别情况简明答复，不要不懂装懂，不要轻易表态，更不要随意允诺送客人礼品、产品、资料等物品。注意内外有别，遵守保密规定。

（5）陪同人员在进行参观活动时，不仅要照顾好主宾，还应照顾好其他参观客人，防止队伍首尾不接，气氛冷落。

（6）参观活动结束后，可向客人赠送印有企业标记的纪念品，以便给客人留下深刻的印象和美好的回忆。

温馨提示

陪同人员不要随意允诺送客人礼品、产品、资料等物品。注意内外有别，遵守保密规定。

本节测试

一、选择题

1.［单选］较大规模的团体参观，一次接待的人数比较恰当的是（　　）人。

A. 20　　B. 30　　C. 15　　D. 25

2.［多选］开放参观的时间最好安排在一些特殊的日子，如（　　）等。

A. 周年纪念日　　B. 企业开工　　C. 节日　　D. 以上说法都不对

3.［多选］陪同人员在进行参观活动时，下列做法正确的有（　　）。

A. 不要不懂装懂，不要轻易表态

B. 不随意允诺送客人礼品、产品、资料等物品

C. 以整洁大方的形象迎接参观活动的客人

D. 注意内外有别，遵守保密规定

4. [多选] 组织对外开放参观，下列说法正确的有（　　）。

A. 只需考虑开放参观的时间，不需考虑整个参观活动所需的时间

B. 参观路线不需要明确的路标

C. 从有开放参观的构想起一直到活动结束，都应有高层主管人员参与其中

D. 组织大型的参观活动，最好成立一个专门的活动筹备委员会

5. [多选] 参观活动实施过程中的礼仪要求（　　）。

A. 在参观活动过程中，陪同人员不应半途离开或不辞而别

B. 对参观者提出的问题，若不触及机密，陪同者应区别情况简明答复

C. 照顾好主宾，其他客人可以忽略

D. 陪同者对参观者提出的任何要求都应该得到满足

二、案例分析

风雅颂工艺品设计公司是专营陶瓷工艺的设计公司，成立已有5年，在业内小有名气。为扩大公司经营，公司董事会决定向海外拓展业务。在公司高层的示意下，公关部决定利用公司五周年庆的机会举办一次开放参观活动，主要的邀请对象是海外对中国陶瓷工艺品感兴趣的客户。安妮是风雅颂工艺品设计公司的公关部助理，由于她平时工作表现良好，公关部黄经理指定由她带队陪同客户参加开放参观活动。在参观活动当日，安妮按既定路线带着日本的客户团参观了公司的几个车间和产品展厅。其中，有一位客户在参观了公司展厅后很感兴趣，在参观活动中间休息时提出想要参观一下公司的产品设计室。由于客户再三要求，又想到公司想要拓展海外市场的雄心，安妮不得已就把客户带到公司的产品设计室参观。没想到产品设计室内桌上正摆着公司刚研制但还未上市的新产品，设计师们正在讨论修正产品的细节。看到安妮突然带了日本客人来，设计师们只好收起产品，中断讨论，与安妮一起接待客户。开放参观活动结束后，公关部黄经理就安妮的表现，指出了她在工作中的重大失误，对她进行了严厉的批评。

问题：安妮失误在哪里？为什么？

实践训练

训练内容：

2022年3月10日下午，宁波某高职院校电商学院师生一行100余人到宁波国

际电子商务产业园区参观学习。园区相关负责人介绍了园区电商产业发展的基本情况，并带领师生们参观了6家园区企业。学生们通过“听、看、谈”的方式更直观地了解了电商园区的整体规划、未来发展，以及电商企业的企业文化、经营理念，加深了对所学专业实际应用的认识。

训练要求：

1. 10人为一组，分组讨论，设计参观活动的路线。

2. 按照参观活动主办方及参观者进行角色分派和演示。

3. 每个同学在演练过程中一定要严肃认真，言行符合规范。

4. 在实际演练中，教师可以临场发挥，增设模拟角色和任务，或全体同学一起对某些同学的演练进行评论。

第四节 职场新闻发布会礼仪

情境导入

鸿升电子有限公司的新任总经理陈明珠女士明天将在公司新产品发布会上第一次正式亮相，她要和公司几个重要的大客户以及当地的新闻媒体见面。为了使这次亮相能够顺利和精彩，她事先特别要求助理方冰冰小姐为她提供一份完整的材料，包括发布会的议程表、受邀请的嘉宾、媒体的名单和新闻通稿。但是她的助理方小姐认为陈总经理过于谨慎，多此一举。她推说议程表和嘉宾、媒体的名单还没有打印出来，没有请陈总经理过目。

第二天，坐在主席台上准备介绍来宾的陈总经理突然发现，助理方小姐给她的嘉宾名单与坐在台上的嘉宾根本对不上号，而且到场的媒体中有一些是她不愿见到的，她感到十分恼火。情急之下，她只能以自己刚刚到任还不熟悉情况为由，请公司的副总经理替她介绍到场嘉宾。可是，麻烦并没有到此结束。在之后的新闻发布会上，有几家媒体向她提出了几个棘手的问题，令她很是难堪。会后她又发现，公司提供给媒体的新闻稿中有关她履历背景的内容存在多处错误。她实在不知道公司给她配的助理方小姐都在忙些什么，一气之下，她炒了方小姐的鱿鱼。

问题：方助理在筹备新闻发布会时犯了哪些错误？

新闻发布会，是政府或某个社会组织定期、不定期或临时举办的信息和新闻发布活动，直接向新闻界发布政府政策或组织信息，解释政府或组织的重大政策和事件。对商界而言，举办新闻发布会，是自己联络、协调与新闻媒介之间相互关系的一种重要的手段。新闻发布会的常规形式是：由某一商界单位或几个有关的商界单位出面，将有关的新闻界人士邀请到一起，在特定的时间、特定的地点举行一次会议，宣布某一消息，说明某一活动，或者解释某一事件，争取新闻界对此进行客观而公正的报道，并且尽可能争取扩大信息的传播范围。按照惯例，当主办单位在新闻发布会上进行主题发言之后，允许与会的新闻界人士在既定的时间里围绕发布会的主题进行提问，主办单位必须安排专人回答这类提问。简言之，新闻发布会就是以发布新闻为主要内容的会议。

一、新闻发布会的准备工作

（1）明确会议的主题，以及预期达到的目标。

（2）根据会议主题和预期目标，选择拟邀请的新闻单位及记者。

（3）确定新闻发布会的时间。通常，新闻发布会的时间长度应限定在1个小时左右，且尽量避开新闻工作繁忙的时间段。特别内容重大的新闻发布会，时间上可适当延长。

新闻发布会的时间安排

（4）确定新闻发布会的地点。所选择的地点应交通便利、设施齐全，且环境与主题相协调。

（5）向媒体单位和记者发出邀请。

（6）确定主持人、发言人。

（7）主持人确定会议议程，发言人准备好发言稿，并准备答记者问。

（8）准备好新闻发布会的宣传辅助材料，以及供媒体发布新闻时使用的各种素材、新闻通稿，如模型、照片、录音录像资料等。

（9）准备会议礼品。

（10）布置会场，包括设计制作发言背景图板，准备灯光和音响设备、放映设备、背景音乐曲目等。

（11）进行新闻发布会的排练预演。

温馨提示

新闻发布会应该尽量不选择在上午较早的时候或晚上，新闻发布会的时间长度一般限定在1小时左右。

新闻发布会的现场布置

二、新闻发布会的程序和礼仪要求

（1）签到。入口处安排专门签到处。

（2）会议开始。主持人简单介绍发布会情况。会中主持人需随时把握会议进程，调节气氛。

（3）领导人发言。

（4）回答记者提问。要准确、自如，不要随便打断记者提问。对不愿透露或不好回答的问题，要幽默、婉转地做出解释。遇到不友好的问题，应保持冷静，礼貌阐明自己的观点。

（5）会议结束。主办人员向来宾一一道别，感谢光临。随后应收集记者的报道，复盘是否达到举办新闻发布会的目的。对不实报道，应更正说明。

三、媒体邀请

主办单位想要取得新闻发布会的成功，就必须求得媒体的配合，并与之协调好关系。主办单位，特别是主办单位的主要负责人、公关人员与新闻界人士打交道时要注意：一是要把新闻界人士当作自己的朋友对待，既要尊重友好，更要坦诚相待。二是要对所有与会的新闻界人士一视同仁，不要有明显的亲疏有别、厚此薄彼。三是要尽可能向新闻界人士提供对方所需要的信息，注意信息的准确性、真实性与时效性，不要弄虚作假，爆炒旧闻。四是要与新闻界人士保持联络，要注意经常与对方沟通信息，常来常往，争取建立双方的持久关系。

媒体邀请的技巧很重要，既要吸引记者参加，又不能过多透露将要发布的新闻。在媒体邀请的密度上，既不能过多，也不能过少。一般企业应该邀请与自己联系比较紧密的商业领域记者参加，必要时为保证现场气氛热烈，应关照平面媒体记者与摄影记者一同前往。

邀请的时间一般以提前3～5天为宜，发布会前一天可做适当的提醒。联系比较多的媒体记者可以采取直接打电话邀请的方式，也可以采取书面邀请函的方式。

在记者邀请的过程中必须注意，一定要邀请新闻记者，而不能邀请媒体的广告业务部门人员。

四、新闻发言人的礼仪要求

（一）要注意外表的修饰

在新闻发布会上，代表主办单位出场的主持人、发言人，是被媒体视为主办单位的化身和代言人的。有鉴于此，主持人、发言人对于自己的外表，尤其是仪容、服饰，一定要事先进行认真的修饰。

按照惯例，主持人、发言人要进行必要的化妆，并且以淡妆为主。发型应当庄重大方，男士要求穿着深色西装套装、白色衬衫、黑袜黑鞋，并且要打领带，女士则宜穿单色套裙，肉色丝袜，高跟皮鞋。服装必须干净、挺括，一般不宜佩戴首饰。在面对媒体时，主持人、发言人都要注意举止自然大方，要面含微笑，目光炯炯，表情放松，坐姿端正。

（二）要注意相互配合

要想真正做好相互配合，就要做到分工明确、彼此支持。主持人要做的主要是主持会议、引导提问；发言人要做的主要是主旨发言、答复提问。主持人、发言人的彼此支持，在新闻发布会上通常是极其重要的。无论是主持人还是发言人，在新闻发布会上都是一家人，因此主持人与发言人必须保持口径一致，不允许公开顶牛、相互拆台。当媒体提出的某些问题过于尖锐或难以回答时，主持人要想方设法转移话题，不使发言人难堪。而当主持人邀请某位新闻记者提问之后，发言人一般要给予对方适当的回答。

（三）要注意语言艺术

新闻发布会上主持人、发言人的言行，都代表着主办单位的形象。所以，必须对讲话分寸予以重视：

首先要简明扼要。不管是发言还是答问，都要条理清楚、重点集中，让人一听就懂、难以忘怀。不要卖弄口才、口若悬河。

其次要提供新闻。新闻发布会，自然要有新闻发布。媒体就是特意为此而来的，所以在不违法、不泄密的前提下，要善于满足对方在这一方面的要求，要在讲话中善于表达自己的独到见解。

再次要生动灵活。在讲话之际，讲话者的语言是否生动，话题是否灵活，往往直接影响现场的气氛。有时，面对冷场或者冲突爆发在即，讲话者生动而灵活的语言，往往可以化险为夷。因此，适当地采用一些幽默风趣的语言、巧妙的典故是必不可少的。

最后要温文尔雅。新闻记者大都见多识广，加之又是有备而来，所以他们在新闻发布会上经常会提出一些尖锐而棘手的问题。遇到这种情况时，发言人能答则答，不能答则应当巧妙地避实就虚，或是直接说无可奉告。无论如何，都不要恶语相加，甚至粗鲁地打断对方的提问，否则就有违礼仪。

温馨提示

新闻发言人的礼仪要求，要注意外表的修饰，要注意相互的配合，要注意语言艺术。

答记者问的礼仪

本节测试

一、选择题

1. [单选]新闻发布会邀请媒体，一般以提前多少天为宜？(　　)

A. 5～7 天　　B. 10～15 天　　C. 1～2 天　　D. 3～5 天

2. [多选]新闻发布会最重要的是做好以下哪些具体工作？(　　)

A. 主题的确定　　B. 时空的选择　　C. 人员的安排　　D. 材料的准备

3. [多选]新闻发布会上主持人、发言人要注意语言艺术(　　)。

A. 简明扼要　　B. 提供新闻　　C. 生动灵活　　D. 温文尔雅

4. [多选]新闻发言人的礼仪要求是(　　)。

A. 注意外表的修饰　　B. 注意相互的配合

C. 注意语言艺术　　D. 以上说法都不正确

5. [多选]新闻发布会关于答记者问的礼仪，以下说法正确的有(　　)。

A. 回答记者提问，要准确、自如，不要随便打断记者提问

B. 对不愿透露或不好回答的问题，要幽默、婉转地做出解释

C. 遇到不友好的问题，应保持冷静，礼貌阐明自己的观点

D. 不宜采取“无可奉告”的方式

二、案例分析

周一上午，时间快到 9:40 了，离海韵电子有限公司定于周一上午 10:00 的新产品发布会只有 20 分钟了，可是前来参加新产品发布会的媒体代表只来了三四个人。见此情形，公司王总经理有点着急，他询问负责邀请媒体代表的办公室助理小陈是怎么回事。小陈说：“我都邀请了各大媒体的。”王总经理又问小陈：“你是怎么邀请的？”小陈说：“我给各媒体单位一一打了电话，他们也都答应要来参加，可谁想到他们到现在还没有来。”王总经理听了小陈的话后虽然有些生气，但没有发火，他对小陈说：“或许那些媒体单位在来的路上了。怪我没有对你强调清楚，你现在再次诚恳邀请那几家和我们合作友好的媒体单位，请他们快点来救急一下，新闻发布会快要开始了。”

问题：上述案例的问题出在哪里？新闻发布会应该怎样邀请媒体？

实践训练

训练内容：

天盛机械有限公司新产品发布会将在北京国际会议中心隆重召开。天盛机械有

限公司总经理携公司高管与来自全国各地的100多名客户代表齐聚一堂，隆重推介公司的最新机械产品。此次会议拉开了天盛机械有限公司全力开拓国内市场的序幕，引起了与会代表的强烈反响。

训练要求：

1. 新闻发布会的准备工作和议程安排，新闻发布会的媒体邀请。
2. 新闻主持人、发言人的礼仪规范。
3. 10人为一组，分组进行角色分派和演示。
4. 在实际演练中，教师可以临场发挥，增设模拟角色和任务，或全体同学一起对某些同学的演练进行评论。

本章小结

职场公务活动礼仪包括职场签约礼仪、职场庆典活动礼仪、职场参观活动礼仪和职场新闻发布会礼仪。职场签约礼仪主要是签字仪式的准备礼仪、签约仪式的座次礼仪、签字仪式的程序等礼仪；职场庆典活动礼仪是指剪彩仪式、开业仪式等有关庆典的礼仪规范；职场参观活动礼仪是组织参观活动的相关礼仪规范；职场新闻发布会礼仪主要有新闻发布会的准备工作、新闻发布会的程序、媒体邀请和新闻发言人的礼仪规范等内容。通过本章学习，职场人员不仅要掌握签约活动、庆典活动、组织参观和新闻发布会的仪式及流程，能根据组织情况有针对性地举办各项公务活动，提高职场公务活动的实践能力，培养低调务实、精明能干的工作作风，而且能通过公务活动加强沟通协调，拓展职场人脉和资源，提高组织的知名度与美誉度，扩大社会影响力。

第六章　职场方位礼仪

学习目标

※ 知识目标

了解方位礼仪的基本理念，学习职场方位礼仪规范；掌握职场中方位排序的基本规则和各种不同场合的位次礼仪。

※ 能力目标

工作中能够正确地运用方位礼仪原则进行乘车、引导、安排座次；能妥善处理职场中出现的方位问题；在社交场合能自觉地运用方位礼仪，彰显个人礼仪素养。

※ 素养目标

培养学生方位礼仪意识和方位观念，工作中自觉地运用方位礼仪安排座次、引导宾客等，展示良好的职业素养。

第一节　职场引导方位礼仪

情境导入

小李刚参加工作不久，学校举办了一次全国高校校长联席会议，国内很多高校校长参加会议。小李被安排做接待工作。接待当天，小李早早来到机场，当等到来参加会议的人时，他开口便说："您好！是来参加全国高校校长联席会议的吧？我们已经为您安排好了接站车，请跟我来！"小李一路小心翼翼地给客人引路。小李一向走路很快，当他发现客人已被他远远地落在了后面时，才放慢步伐。他意识到与客人的距离不能太远，一路带着客人进出电梯，走在前面做好带路工作。原本心想很简单的事情，却几次被上级批评。

问题：如果你是小李，你该怎样做好接待引导工作？引导过程中应走在哪个方位？进出电梯时又应该如何去做？

在职场工作中，经常会遇到这样的尴尬和困惑：引导宾客行进中，前后左右该如何体现对客人的尊重？会场上，面对大大小小的领导，该如何安排他们的座位？酒桌前，看着满桌的菜肴，自己究竟该坐在哪个地方？汽车里，上座到底是哪个位置？如此众多的问题使人们往往迷失在座次的选择上。我们从小到大，人与人之间的交往一天也没离开过顺序的排列，上学站队、考试排名、推杯换盏、你来我往，这其中既有明确的标准，又有约定俗成的礼仪规范。

我国传统方位文化

方位礼仪的核心是位次，一般是指人们在交往中彼此之间各自所处位置的尊卑顺序。在正常情况下，位次的尊卑早已约定俗成，并广为人们所接受。讲究方位礼仪，可表现出对交往对象的尊重、友好。方位礼仪的具体做法在不同情况下有所不同。

一、方位礼仪应遵循的基本原则

（1）以右为上。总的原则就是“以右为尊”，即一般以右为大、为长、为尊；以左为小、为次、为卑。政务礼仪中，以左为上是我国的传统习俗。

（2）居中为上。当多人并排行进或就座时，讲究“居中为上”，即应以居于中央的位置为尊位。

（3）前排为上。在多排就座时，以前排特别是第一排为上。

（4）以远为上。以远为上即座位离房间正门越远，位置越高；距离房门越近，则位置越低。

（5）面门为上。如果是在室内活动，面对房间正门的位置是上座。

二、接待引领方位礼仪

引领方位指的是人们在陪同、接待来宾或领导时行进的方位。工作中遇到领导或来访人员时，应面带微笑，点头致意，热情接待，并说“您好”“欢迎检查指导工作”“请问我能帮您什么”等。

方位礼仪应遵循的原则

（一）常规引领方位

客人来访引领时，二人并行，以右为上，应请客人走在自己的右侧，为了指引道路方便，可略前客人半步；在拐弯时，应前行步，并伸手指引。三人同行，中间为上，右侧次之，左侧为下，随行人员应走在左边。如果接待众多来访者，应走在客人的前面，并保持在客人右前方1～2步的距离。一面交谈一面配合客人的脚步，避免独自在前、臀部朝着客人。引导客人应根据路线的变化，招呼客人行走的方向，如“请向这边走”等。向来访者介绍情况或指示方向时，正确的手势是：掌心稍微倾斜向上，四指自然并拢并伸直，拇指稍弯曲，表示对客人的尊重，避免单独使用食指。

（二）楼梯的引导方位

上下楼梯时方位排列要注意两点：

（1）单行行进。上下楼梯时，因为楼道比较狭窄，并排行走会阻塞交通，是没有教养的标志，所以，若没有特殊原因，应靠右侧单行行进。

（2）单行行进时要注意以前方为上。引导客人上楼时，应让客人走在前面，接待工作人员走在后面；若是下楼时，应该由接待工作人员走在前面，客人走在后面。上下楼梯时，应注意客人的安全。女士引领男宾，宾客走在前面；男士引领女宾，男士走在前面；男士引领男宾，上楼宾客走在前面，下楼引领者走在前面；若宾客不清楚线路，则引领者走在前面。如遇拐弯或有楼梯台阶的地方应使用手势，并提醒客人“这边请”或“注意楼梯”等。

（三）电梯的引导方位

1. 乘电梯的基本礼仪

（1）电梯门口处，如果有很多人在等候，不要挤在一起或挡住电梯门口，以免妨碍电梯内的人出来。应该让电梯内的人出来后再进去，千万不可以争先恐后。

（2）靠电梯最近的人先上电梯，然后应该为后面进来的人按住“开门”按钮，当出去的时候，靠电梯最近的人先走。男士、晚辈或下属应该站在电梯开关处提供服务，并让女士、长辈或上司先行进入电梯，自己再随后进入。

（3）在电梯里，应该尽量站成“凹”字形，挪出空间，以便让后进入者有地方可站。

（4）进入电梯后，正面应朝电梯口，以免造成面对面的尴尬。

（5）在前面的人应站到边上，如果必要应先出去，以便让别人出去。

（6）乘坐自动扶手电梯时，最好站在扶手电梯的右侧，左侧留作通道，以便有急事的乘客自由上下电梯。扶手电梯尽量单行乘坐，避免多人并行、拥挤。

2. 电梯引导的礼仪

目前很多大公司的办公楼中都有升降式电梯，它们一般无人值守。出入无人值守的电梯时，先按电梯让客人进，若客人不止一人，正确的做法应该是陪同者先进入电梯，手按住电梯侧门，说“请进”；到达目的地后，一手按“开”，一手做出“请”的手势，说“到了，您先请”。陪同者遵循先进后出原则，而被陪同者后进先出，因为电梯门口的按钮是升降钮，而电梯里的按钮则是开关钮，陪同者先进后出，就是为了控制开关钮，待所有客人完全进入。

陪同者乘电梯时站位：电梯右侧有按钮时，由尊到卑的位置为：

1 号位、2 号位、3 号位、4 号位。陪同者站 4 号位。

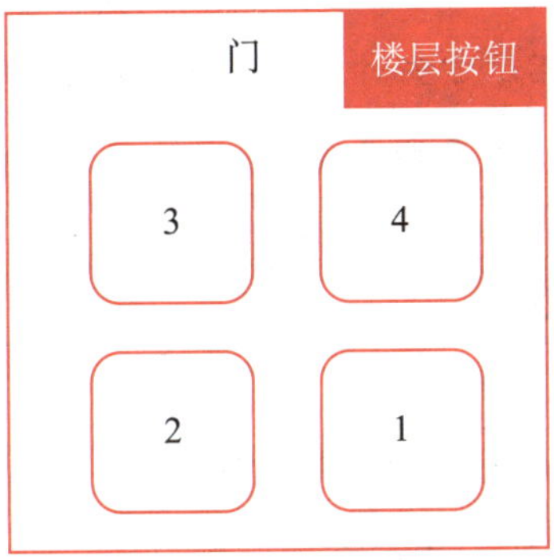

图 6-1　陪同者乘电梯时站位

温馨提示

若电梯两侧都有按钮，则陪同者站左侧按钮旁，因为职场礼仪中通常以右为尊。

职场乘电梯的礼仪

3. 会客厅的引导方位

若没有特殊原因，出入会客厅房门的标准做法是位高者先进或先出房门。但是如果有特殊情况，比如需要引导，室内灯光昏暗，男士和女士两人单独出入房门，那么标准做法是陪同接待人员要先进去，为客人开门开灯，出的时候也是陪同接待人员先出去，为客人拉门引导。

本节测试

一、选择题

1. [多选] 引导来宾时，引导者最主要的礼仪问题是（　　）。

A. 引导者的举止　　B. 引导者的身份

C. 引导中的顺序　　D. 引导时的提示

2. [单选] 按商务礼仪，引导者应在客人的（　　）。

A. 左前方引路　B. 左后方指路　C. 右前方引路　D. 右后方指路

3.［多选］引导者引导客人参观时，按商务礼仪下列说法不正确的是（　　）。

A. 左前方引路　B. 左后方指路　C. 右前方引路　D. 右后方指路

4.［单选］按通用服务礼仪的规定，在文明服务用语规范中，以下适用于引导客户入座的是（　　）。

A. “您请坐”　B. “您好”

C. “欢迎光临”　D. “有什么可以帮您的吗”

5.［单选］在为宾客引路指示方向时，下列举止不妥当的是（　　）。

A. 眼睛看着目标方向，并兼顾宾客

B. 指向目标方向

C. 面带微笑，语气温和

D. 手指明确指向目标方向

6.［单选］给客户引路时，下列哪一项是错误的？（　　）

A. 应走在客人左前方的 2～3 步处

B. 让客人走在正方向（右侧），引路人走在左侧

C. 引路人的步伐应当比客人快一点

D. 拐弯或有楼梯台阶的地方应使用手势，并提醒客人“这边请”或“注意楼梯”等

二、案例分析

小张大学毕业后在某厂办公室工作。中秋节前两天办公室陈主任通知他，明天下午三点本公司的合作伙伴——上海华强贸易有限公司的刘副总经理将到本公司来洽谈业务，李厂长将亲自到车站接站。由于陈主任第二天将代表李厂长出席另外一个会议，临时安排小张随同李厂长一起去接刘副总经理。小张接到任务后心想一定要好好表现。在征得李厂长同意后，小张在一个五星级宾馆预订了房间，安排厂里最好的一辆车去接刘副总经理。接到客人后，小张拉开车前门请刘副总经理上车，说：“这里视线好，您可以看看我们扬州的市貌。”随后，又拉开右后门请李厂长入座，自己急忙从车前绕到左后门上了车。车到达宾馆后，小张推开车门直奔总台，询问预订房间情况，为刘副总经理办入住手续，刘副总经理提行李跟过来。小张办完手续后跟着刘副总经理到房间，在房间里转来转去，看是否有不当之处。片刻后，李厂长告辞，临走前告知刘副总经理晚上 6:00 接他到扬州一家著名的餐馆吃晚饭。小张随李厂长出来后，却受到李厂长的批评，说小张经验不够。

问题：小张觉得很委屈，自己这么卖力，到底哪里出错了？

实践训练

【情景一】

某公司经理带着办公室秘书到恒星公司来洽谈业务，按照对等接待的原则，恒星公司经理和秘书热情接待，根据所学的职场接待的步行方位礼仪规范演示接待过程。

训练要求：

1. 以 4 人为一组，其中 2 人扮演客人（1 人为经理，1 人为秘书），2 人扮演主人（1 人为经理，1 人为秘书），扮演 4 人单行行走和 4 人并排行走。

2. 每组学生按照角色演示步行方位礼仪。

（1）单行行走方位高低的掌握；

（2）并排行走方位高低的掌握；

（3）礼貌用语的运用。

【情景二】

某公司有客人来访，演示引领客人乘坐电梯的方位礼仪。

训练要求：

1. 每 6 人为一组，一起搭乘电梯，分别扮演不同的角色，如引领者、领导、客户等；有下电梯的人和上电梯的人。

2. 在电梯门口等候需要注意的事项（不应挡住电梯门口，以免妨碍电梯内的人出来）。

3. 电梯门打开之后（先下后上）。

4. 进入电梯后正面应朝向电梯口，尽量站成“凹”字形，挪出空间，以便让后进入者有地方站。

5. 注意事项：

（1）出入电梯的顺序；

（2）电梯内站立的位次高低的掌握；

（3）手势及礼貌用语的运用。

第二节 职场座次方位礼仪

情境导入

张颖是龙创商务信息公司总经办新来的干事。一天，总经办郑晨主任让她落实安排湘源电子信息有限责任公司钱劲力总经理一行四人来访的工作。前一天张颖陪同公司孙卓副总经理到机场迎接他们时，看到钱总从机场走出来，就马上热情问候，然后带着他们来到公司安排的小车前。张颖马上安排钱总在前排视野开阔的副驾驶座位上，但钱总当时犹豫了一下，然后说他有些不舒服想坐在后排休息一下，便与孙总一起坐在了后排。可上车后，钱总与孙总一路谈笑风生，没有一点不舒服的迹象。张颖这才意识到，刚才她可能在座次的安排上做得有些不妥。那么，在后面会谈工作的会场布置及一系列接待过程中，还会出现一系列座次安排问题，张颖不想再出现任何差错。

她知道出席这次会议的人有湘源公司的钱劲力总经理、赵林副总经理、公关部郭莉部长及秘书文明明，本公司的王建新总经理、孙卓副总经理、办公室郑晨主任及张颖本人。

问题：这次会议该如何安排座次？

一、职场座次的重要性

我们经常会遇到会议座次的问题，众所周知，会议座次分两种情况：当领导同志人数为奇数时，1号首长居中，2号首长排在1号首长左边，3号首长排在1号首长右边，其他依次排列；当领导同志人数为偶数时，具体座位应该是：1号首长、2号首长同时居中，1号首长排在居中座位的左边，2号首长排在居中座位的右边，其他依次排列。

为什么我们要讲究座次礼仪，主要有以下几个原因：

第一，座次礼仪可以规范行为。礼仪最基本的功能就是规范各种行为。在职场中，人们相互影响、相互作用、相互合作，如果不遵循一定的规范，双方就缺乏协作的基础。在众多的职场规范中，座次礼仪规范可以使人明白应该怎样做，不应该怎样做；哪些可以做，哪些不可以做；哪里是上座，哪里是下座；有利于确定自我形象，尊重他人，赢得友谊。

第二，座次礼仪可以增进感情。在职场活动中，随着交往的深入，双方可能都会产生一定的情绪体验。它表现为两种情感状态：一是情感共鸣，另一种是情感排斥。礼仪容易使双方互相吸引，增进感情，导致良好的人际关系的建立和发展。反之，如果不讲座次礼仪，得不到尊重，粗俗不堪，那么就容易产生情感排斥，造成人际关系紧张，给对方留下不好的印象。

第三，座次礼仪可以传递信息。座次礼仪是一种信息，通过座位的排序可以表达出尊敬、友善、真诚等感情，使别人感到温暖。在职场活动中，恰当的座次礼仪可以获得对方的好感、信任，进而有助于事业的发展。

第四，讲究座次礼仪可以树立形象。一个单位做事讲究礼仪，就会在众人面前树立良好的形象；一个组织的成员讲究礼仪，就会为自己的组织树立良好的形象，赢得公众的赞美。所以，职场人员时刻注重相关座次等礼仪细节，既是个人和组织良好素质的体现，也是树立和巩固良好形象的需要。

职场座次礼仪的基本原则

二、职场中哪些场合需要考虑座次礼仪

（1）组织会议时，需要考虑会场座次；

（2）会见客人时，需要考虑会客座次；

（3）商务谈判时，需要考虑谈判座次；

（4）双边签约时，需要考虑签字座次；

（5）接送客人时，需要考虑乘车座次；

（6）安排宴会时，需要考虑就餐座次。

三、职场活动中的座次方位礼仪

（一）会客时的位次方式

1. 面对面就座

会客双方在室内分为左右两侧，面对面地就座。西方国家通常认为右为上，即：进门之后，右侧一方为上座，应留给客人；左侧一方为下座，应留给主人。当宾主双方人员不止一人时，情况亦是如此。

2. 并列式就座

即宾主双方并排就座，以暗示双方之间“平起平坐”，地位相仿。它多适用于礼节

性会客。

（1）宾主双方一同面门而坐。此刻还须讲究“以右为上”，即主人应请客人坐在本人的右侧。若双方不止一人，其他人员可分别在主人或主宾的一侧就座。

（2）宾主双方一起并排坐在室内的右侧或左侧。这时，通常讲究“以远为上”，即：距门远处为上座，应让给客人；距门近处为下座，应留给主人。在座位中，一般长沙发留给客人。以单人的沙发为下座。

（二）会谈座次

在商务会谈中，双方对自己的面子十分注意，因此安排谈判者的座次是一件礼仪性很强的大事。双方谈判的座次安排应注意下列事项：

（1）双边谈判时，应使用长桌或椭圆桌，通常宾主分坐于桌子的两边。

（2）谈判桌横放于谈判厅内，则正对门的一侧为上座，归客方坐；背对门的一侧是下座，归主方坐。

（3）谈判桌竖放于谈判厅内，则以进门时右侧为上，归客方坐；进门时左侧为下，归主方坐。

（4）在进行谈判时，各方主谈人员应在自己一方居中而坐。

（5）其他人员应遵循右高左低的原则，依照职位的高低自近而远地分别在主谈人员的两侧就座。

（6）假如需要译员，应安排其就座于仅次于主谈人员的位置，即主谈人员之右。

（三）会议座次

会议有大型与小型之分。大型会议与小型会议在安排位次时，具体做法各有不同。

1. 大型会议的位次安排

大型会议是指千百人以上，多到上万人参加的会议。会议的位次要求分为主席台与群众席。主席台成员的排位，主要应当遵守三条原则：一是中央高于两侧；二是左侧高于右侧；三是前排高于后排。主持人的位子可在前排正中，也可居于前排最右侧。发言席一般可设在主席台正中，或者其右前方。

群众席的排位方式主要有两种：一是自由式，即与会者自行择座，不做统一安排；二是按与会单位名称的汉字笔画的顺序或汉语拼音字母的顺序排位，或由前而后横排，或自左向右竖排。选择其中任何一种均可，两种方法亦可交叉使用。

2. 小型会议的位次安排

举行小型会议时位次排列需要注意以下三点：

第一，讲究面门为上，面对房间正门的位置一般被视为上座。

第二，讲究以右为上，坐在右侧的人为地位高者。在国内的政务交往中采用我国传统做法，以左为尊，而国际惯例则是以右为尊，商务礼仪遵守的是国际惯例。

第三，小型会议也强调自由择座，如主席可以选择坐在右侧，或者面门而坐，也可以坐在前排中央的位置，强调居中为上。

（四）签字仪式座次

签字时各方代表的座次，是由主方代为先期排定的。规范做法是：签字桌面门横放，双方人员并排排列，双方签字人员居中面门而坐，主方居左，客方居右。在签署双边性合同时，应请客方签字人在签字桌右侧就座，主方签字人则应同时就座于签字桌左侧。双方各自的助签人，应分别站立于各自一方签字人的外侧，以便随时为签字人提供帮助。

（五）合影座次

在正式场合需要合影留念时，参加人员通常应当根据一定的序列来排位。应当说明的是，合影排位时有内外之别，在国内活动中进行合影排位时，一般讲究的是居中为上、居左为上、居前为上。在涉外活动中合影排位时，通常应遵守国际惯例，使主人居中，主宾居于其右侧，即讲究以右为上，同时两侧还应由主方人员位于最外侧。不管采用哪种方法为合影排位，都首先以方便拍摄为要，同时还要兼顾场地大小、人员多少、单数或双数、身材高矮等。

和领导合影应站哪里

（六）宴会座次

在正式的商务宴请中，位次的排列往往比菜肴的选择更受人关注。宴会的位次排列涉及两个问题：其一，桌次，即不同餐桌数目的安排；其二，位次，即每张餐桌具体的上下尊卑位次。

1. 桌次

在正式宴会上，进餐者往往不止一桌。当出现两张以上的餐桌时，就出现了桌次排列问题。桌次排列的基本要求有三点：第一，居中为上；第二，以右为上；第三，以远为上，即离房间正门越远，位置越高。

2. 位次

餐桌上具体位置的排列需要抓住以下两个关键点：第一，面门居中者为上，坐在房间正门中央位置的人一般是主人，称为主位；第二，主人右侧的位置是主宾位。

（七）旗帜的位次排列

在重要的场合尤其是在涉外交往中，旗帜的悬挂特别是国旗的悬挂往往备受重视。在悬挂旗帜时，尤其是悬挂代表国家尊严、作为国家标志的国旗时，必须认真对待。旗帜悬挂，主要分为国旗与其他旗帜同时悬挂及中国国旗与其他国家的国旗同时悬挂两类情况。

1. 国旗与其他旗帜同时悬挂

当国旗与其他旗帜同时悬挂时，按照《中华人民共和国国旗法》的有关规定，国旗代表国家，所以必须居于尊贵位置。尊贵位置是指：第一，居前为上，当国旗与其他旗帜有前后时，国旗居前；第二，以右为上，当国旗与其他旗帜分左右排列时，国旗居右；第三，居中为上，当国旗与其他旗帜有中间与两侧之分时，中央高于两侧；第四，以大为上，当国旗与其他旗帜有大小之别时，国旗不能小于其他旗帜；第五，以高为上，当国旗升挂位置与其他旗帜升挂位置有高低之分时，国旗为高。

2. 中国国旗与其他国家的国旗同时悬挂

在国际商务活动中，有时会出现中国国旗和其他国家国旗同时悬挂的情况，这时应分别对待。如果活动以我方为主，即我方扮演主人角色，以右为上，客人应该受到尊重，因此其他国家的国旗应挂于上位；如果活动以外方为主，即由外方扮演主人的角色，中国国旗应该处于尊贵位置。

温馨提示

座次以右为上，居中为上，面门为上，居前为上。

本节测试

一、选择题

1. [单选] 座次安排的基本讲究是（　　）。

A. 以左为尊，右高左低　　B. 以右为尊，右高左低

C. 以右为尊，左高右低　　D. 以左为尊，左高右低

2. [单选] 下列座次安排错误的是（　　）。

A. 多位领导面向会场时，主要领导应居中

B. 宾主相对而坐，主人面向正门，客人居背门一侧

C. 签字双方主人在左边，客人在主人的右边

D. 宴请时，主宾在主人右手位置，副主宾在主人左手位置

3. [多选] 对宴会的座次描述正确的是（　　）。

A. 国际上的习惯，宴会的桌次高低以离主桌位置远近而定，左高右低

B. 我国习惯按个人年龄大小排列

C. 主宾身份高于主人时，可以把主宾摆在主人的位置上

D. 国际上的习惯，宴会上男女相间而坐

4. [多选] 会议座次的安排分为（　　）。

A. 公司外部会议　　B. 公司内部会议　　C. 方桌会议　　D. 圆桌会议

5. [多选] 会客的座次排列分为（　　）。

A. 自由式排列　　B. 相对式排列　　C. 并列式排列　　D. 一排式排列

6. [多选] 常见的会议座次有（　　）。

A. 面门为上　　B. 居中为上　　C. 离门以远为上　　D. 以左为上

二、案例分析

李惠是湖南恒达商业集团公司总经理办公室秘书。下午三点半，李惠正在忙碌，总经理吩咐李惠到公司大门口附近的一家酒店订一个包厢，说晚上他亲自为到该公司洽谈合作项目的北京天地公司的王飞总经理一行人接风，总经理讲他们此次共来了 3 个人（总经理王飞、业务副总经理李岚、市场部经理丁嘉一），晚餐还要求恒达公司的市场部经理、本公司业务副总经理及李惠作陪。李惠赶忙去定了包厢并点了菜，跟酒店预订的开餐时间是晚上 6:00。当一行人到达预订的包厢时，总经理示意李惠引领客人入座。当坐定后，菜一个接一个上来，但客人的脸色越来越不好看……

问题：客人的脸色为什么越来越不好看？假如你是李惠，该怎样给他们安排位次？

实践训练

训练内容：

12 月 10 日晚，恒达公司董事长罗先生将设宴款待其合作伙伴——北京天地公司的总经理王林先生及其夫人，以及市场部总监李阳先生及其夫人一行，以感谢天地公司多年来对恒达公司的支持，并期望来年双方的合作有更进一步的发展。此外，罗董事长夫妇还邀请了恒达公司市场部总监李亮夫妇作陪。

训练要求：

1. 分组：8 人为一组，分别扮演不同的角色。

2. 请演示本次宴请位次安排（使用圆桌）。

第三节 职场乘车方位礼仪

情境导入

某公司员工小王年轻肯干，点子又多，很快引起了总经理的注意并拟提拔为营销部经理。为慎重起见，公司决定对他再进行一次考查，恰巧总经理要去省城参加一个商品交易会，需要带两名助手，总经理选择了公关部杜经理和小王。小王自然同样看重这次机会，也想寻机会好好表现一下。

出发前，由于司机乘火车先行到省城安排一些事务尚未回来，因此临时改为搭乘董事长驾驶的轿车一同前往。上车时，小王很麻利地打开了前车门，坐在驾车的董事长旁边的位置上，董事长看了他一眼，但小王并没有在意。

车上路后，董事长驾车很少说话，总经理好像也没有兴致，似在闭目养神。为活跃气氛，小王寻了一个话题："董事长驾车的技术不错，有机会也教教我们，如果我们都会开车，办事效率肯定会更高。"董事长专注地开车，不置可否，其他人均无应和，小王感到没趣，便也不再说话。一路上，除董事长向总经理询问了几件事，总经理简单地作答后，车内再也无人说话。到达省城后，小王悄悄问杜经理："董事长和总经理好像都有点不太高兴。"杜经理告诉他原委，他才恍然大悟："噢，原来如此。"

会后从省城返回，车子改由司机驾驶。董事长由于还有些事要处理，需在省城多住一天，同车返回的还是4人。小王想，这次不能再犯类似的错误了。于是，他打开前车门请总经理上车，总经理坚持要与杜经理一起坐在后排，小王诚恳地说："总经理您如果不坐前面，就是不肯原谅来的时候我的失礼之处。"并坚持让总经理坐在前排才肯上车。

回到公司，同事们知道小王这次是同董事长、总经理一道出差，猜测肯定要提拔他，都纷纷向他祝贺。然而，提拔之事却一直没有人提及。

问题：小王没有被提拔的原因是什么？

在职场活动中，如果不懂乘车礼仪，不仅使你本人尴尬难堪，也会影响公司的声誉。那么，职场应注意哪些乘车礼仪呢？

一、职场乘车座次

职场乘车礼仪是接待中重要的一个环节，其中座次的完美安排则更需要慎重对待，安排不好，便会影响公司形象。

职场公务乘车礼仪主要遵循一个原则，就是把客人放在最安全的位置。另外，送上司、客人坐轿车外出办事，应首先为上司或客人打开右侧后门，并以手挡住车门上框，同时提醒上司或客人小心，等上司或客人坐好后再关门；抵达目的地后，应首先下车，下车后，绕过去为上司或客人打开车门，并以手挡住车门上框，协助上司或客人下车。

在比较正规的场合，乘坐轿车时一定要分清座次的主次，而在非正式场合，则不必过分拘礼。轿车上的座次，从礼仪上来讲，主要取决于四个因素。

（一）轿车的驾驶者

主要适用于双排座、三排座轿车。

如果由专职司机驾车，以后排位为上，以右为上，以左为下，即后排右座为第一尊位，后排左座为第二尊位，后排中座排第三，副驾驶座为末位。当然，如果为了让宾客顺路看清本地的一些名胜风景，也可以在说明原因、征求宾客意愿后，请客人坐在左侧（名胜在车前进方向的左侧），但同时应向客人表示歉意。需要强调的是，即使为了让客人欣赏风景，也不要让客人坐司机旁边的位置，尤其是接待港、澳、台地区和外国客人时更应注意这一点，否则会弄巧成拙、事与愿违。

如果由主人亲自驾驶轿车，一般前排座为上，后排座为下；以右为上，以左为下。即副驾驶座为第一尊位，后排右座为第二尊位，后排左座为第三，后排中座为末位。乘坐主人驾驶的轿车时，最重要的是不能令前排座空着，一定要有一个人坐在那里，以示相伴。

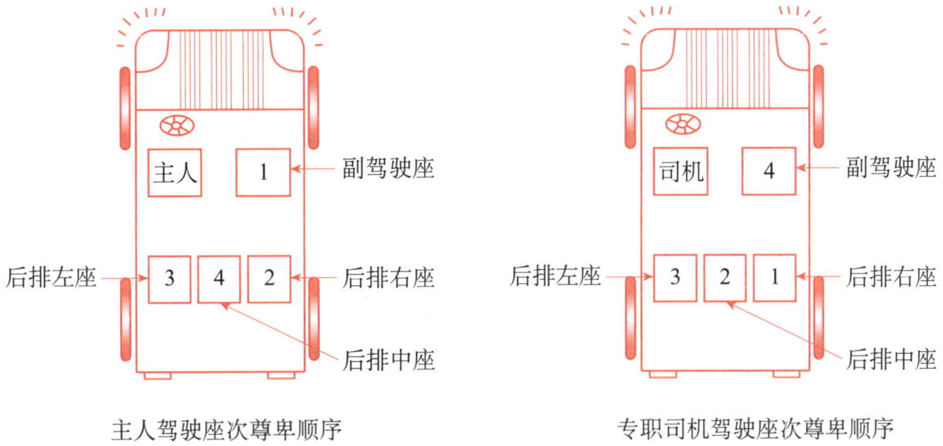

图 6-2　小轿车乘车座次图

（二）轿车的类型

吉普车：大都是四座车，无论是主人驾驶还是司机驾驶，都应以前排右座为尊，后排右侧次之，后排左侧为末席。即座次由尊而卑依次是：副驾驶座，后排右座，后排左座。上车时，后排位低者先上车，前排尊者后上。下车时，前排客人先下车，后排客人再下车。

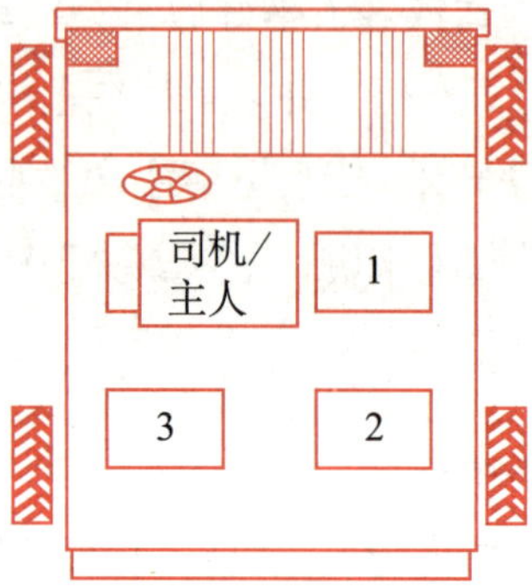

图 6-3　吉普车座次尊卑顺序

中巴车、大巴车：中间是过道，离门近者为主座，即以前排为上，以后排为下，以右为尊，以左为卑，并以距离前门的远近来排定其具体座次的尊卑。也就是说，司机后排靠门的位子是主座，这个位子前面通常有扶手，宾客上下车也方便、安全。

火车、公共汽车、地铁：临窗的座位为上座，临近通道的座位为下座。与车辆行驶方向相同的座位为上座，与车辆行驶方向相反的座位为下座。在有些车辆上，乘客的座位分列于车厢两侧，而使乘客对面而坐。在这种情况下，应以面对车门一侧的座位为上座，以背对车门一侧的座位为下座。

（三）轿车上座次的安全系数

乘坐轿车要考虑安全问题。在轿车上，后排座比前排座要安全得多。最不安全的座位，当数前排右座。最安全的座位，则当推后排左座（驾驶座之后），或是后排中座。

（四）轿车上嘉宾的本人意愿

在正式场合乘坐轿车时，应请尊长、女士、来宾就座于上座，这是给予对方的一种礼遇。当然，不要忘了尊重嘉宾本人的意愿和选择，并要将这一条放在最重要的位置。即便嘉宾不明白座次礼仪，坐错了地方，也不要对其指出或纠正。

上面的这四个因素往往相互交错，在具体运用时，可根据实际情况而定。

二、上下车顺序

基本要求是：倘若条件允许，须请尊长、女士、来宾先上车，后下车。

（1）主人亲自驾车。要后上车，先下车，以便照顾客人上下车。乘坐由专职司机驾驶的轿车时，坐于前排者，要后上车，先下车，以便照顾坐于后排者。

（2）乘坐由专职司机驾驶的轿车，并与其他人同坐于后一排时，应请尊长、女士、来宾从右侧车门先上车，自己再从车后绕到左侧车门后上车。下车时，则应自己先从左侧下车，再从车后绕过来帮助对方。若左侧车门不宜开启，于右侧车门上车时，要里座先上，外座后上。下车时，要外座先下，里座后下。总之，以方便易行为宜。乘坐多排座轿车，通常应以距离车门的远近为序。上车时，距车门最远者先上，其他人随后由远而近依次而上。下车时，距车门最近者先下，其他随后由近而远依次而下。

三、乘车注意事项

（1）当主人亲自驾车时，若一个人乘车，则必须坐在副驾驶座上，若多人乘车，则可推举一位尊者在副驾驶座上就座，否则就是对主人的失敬。

（2）根据乘车的基本常识，副驾驶座是车上最不安全的座位，因此，按惯例，在社交场合，该座位不宜请妇女或儿童就座。而在公务活动中，副驾驶座，特别是双排五座轿车上的副驾驶座，则被称为随员座，专供秘书、翻译、警卫、陪同等随从人员就座。

（3）关于尊位的问题。副驾驶位、司机后位、司机对角线位哪个重要，要因人而异、因时而异，最标准的做法是客人坐在哪里，哪里就是尊位。所以，不必纠正并告诉对方“您坐错了”。尊重别人就是尊重人家的选择，这就是职场礼仪中尊重为上的原则。但有一点是必须明确的，接待人员坐面包车或中巴车、大巴车时，应坐副驾驶位或尽量往后排就座。

温馨提示

1. 女士上车时不要一只脚先踏入车内，也不要爬进车里。需先站在座位边上，把身体降低，让臀部坐到位子上，再将双腿一起收进车里，双膝一定保持合并的姿势。

2. 从“安全”角度考虑，应该是后排左座最安全（司机后面的座位）。

3. 从“视觉”角度考虑，应该是前排右座视野最好（副驾驶座位）。坐该座者视线宽广，可以观光，自我感觉“神气”，然而，此座最不安全。

4. 从“服务”角度考虑，应该是后排右座最重要。便于秘书、随车人或现场迎接人员等为其开关车门，体现坐车者的层次与身份，出入高档场所或重大活动更能体现此座者的重要性。

本节测试

一、选择题

1. [单选] 关于乘车礼仪，说法不正确的是（　　）。

A. 右侧高于左侧　　B. 后排高于前排

C. 辈分低的先下车　　D. 晚辈应该先上车

2. [单选] 关于乘车礼仪，表述错误的是（　　）。

A. 尊者先上车，最后下车；位卑者最后上车，最先下车

B. 如果由车主亲自驾驶轿车，由尊而卑依次为副驾驶座、后排右座、后排左座、后排中座

C. 如果由专职司机驾驶轿车，由尊而卑依次为后排右座、后排左座、后排中座、副驾驶座

D. 如果车主亲自驾驶轿车，由尊而卑依次为后排右座、后排左座、后排中座、副驾驶座

3. [单选] 客户来访时，如果乘坐专职司机驾驶的轿车，应安排客户坐在什么位置？（　　）

A. 后排右座　　B. 司机旁座

C. 后排左座　　D. 无所谓

4. [单选] 如果主人亲自驾驶小轿车，哪个座位应为首位？（　　）

A. 副驾驶座　　B. 后排右座

C. 后排左座　　D. 后排中座

5. [多选] 以下正确的乘车礼仪是（　　）。

A. 乘坐由专职司机驾驶的小轿车，以后排右座为首位，左座次之，中座再次之，司机旁边的座位为末位

B. 与领导出行，应首先为领导打开右侧后门，并以手挡住车门上框，等其坐好后再关门

C. 旅行车以司机座后第一排即前排为尊，后排依次为小。其座位的尊卑依每排右侧往左侧递减

D. 吉普车上车时，前排尊者先上车，后排位低者后上车，下车时前排客人先下车，后排客人再下车

二、案例分析

案例一

恒盛商务信息有限公司的办公室秘书杨书虹代表他的领导到机场迎接来公司进行考察的一行6人。双方见面后，杨书虹安排考察团刘团长坐在小车后排的右座，可刘团长却执意要坐到司机旁边的副驾驶的位置上，几经争让后，刘团长不太情愿地坐在了后排右座。之后，刘团长似乎不太高兴，杨书虹也感觉非常别扭、委屈。她认为：我把后排右座这个上座安排给团长坐，难道错了吗？刘团长为什么不高兴呢？

问题：根据案例分析迎宾座次安排的注意事项。

案例二

小黄是恒达商业集团有限公司的总经理助理，一次从上海来了一位重要的客户，小黄奉总经理之命和公司专职司机小刘一起驱车（两排五座）到机场迎接这位客户。见面寒暄之后，小黄打开车前门，以手示意，请客人坐在副驾驶座上，然后自己坐在后排，客人面露不情愿之色。

问题：1. 客人为什么会有不情愿之色？

2. 假如你是小黄，你会怎么做？

实践训练

训练内容：

【情景一】杭州利恒公司今天要去机场迎接从北京来的客户——对方公司的总经理李群A。杭州利恒公司前去迎接的是公司王总经理B、秘书杨小姐C和司机老张D。

【情景二】接到客户去下榻酒店的途中，王总经理B和李总经理A谈得甚是投缘，发现两人都有驾车的爱好，激动之下，王总经理亲自开车。请帮这四位安排一下座位。

训练要求：

1. 四人一组，分别扮演不同的角色；
2. 安排五座位的轿车；
3. 从机场出发时，四位的座位安排；
4. 路途中，换王总开车时，四位的座位安排；
5. 注意上车的先后顺序。

本章小结

方位礼仪的核心是位次，一般是指人们在交往中彼此之间各自所处位置的尊卑顺序。通过本章的学习，掌握方位礼仪的原则、方位礼仪规范；懂得职场中方位排序的基本规则和各种不同场合的位次，使学生在未来的职场中能够正确运用方位礼仪进行接待引导、恰当地进行乘车、上下电梯、安排洽谈座次等；并能妥善处理职场中出现的方位问题；在社交场合能自觉地运用方位礼仪，表现对交往对象的尊重和友好，彰显良好的职业素养。

第七章　职场宴请礼仪

学习目标

※ 知识目标

了解宴请的种类；掌握中西方饮食文化的差异；掌握桌次和席位的安排；掌握中西餐宴请礼仪的内容。

※ 能力目标

能根据职场要求确定接待规格，做好宴请安排；能得体应对各种宴请场合；会正确地使用西餐中的刀、叉、餐巾等。

※ 素养目标

合理安排餐饮接待，坚持光盘行动，反对奢靡浪费；培养学生主动热情的工作意识、周到细致的服务意识，能得体应对各种宴请场合。

第一节　职场通用宴请礼仪

情境导入

由于市场竞争激烈，锋尚和海天两家策划公司对某机电公司即将进行的车展策划志在必得。这天，锋尚策划公司的钱总在南园酒店的三楼牡丹厅举行晚宴，邀请机电公司的刘总参加。锋尚策划公司的钱总和助理小孙刚到包厢不久，机电公司的刘总很快也到了。双方问好落座后，助理小孙便叫服务员开始点菜。十分钟后，助理小孙点好菜单对刘总说："刘总，我也不知道这些菜是否合你的口味，你看还要再点些其他的菜吗？"刘总说不必了。

在吃饭过程中，助理小孙为了表示热情，就用自己的筷子不停地给刘总夹菜。随着两位老总话题不断深入，助理小孙把筷子随意横放在碗上，为两位老总倒酒。由于倒酒时没有给予提示，差点把酒洒到刘总身上。

过了两天，钱总收到刘总的邮件，说是本来还在犹豫该选择哪家公司来做策划方案，现在已经做出决定：机电公司不会和不懂职场宴请礼仪的公司合作的。钱总看完邮件后有些莫名其妙。

问题：为什么刘总认为他们不懂职场宴请礼仪？

宴请，是指盛情邀请来宾宴饮的聚会，是人际交往乃至国际交往中常见的礼仪活动之一。各国宴请都有自己国家或民族的特点与习惯。

一、常见的宴请形式

国际上通用的宴请形式主要有四种：宴会、招待会、茶会、工作餐。每种形式均有特定的要求。

（一）宴会

宴会，指比较正式、隆重的设宴招待，宾主在一起饮酒、吃饭的聚会。宴会是正餐，出席者按主人安排的席位入座进餐，由服务员按专门设计的菜单依次上菜。按其规格又有国宴、正式宴会、非正式宴会之分。

宴会的类型

1. 国宴

国宴是国家元首或政府首脑为国家庆典活动（如国庆节）或为欢迎外国元首、政府首脑来访而举办的正式宴会。这种宴会规格很高，也最为隆重。国宴的主要标志是由邀请国和访问国的政府首脑出席，宴会厅内挂两国（双方）国旗，设乐队，演奏国歌，席间致辞，菜单和座席上均印有国徽。

2. 正式宴会

正式宴会是一种隆重而正规的宴请。它往往是为宴请专人而精心安排的，在比较高档的饭店或是其他特定的地点举行，讲究排场、气氛的大型聚餐活动。对于到场人数、穿着打扮、席位排列、菜肴数目、音乐演奏、宾主致辞等往往都有十分严谨的要求和讲究。

3. 非正式宴会

非正式宴会可以分为便宴和家宴两种形式。

（1）便宴，也适用于正式的人际交往，但多见于日常交往。它的形式从简，偏重于人际交往，而不注重规模、档次。一般来说，它只安排相关人员参加，不邀请配偶，对穿着打扮、席位排列、菜肴数目往往不做过高要求，而且也不安排音乐演奏和宾主致辞。

（2）家宴，也就是在家里举行的宴会。相对于正式宴会而言，家宴最重要的是要制造亲切、友好、自然的气氛，使赴宴的宾主双方轻松、自然、随意，彼此增进交流，加深了解，促进信任。

通常，家宴在礼仪上往往不做特殊要求。为了使来宾感受到主人的重视和友好，基本上要由女主人亲自下厨烹饪，男主人充当服务员；或男主人下厨，女主人充当服务员，来共同招待客人，使客人产生宾至如归的感觉。

（二）招待会

招待会是指一些不备正餐的宴请形式。一般备有食品和酒水饮料，不排固定席位，宾主活动不拘形式。较常见的有两种：

1. 冷餐会

冷餐会又叫自助餐，是以西式为主的很灵活的宴请形式。它的特点是不排席位，菜肴以冷食为主，也可冷、热兼备，餐具、酒水、饮料陈放在桌上，供来宾自取。冷餐会可设小桌、椅子，自由入座，也可不设座椅，站立进餐，来宾可自由活动多次取食。冷餐会的地点可以在室内也可以在室外花园。这种形式适合招待人数众多的宾客。

自助餐礼仪

2. 酒会

酒会又称鸡尾酒会，较为活泼，便于广泛交谈接触。鸡尾酒是用多种酒配成的混合饮料，酒会上不一定都用鸡尾酒，通常以多种酒品、果料为主，不用或少用烈性酒，略备小吃。服务员用托盘托着酒水和菜点在席间巡回敬送。酒会举行的时间较为灵活，中午、下午、晚上均可。请柬一般均注明酒会起讫时间，来宾可在其间任何时间到达和退席，来去自由，不受约束。

（三）茶会

茶会是一种更为简便的招待形式。它一般在西方人早、午茶时间（上午 10 时、下午 4 时左右）举行，地点常设在客厅，厅内设茶几、座椅，不排席位。如果是为贵宾举行的茶会，入座时应有意识地安排主宾与主人坐在一起，其他出席者随意就座。茶会，顾名思义就是请客人品茶，故对茶叶、茶具及递茶均有规定和讲究，以体现该国的茶文化。茶具一般用陶瓷器皿，不用玻璃杯，也不用热水瓶代替茶壶。外国茶会一般用红茶，略备点心、小吃，也有不用茶而用咖啡的，其组织安排与茶会相同。

（四）工作餐

这是一种非正式宴请形式。按用餐时间分为工作早餐、工作午餐、工作晚餐，主客双方可利用进餐时间，边吃边谈问题。我国现在于外事工作中也开始广泛使用这种形式。它的用餐多以快餐分食的形式，既简便、快速，又卫生。此类活动一般不请配偶，因它多与工作有关。双边工作进餐往往以长桌安排席位，其座位与会谈桌座位排列相仿，便于主宾双方交谈、磋商。

温馨提示

自助餐的特点是不排席位，菜肴以冷食为主，也可冷热兼备，餐具、酒水、饮料陈放在桌上，供来宾自取。

二、宴请的组织礼仪

举办宴请活动具体采用何种形式，应根据活动的目的和内容、邀请的对象、出席的人数，以及用餐的标准和服务单位等情况确定。

（一）确定宴请的目的、名义、对象、范围、形式

（1）宴请的目的通常各不相同，既可以是为某一件事而举行，也可以是为某个客人而举行，还有是为某一展览会开幕式或闭幕式，或者某一工程的开工或竣工而举行等。

（2）宴请要确定以谁的名义邀请和被邀请对象。确定邀请者与被邀请者的主要依据是主宾双方的身份应当对等。身份低会使对方感到冷淡、不礼貌。我国大型正式活动通常是以一个人的名义发出邀请，日常交往的小型宴请可以根据具体情况以个人名义或以夫妇的名义发出邀请。

（3）邀请范围是指宴请需邀请哪些方面的人士、什么级别、请多少人、主方请多少人作陪等，这些都需要事先从宴请的性质、主宾身份、国际惯例、双方关系以及当前的政治气候、经济形势等方面加以考虑。

（4）邀请的范围确定以后，接下来就是拟定邀请名单。注意名单上要写明被邀请者的姓名、性别、职务等，并适时按拟定名单提前向对方发出邀请通知。

（5）确定宴请的形式按照通常的惯例，正式的、高级别的、小范围的以举行宴会为宜，人多时则可采用冷餐酒会或茶会等形式。

（二）确定宴请的时间和地点

（1）宴请的时间应安排在主宾双方都较为合适的时候。注意在时间的确定上，要避

免双方的重大节假日、已有重要活动的时间或禁忌日，如在西方 13 日或星期五均属不适合安排宴请活动的日子。

（2）选择宴请的地点。要根据邀请的对象、活动性质、规模大小及形式等来确定。如官方正式、隆重的宴会，一般安排在政府议会大厦或客人下榻的酒店。

（三）发出宴会邀请

1. 邀请形式

邀请有两种形式，即口头邀请和书面邀请。口头邀请就是当面或者通过电话把活动的目的、名义以及邀请的范围、时间、地点等告诉对方，然后等待对方的答复。书面邀请即给对方发送请柬（或称请帖），将宴会活动的内容告知对方。这样做既是出于礼貌，也是对客人的提醒和备忘。

2. 邀请的时间

各种宴会邀请时间一般以提前 3～7 天为宜。过早，客人会因日期长久而遗忘；太迟，会使客人措手不及，难以如期应邀出席。

3. 发送请柬的方式

（1）请柬上要将宴请活动的目的、名义、邀请范围、时间、地点等写全，然后送给客人。

（2）请柬发出后，要及时核实出席者情况，并做好记录，以便安排席位。

（3）请柬的书写格式，按规范要求应首先写明目的，正文不用标点符号，遇重大活动时要注明着装要求；要注意行文格式，文字措辞务必做到简洁、清晰、准确、及时。写名单时一定要核对一次，不得将客人名字写错。

（四）预订宴席，布置场地

（1）预订宴席可以采取多种方式，如电话预订、面谈预订、电邮预订、网上预订等，最后达成口头协议或书面协议。

（2）预订时要说明赴宴的人数，主要宾客的饮食习惯、喜好和禁忌食品，宾客的特殊要求、费用标准和付费方式等。大型宴会可预先商定好菜谱，高规格的小型宴会则应等贵宾到达后再商议点菜。

（3）如果宴会的菜单已经事先商议好，不用在现场点菜，可多印制一些当次宴会的精美菜单，在宴席上给每位宾客发一份留作纪念。

（4）预订完毕之后，选择合适的时间布置场地。设计餐桌排列方式并将桌椅排放整齐，要突出主桌、间隔适当。要适当点缀装饰品。如有必要，悬挂横幅并摆放好席位卡。

温馨提示

邀请他人参加宴会，一定要写明宴会举办的目的、时间、地点，不得随意更改。

三、赴宴礼仪

（一）认真准备

餐桌礼仪

接到邀请，能否出席应尽早答复对方，以便主人做出安排。一旦确定出席，就不要随意改动，万一遇到特殊情况不能出席，尤其是作为主宾，要尽早向主人解释、道歉，甚至亲自登门表示歉意。应邀出席一项活动之前，要核实宴请的主人，活动举办的时间、地点，是否邀请配偶以及对服饰的要求。

出席宴会之前，一般应梳洗打扮。女士要化妆，男士梳理头发并剃须。衣着要求整洁、大方、美观，这会给宴会增添隆重热烈的气氛。如果参加家庭宴会，可给女主人准备一份礼品，在宴会开始之前送给主人。礼品价值不一定很高，但要有意义。

（二）按时抵达

按时出席宴会是最基本的礼貌。出席宴请活动，抵达的迟早、逗留时间的长短，在一定程度上反映了对主人的尊重，应根据活动的性质和当地习俗掌握。迟到、早退、逗留时间过短，都被视为失礼或有意冷落。身份高者可略晚些到达，一般客人宜略早些到达。出席宴会要根据各地习惯正点或晚一二分钟抵达，我国则是正点或提前一二分钟抵达。出席酒会可以在请柬注明的时间内到达。抵达宴会活动地点，先到衣帽间脱下大衣和帽子，然后前往迎宾处，主动向主人问候。如果是庆祝活动，应表示祝贺。对在场的其他客人，均应点头示意互致问候。

（三）礼貌入座

应邀出席宴会活动，应听从主人的安排，在进入宴会厅之前先掌握自己的桌次和座位。入座时注意桌上座席卡是否写有自己的名字，不可随意入座。如邻座是长者或女士，应主动协助，帮助他们先坐下。入座后坐姿要端正，不可用手托腮或将双臂肘放在桌上。坐时应把双脚踏在本人座位下，不可随意伸出，影响他人。不可玩弄桌上的酒杯、碗盘、刀叉、筷子等餐具。

（四）注意交谈

坐定后，如已有茶水，可轻轻饮用。无论是主人还是宾客或陪客，都应与同桌的人交谈，特别是左邻右座，不可只与几位熟人或一两人交谈。若不相识，可自我介绍。谈话要掌握时机，要视交谈对象而定。不可只顾自己一人夸夸其谈，或谈一些荒诞离奇的事而引起不悦。

（五）文明进餐

宴会开始时，一般是主人先致祝酒词。此时应停止谈话，不可吃东西，注意倾听。致辞完毕，主人招呼后，即可开始进餐。

进餐时要注意举止文雅，取菜时不可一次过多。盘中食物吃完后如果不够，可以再取。吃东西要闭嘴嚼，不可发出声响。要将食物送进嘴里，不可伸出舌头去接食物。嘴里有食物时不可谈话。剔牙时，要用手或餐巾遮口，不可边走动边剔牙。

（六）学会祝酒

举杯祝酒时，主人和主宾先碰，人多时可以同时举杯示意，不一定碰杯。祝酒时不可交叉碰杯。在主人和主宾祝酒、致辞时应停止进餐，停止交谈。主人和主宾讲话完毕与贵宾席人员碰杯后，往往到其他席敬酒，此时应起立举杯。碰杯时要注视对方，以示敬重友好。宴会上相互敬酒表示热烈的气氛，但切忌饮酒过量，一般应控制在本人酒量的1/3以内，不可饮酒过量失言失态。如不能喝酒，可以礼貌地声明，但不可以把杯子倒置。

（七）告辞致谢

宴会结束一般先由主人向主宾示意，请其做好离席准备，然后从座位上站起来，这是请全体起立的信号。一般以女主人的行动为准，女主人先邀请女主宾离席退出宴会厅。告辞时应礼貌地向主人道谢。通常是男宾先向男主人告辞，女宾先向女主人告辞，然后交叉，再与其他人告辞。席间一般不应提前退席。若确实有事需提前退席，应向主人打招呼后轻轻离去。

对主人的宴请表示致谢，除了在宴会结束告辞时表示谢意之外，若正式宴会，还可在2～3天内以印有“致谢”字样的名片或便函寄送或亲自送达表示感谢，有时私人宴请也需致谢。

温馨提示

赴宴时要注意按时抵达，礼貌入座，文明进餐，告辞致谢。

本节测试

一、选择题

1. ［单选］下列关于自助餐的说法错误的是（　　）。

A. 冷餐会又叫自助餐，是以西式为主的很灵活的宴请形式

B. 适合招待人数众多的宾客

C. 它的特点是要排列席位

D. 来宾可自由活动多次取食

2. [多选] 正式宴会是一种隆重而正规的宴请，对（　　）往往都有十分严谨的要求和讲究。

A. 宴请人数　　B. 穿着打扮　　C. 席位排列　　D. 菜肴数目

3. [多选] 国际上通用的宴请形式主要有（　　）。

A. 宴会　　B. 招待会　　C. 茶会　　D. 工作餐

4. [多选] 宴请的时间应安排在主宾双方都较为合适的时候，要注意避开（　　）。

A. 重大节假日　　B. 重要活动的时间　　C. 禁忌日　　D. 以上都不对

5. [多选] 参加宴请礼仪上要求做到（　　）。

A. 按时抵达　　B. 礼貌入座　　C. 注意交谈　　D. 文明进餐

二、案例分析

某公司定于 × 月 × 日在王朝大酒店举行公司十周年庆祝宴会，发了请柬邀请一些同行公司的领导光临，在请柬上把宴会的时间、地点写得一清二楚。接到请柬的几位领导很愉快地接受了邀请，准时来到王朝大酒店参加宴会。可来到指定场地一看，只见有对新人正举行婚宴。经询问酒店负责人才知道，某公司的周年庆祝宴会已改换地点了。几位领导感到莫名其妙："改地点了为什么不重新通知？"他们个个都很生气，一气之下就都回家了。事后，某公司的领导才解释说，因秘书工作粗心，在发请柬之前还没有与酒店负责人取得联系，一厢情愿地认为不会有问题，便把宴会的地点写在请柬上，等宴会的前一天下午去联系，才得知酒店早已租给一对新人举行婚宴了，只好临时改换宴会地点。但由于邀请公司和人员较多，来不及一一通知，就造成了上述失误。尽管领导登门道歉，但造成的不良影响已难以消除。

问题：公司十周年庆祝宴会临时改换地点造成失误，这个案例给你哪些启示？

实践训练

训练内容：

小方是国际物流专业的学生，快毕业了，老师希望全班同学在一起开一个茶话会。老师请小方写一份《国际物流班茶话会筹备策划书》。小方根据老师的要求完成了《国际物流班茶话会筹备策划书》，其中包括茶话会的主题、拟邀请宾客名单、邀请方式、茶话会地点、场地设施硬件要求，还有桌椅摆放方式，场地装饰方式，茶与水果、点心的设计及预算，以及会议议程、接待服务人员安排等详细内容，老师希望茶话会如期举行。

训练要求：

1. 茶话会的总指挥由班长担任，根据《国际物流班茶话会筹备策划书》内容，同学们分组进行演练。

2. 在演练之前，教师应帮助学生准备好实训所需的各项用品。

3. 演练结束之后，应由教师做实训总结。

4. 每个同学在演练过程中一定要严肃认真，言行符合规范。

5. 在实际演练中，教师可以临场发挥，增设模拟角色和任务，或全体同学一起讨论茶话会举办的成功之处和可以改进之处。

第二节　职场中餐礼仪

情境导入

达利集团总公司办公室接到另一公司刘副经理带领工程技术人员来协助工作的电话通知，办公室徐主任非常重视，要求一定要接待好，并把任务交给方助理。方助理认真做好了各项准备工作，客人到达的当天，还陪徐主任与客人共进晚餐，席间刘副经理高兴地说："你们接待这样热情，我们一定把工作做好，用实际行动来感谢你们。"看来，客人和领导都很满意。但是，由于方助理的疏忽，她没有向客人和餐厅交代早餐事宜，第二天早晨也没前来带客人进餐。快到九点钟了，准备开座谈会，徐主任乘车到达客人住地时，见刘副经理和其他客人站在门口等候，一问，才知道他们还没吃早餐，徐主任很不好意思，只好一边表示歉意，一边陪客人进餐。等吃罢早餐，开会时已经快十点钟了。事后，方助理受到徐主任的严肃批评。

问题：方助理在此次宴请接待工作中的疏忽说明了什么问题？

中餐是指中国风味的餐食菜肴。在职场交往中，出于工作的实际需要，职场人士会参加一些比较隆重的中餐宴请。而在宴请或赴宴过程中，关于中餐的宴请技巧和礼仪规则是十分讲究的。如果不懂中餐礼仪，就会贻笑大方，影响自身和组织形象，影响职业发展。

一、安排菜单

根据我们的饮食习惯，与其说是“请吃饭”，不如说成“请吃菜”，所以对菜单的安排马虎不得。它主要涉及点菜和准备菜单两方面。

点菜时，不仅要吃饱、吃好，而且必须量力而行。如果为了讲排场、装门面，而在点菜时大点特点，甚至乱点一通，不仅对自己没好处，还会招人笑话。因此，一定要心中有数，力求做到不超支、不乱花、不铺张浪费。可以点套餐或包桌，这样费用固定，菜肴的档次和数量相对固定、省事；也可以根据“个人预算”，在用餐时现场点菜，这样不但自由度较大，而且可以兼顾个人的财力和口味。

被请者在点菜时，一是要告诉做东者，自己没有特殊要求，请随便点，这实际上正是对方所欢迎的。或是认真点上一个既不太贵又不是大家忌口的菜，再请别人点。别人点的菜，无论如何都不要挑三拣四。

（一）宜选的菜肴

1. 中餐特色的菜肴

宴请外宾的时候，选用有中国特色的代表性菜肴尤其重要。像中餐中的炸春卷、煮元宵、蒸饺子、狮子头、宫保鸡丁、麻婆豆腐等，并不是美味佳肴，但因为具有鲜明的中国特色，所以受到很多外国人的推崇。

2. 本地特色的菜肴

中国人讲究民以食为天，饮食文化源远流长，八大菜系名扬天下，全国各地都各有特色菜系。比如西安的羊肉泡馍、湖南的毛家红烧肉、上海的红烧狮子头、北京的涮羊肉等，在宴请外地客人时，上一些本地特色菜，要比千篇一律更受欢迎。

3. 本餐馆的特色菜

很多餐馆都有自己的特色菜。上一份本餐馆的特色菜，能说明东道主的细心和对被请者的尊重。

4. 主人的拿手菜

举办家宴时，主人一定要当众露上一手，多做几个自己的拿手菜。其实，所谓的拿手菜不一定十全十美。只要主人亲自动手，单凭这一条，足以让赴宴者感受到尊重和友好。

在安排菜单时，还必须考虑来宾的饮食禁忌，特别是要对主宾的饮食禁忌高度重视。

（二）禁忌的菜肴

1. 宗教禁忌

宗教方面的饮食禁忌，一点也不能疏忽大意。如穆斯林通常不吃猪肉，并且不喝酒。国内的佛教徒不吃荤腥食品，它不仅指的是不吃肉食，而且包括葱、蒜、韭菜、芥末等气味刺鼻的食物。

2. 健康禁忌

出于健康方面的因素，对于某些食品，也有所禁忌。例如：心脏病、脑血管动脉硬化、高血压和中风后遗症的人，不适合吃狗肉；肝炎病人忌吃羊肉和甲鱼；有胃肠炎、胃溃疡等消化系统疾病的人也不合适吃甲鱼；高血压、高胆固醇患者，要少喝鸡汤等。

3. 地区禁忌

不同地区人们的饮食偏好往往不同。对于这一点，在安排菜单时要兼顾。比如，湖南省的人普遍喜欢吃辛辣食物，少吃甜食。英美国家的人通常不吃动物内脏。

4. 职业禁忌

出于某种原因，有些职业在餐饮方面往往也有各自不同的特殊禁忌。例如：公务员在执行公务时不准吃请，在公务宴请时不准大吃大喝，不准超过国家规定的用餐标准，不准喝烈性酒。再如，驾驶员工作期间不得喝酒，要是忽略了这一点，还有可能使对方犯错误。

在隆重而正式的宴会上，主人选定的菜单也可以在精心书写后，每人一份，用餐者不但餐前心中有数，而且餐后也可以留作纪念。

（三）点菜的技巧

1. 菜式的档次搭配

给客户点菜要注重档次的搭配。对于一般客人：通常情况下，安排一般来客的宴席，安排一道较好的汤，再点上两三道体现档次的海鲜，如海虾、龙虾、三文鱼、鲍鱼、象拔蚌、珍珠贝、元贝、石斑鱼、桂花鱼、糕蟹、肉蟹、大闸蟹等。其他可安排一些特色菜，如本地蔬菜、菌类或野味等。

对于比较讲究的重要来宾，就必须有针对性地点菜。首先汤一定要上档次，可选择鱼翅汤、鲍鱼汤或其他较有品位的汤。菜式不应图多，但一定要体现品位，如三文鱼、龙虾刺身、吞拿鱼子、石斑类鱼、鲍鱼、大闸蟹，以及一些特殊的菌类等。从中精选一二，另外再安排一些适合客人口味的风味菜即可。

2. 菜式的数量安排

如果人不多却点了满满一桌的菜，不仅铺张浪费，而且还会让客人感觉主人的素质偏低。

其实菜式的数量可根据客人的人数来定，一般来说，如果有N个人就餐，那么点的菜一般为N道菜，再加一个汤，以及适量的点心和主食，如果点的海鲜较多，如贝类、虾类等，那么可适当增加一两道菜。

3. 菜式的特色安排

尽量采用酒店的特色菜，一般情况下，酒店的招牌菜是比较出色的。许多客人在就餐时，偏向于品尝酒店的特色菜，甚至就是冲着酒店的特色菜而光顾该酒店的。

4. 菜式的针对性安排

要根据客人的口味来点菜。湖南、湖北、贵州、四川、云南、江西等地的客人比较爱吃辣的菜；山东、东北、西北的客人一般口味较重；福建、广东等地的客人口味较清淡，爱吃海鲜，讲究汤的质量与档次；江苏、浙江、上海的客人的口味较清淡，注重营养的搭配，爱吃大闸蟹、海参等上档次的菜。

5. 控制餐饮费用

通常情况下，点菜时，不光考虑菜式和主食，还要考虑饮料、酒水，服务费用、餐饮折扣以及在接待过程中临时增加的费用。所以最保险的做法就是在点菜时充分预计费用并留有余地，注意不要超支，不要浪费。

温馨提示

中餐点菜，宜选择主客“双满意”菜单，注意来宾的饮食禁忌，注意点菜技巧。

二、桌次与席位的排列

中餐席位的排列，在不同情况下有一定的差异。可以分为桌次排列和位次排列。

（一）桌次排列

在中餐宴请活动中，往往采用圆桌布置菜肴、酒水。排列圆桌的尊卑次序，有两种情况。

（1）由两桌组成的小型宴请。这种情况又可以分为两桌横排和两桌竖排的形式。

当两桌横排时，桌次是以右为尊，以左为卑。这里所说的右和左，是由面对正门的位置来确定的。

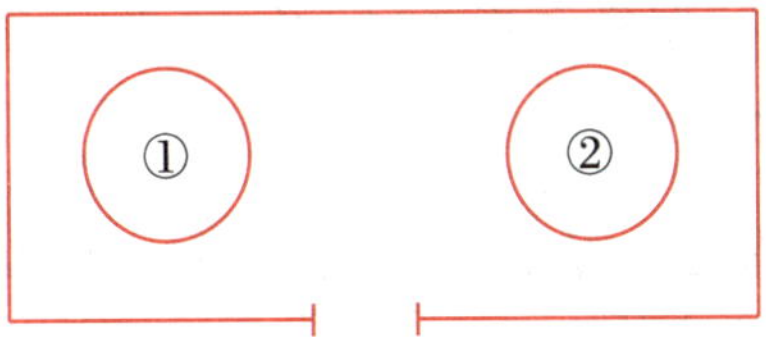

图 7-1 两桌横排

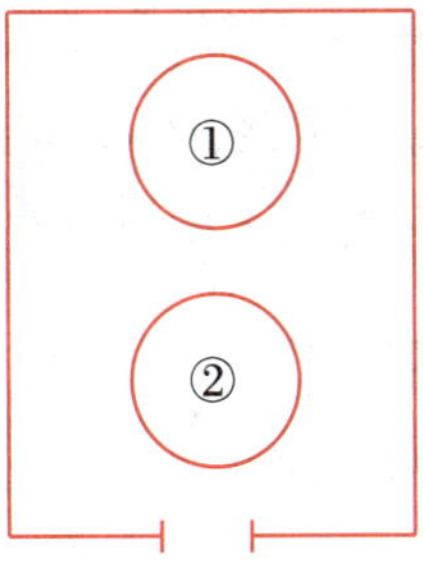

图 7-2 两桌竖排

当两桌竖排时，桌次讲究以远为上，以近为下。这里所讲的远近，是以距离正门的远近而言。

（2）由三桌或三桌以上的桌数所组成的宴请。在安排多桌宴请的桌次时，除了要注意“面门定位”“以右为尊”“以远为上”等规则外，还应兼顾其他各桌距离主桌的远近。通常，距离主桌越近，桌次越高；距离主桌越远，桌次越低。

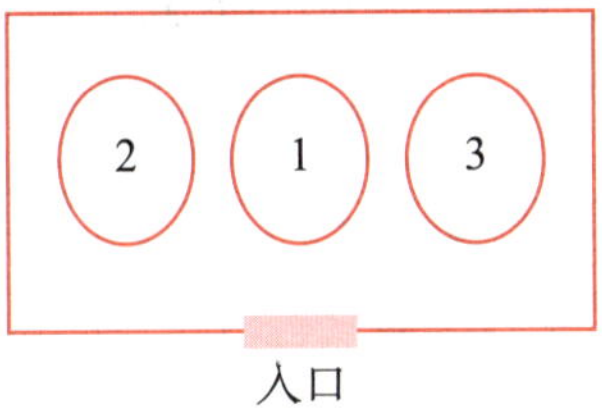

图 7-3 三桌横排

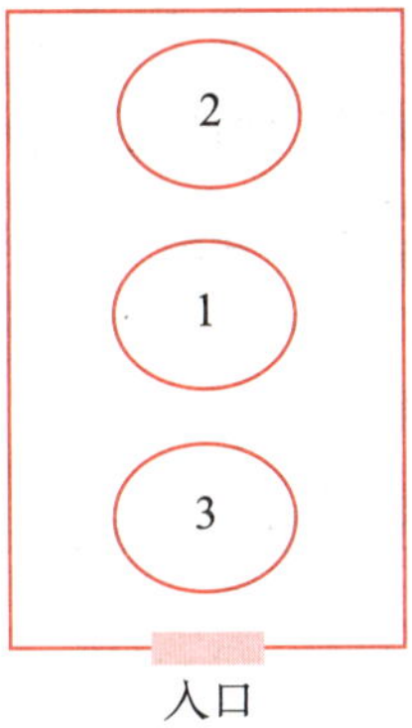

图 7-4 三桌竖排

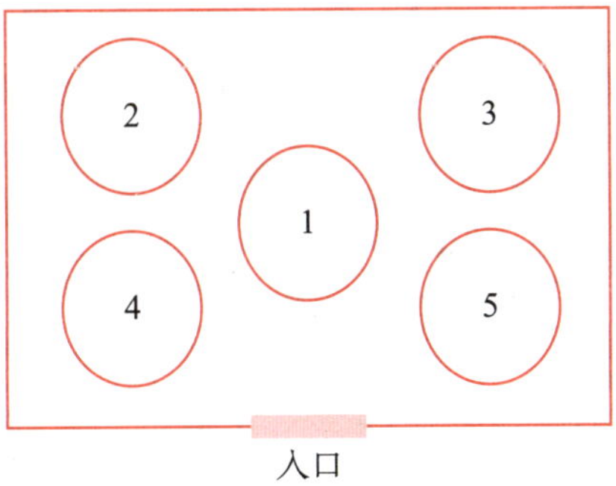

图 7-5 五桌连排

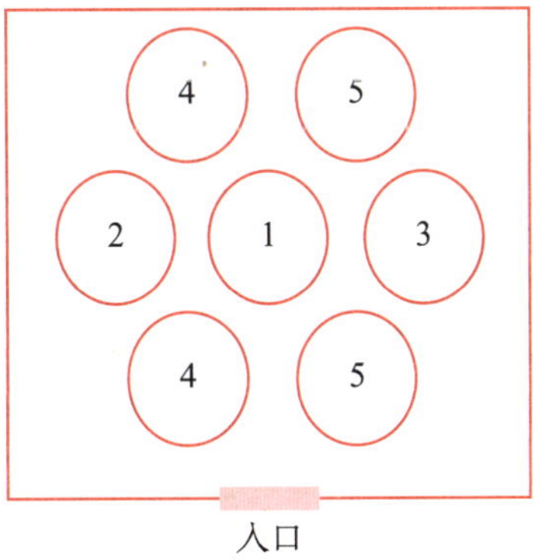

图 7-6 七桌连排

在安排桌次时，所用餐桌的大小、形状要基本一致。除主桌可以略大外，其他餐桌都不要过大或过小。

为了确保在宴请时赴宴者及时、准确地找到自己所在的桌次，可以在请柬上注明对方所在的桌次，在宴会厅入口悬挂宴会桌次排列示意图，安排引位员引导来宾按桌就座，或者在每张餐桌上摆放桌次牌（用阿拉伯数字书写）。

（二）位次排列

宴请时，每张餐桌上的具体位次也有主次尊卑的分别。排列位次的基本方法有四条，它们往往会同时发挥作用。

方法一：主人大都应面对正门而坐，并在主桌就座。

方法二：举行多桌宴请时，每桌都要有一位主桌主人的代表在座。位置一般和主桌主人同向，有时也可以面向主桌主人。

方法三：各桌位次的尊卑，应根据距离该桌主人的远近而定，以近为上，以远为下。

方法四：各桌距离该桌主人相同的位次，讲究以右为尊，即以该桌主人面向为准，右为尊，左为卑。

另外，每张餐桌上所安排的用餐人数应限制在 10 人以内，最好是双数。比如 6 人、8 人、10 人。人数如果过多，不仅不容易照顾，而且也可能坐不下。

根据上面四个位次的排列方法，圆桌位次的具体排列可以分为两种具体情况。它们都和主位有关。

1. 每桌一个主位的排列方法

特点是每桌只有一名主人，主宾在右首就座，每桌只有一个谈话中心。

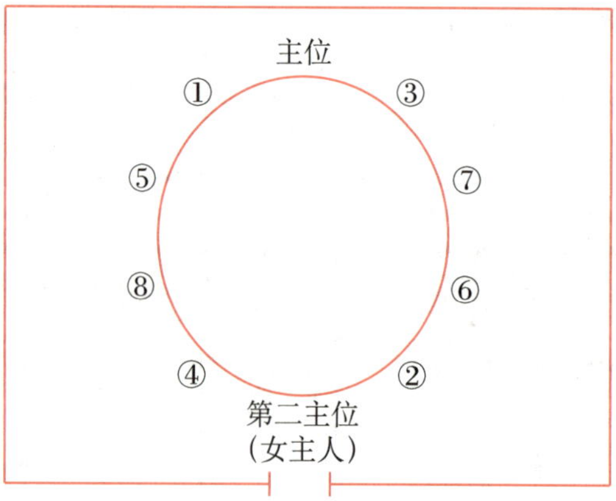

图 7-7　中餐一个主位的排法

2. 每桌两个主位的排列方法

特点是主人夫妇在同一桌就座，以男主人为第一主人，女主人为第二主人，主宾和主宾夫人分别在男女主人右侧就座。每桌从客观上形成两个谈话中心。

如果主宾身份高于主人，为表示尊重，也可以安排在主人位子上坐，而请主人坐在主宾的位子上。

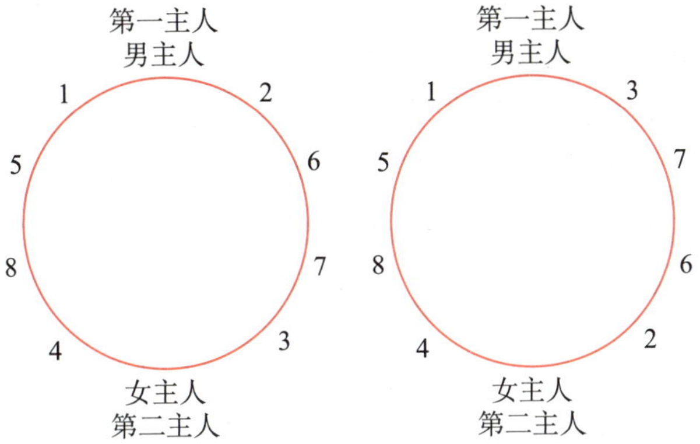

图 7-8　中餐两个主位的排法

便餐位次的排列，可以遵循四个原则：

一是右高左低原则。两人一同并排就座，通常以右为上座，以左为下座。这是因为中餐上菜时多以顺时针方向为上菜方向，因此居右座的要比居左座的优先受到照顾。

二是中座为尊原则。三人一同就座用餐，坐在中间的人在位次上高于两侧的人。

三是面门为上原则。用餐的时候，按照礼仪惯例，面对正门者是上座，背对正门者是下座。

四是特殊原则。高档餐厅里，室内外往往有优美的景致或高雅的演出，供用餐者欣赏。这时候，观赏角度最好的座位是上座。在某些中低档餐馆用餐时，通常以靠墙的位置为上座，靠过道的位置为下座。

温馨提示

在中餐宴请活动中，往往采用圆桌布置菜肴、酒水，应注意圆桌的尊卑次序。

三、中餐上菜礼仪

中餐上菜大有礼仪讲究。上菜时一般左上右撤，以餐桌第一主人的位置为准，不在主人和主宾身边进行，从圆桌的左边上菜，右边撤菜。

（一）上菜的顺序

通常先凉后热，先炒后烧，先咸后甜，最后是主食和汤。主菜名贵菜肴先上，后是烧炒，比如先上热菜中的主菜，如燕窝席里的燕窝、海参宴里的海参、鱼翅宴里的鱼翅。上菜顺序如下：

（1）茶水。

（2）凉菜。冷拼、花拼、开胃菜。

（3）热菜。热菜的道数通常是偶数，如 4、6、8 道，中国人一般认为偶数是吉利数字，最豪华的宴会主菜可以达到 16 道甚至 32 道。

（4）主菜。主菜是指整只、整块、整条的菜肴，或食材名贵、稀少的菜肴。

（5）点心、甜点。糕、饼、团、粉各种面食。

（6）饭。米饭、馒头、面条、包子、饺子等。

（7）水果拼盘。最后安排一道爽口、解腻的水果拼盘。

（二）上菜的礼节

（1）按照我国传统的礼貌习惯，整鸡、整鸭、整鱼菜系应注意鸡不献头、鸭不献尾、鱼不献背。即上菜时，不要把鸡头、鸭尾、鱼脊朝向主宾，应将鸡头、鸭尾朝向右边。上全鱼时，将鱼腹而不是鱼脊朝向主宾，因为鱼腹刺少，鲜嫩味美，朝向主宾，表示尊重。

（2）上每一道新菜时，需将上一道剩菜移向第二主人一边，将新上的菜放在主宾面前，以示尊重。

（3）有图案的菜肴，如孔雀、凤凰等拼盘，则应将菜肴的正面朝向主宾，以供主宾欣赏和食用。

温馨提示

上菜时，应注意鸡不献头、鸭不献尾、鱼不献背。

四、中餐餐具使用礼仪

和西餐相比，中餐的一大特色就是就餐餐具不同。

（1）筷子。筷子是中餐最主要的餐具。使用筷子，通常必须成双使用。用筷子取菜、用餐的时候，要注意下面几个问题：

筷子使用礼仪及禁忌

一是无论筷子上是否残留着食物，都不要去舔。用舔过的筷子去夹菜，有点倒人胃口。

二是和人交谈时，要暂时放下筷子，不能一边说话，一边像指挥棒似的舞着筷子。

三是不要把筷子竖插放在食物上面。因为这种插法，只在祭奠死者的时候才用。

四是严格筷子的职能。筷子只是用来夹取食物的，用来剔牙、挠痒或是用来夹取食物之外的东西都是失礼的。

（2）勺子。它的主要作用是舀取菜肴、食物。有时，用筷子取食时，也可以用勺子来辅助。尽量不要单用勺子去取菜。用勺子取食物时，不要过满，免得溢出来弄脏餐桌或自己的衣服。在舀取食物后，可以在原处“暂停”片刻，汤汁不会再往下流时，再移回来享用。

暂时不用勺子时，应放在自己的碟子上，不要把它直接放在餐桌上，或是让它在食物中“立正”。用勺子取食物后，要立即食用或放在自己碟子里，不要再把它倒回原处。而如果取用的食物太烫，不可用勺子舀来舀去，也不要用嘴对着吹，可以先放到自己的碗里等凉了再吃。不要把勺子塞到嘴里，或者反复吮吸、舔食。

（3）盘子。稍小点的盘子就是碟子，主要用来盛放食物，在使用方面和碗略同。盘子在餐桌上一般要保持原位，而且不要堆放在一起。

需要着重介绍的是一种用途比较特殊的被称为食碟的盘子。食碟是用来暂放从公用的菜盘里取来享用的菜肴的。用食碟时，一次不要取放过多的菜肴。不要把多种菜肴堆放在一起，弄不好它们会相互窜味，既不好看，也不好吃。不吃的残渣、骨、刺不要吐在地上、桌上，而应轻轻取放在食碟前端，放的时候不能直接从嘴里吐在食碟上，要用筷子夹放到碟子旁边。如果食碟放满了，可以让服务员换。

（4）水杯。主要用来盛放清水、汽水、果汁、可乐等软饮料时使用。不要用它来盛酒，也不要倒扣水杯。另外，喝进嘴里的东西不能再吐回水杯。

（5）中餐用餐前，比较讲究的酒店会为每位用餐者上一块湿毛巾，它只能用来擦手。擦手后，应该放回盘子里，由服务员拿走。有时候，在正式宴会结束前，会再上一块湿毛巾。和前者不同的是，它只能用来擦嘴，却不能擦脸、抹汗。

（6）牙签。尽量不要当众剔牙。非剔不可时，用另一只手掩住口部，剔出来的东西，不要当众观赏或再次入口，也不要随手乱弹，随口乱吐。

温馨提示

注意使用筷子的礼仪，千万不要把筷子竖插放在食物上面。

五、中餐敬酒礼仪

无酒不成席，中餐往往少不了喝酒敬酒环节。职场人士掌握敬酒礼仪大有必要。

敬酒碰杯礼仪

主人敬酒时，各桌人员应起立举杯，碰杯时要目视对方致意。祝酒时，不目视对方是不礼貌的。当主桌未祝酒时，其他桌不可先起立或串桌祝酒。客人不宜先提议为主人干杯，以免喧宾夺主。

相互碰杯祝酒，可以表示友好，活跃宴会气氛，但注意不要交叉碰杯，女士不宜提议为男士干杯。人多时，可同时举杯示意，不一定碰杯。

敬酒干杯时，要有自知之明，保持风度，切忌饮酒过量。一般正式宴会，要主动将饮酒控制在本人酒量的 1/3 以内，切不可饮酒过多，失言失态，或醉酒误事。

1. 敬酒时间

敬酒可以随时在饮酒的过程中进行。要是致正式祝酒词，就应在特定的时间进行，并不能因此影响来宾的用餐。祝酒词适合在宾主入座后、用餐前开始，也可以在吃过主菜后、甜品上桌前进行。

2. 敬酒手势

在饮酒特别是祝酒、敬酒时进行干杯，需要有人率先提议，可以是主人、主宾，也可以是在场的人。提议干杯时，应起身站立，右手端起酒杯，或者用右手拿起酒杯后，再以左手托扶杯底，面带微笑，目视其他，特别是自己的祝酒对象，嘴里同时说着祝福的话。

3. 敬酒仪态

有人提议干杯后，要手拿酒杯起身站立。即使是滴酒不沾，也要拿起杯子做做样子。将酒杯举到眼睛高度，说完“干杯”后，将酒一饮而尽或喝适量。然后，还要手拿酒杯与提议者对视一下，这个过程就算结束了。在中餐里，干杯前，可以象征性地和对方碰一下酒杯；碰杯的时候，应该让自己的酒杯低于对方的酒杯，表示对对方的尊敬。当离对方比较远时，用酒杯杯底轻碰桌面，表示和对方碰杯。如果主人亲自敬酒干杯后，要求回敬主人，和他再干一杯。

4. 敬酒顺序

一般情况下，敬酒应以年龄大小、职位高低、宾主身份为先后顺序，一定要充分考虑敬酒的顺序，分清主次。即使和不熟悉的人在一起喝酒，也要先打听一下身份或是留意别人对他的称呼，避免出现尴尬或伤感情。如果有求于席上的某位客人，对他自然要倍加恭敬。如果在场有更高身份或年长的人，要先给尊长者敬酒，不然会使大家很难为情。

温馨提示

向他人敬酒，碰杯的时候，应该让自己的酒杯低于对方的酒杯，表示对对方的尊敬。

六、用餐礼仪

（1）注意饮食禁忌。任何国家的餐饮都有自己的传统习惯和寓意，中餐也不例外。

比方说，过年少不了鱼，表示“年年有余”；和渔家、海员吃鱼的时候，忌讳把鱼翻身，因为那样有“翻船”的意思。

（2）吃相文雅。用餐的时候，不要吃得摇头摆脑，宽衣解带，满脸油汗，汁汤横流，响声大作，这样做不仅失态欠雅，而且还会败坏别人的食欲。可以劝别人多用一些，或是品尝某道菜肴，但不要不由分说，擅自做主，主动为别人夹菜、添饭，这样做不仅不卫生，而且还会让人勉为其难。

（3）举止文明。取菜的时候，不要在公用的菜盘内挑挑拣拣。要是夹起来又放回去，就显得缺乏教养。多人一桌用餐，取菜要注意相互礼让，依次而行，取用适量。不要敲敲打打、比比画画，还要自觉做到不吸烟。用餐时，如果需要清嗓子、擤鼻涕、吐痰等，尽早去洗手间解决。

（4）不要当众修饰。比如，不要梳理头发、化妆补妆、宽衣解带、脱袜脱鞋等。如必做，可以去化妆间或洗手间。用餐的时候不要离开座位，四处走动。

（5）礼貌告别。作为客人，在席间或主人没有表示宴会结束前离席是不礼貌的。用餐过程中尽量避免中途退场，如果确实有要事需中途离开，可以事前向主人方说明理由，打好招呼。一般情况下，在主人宣布宴席结束时才可离席，告辞时应礼貌地向主人道谢。

温馨提示

注意吃相，举止文明，礼貌告别。

本节测试

一、选择题

1. ［单选］中餐两桌横排的小型宴请，桌次排列讲究（　　）。

A. 以右为尊，以左为卑　　B. 以左为尊，以右为卑

C. 以远为上，以近为卑　　D. 以上说法都不对

2. ［单选］中餐宴会向他人敬酒，碰杯时应该让自己的酒杯（　　）对方的酒杯，以示尊重。

A. 高于　　B. 低于

C. 齐平　　D. 以上说法都不对

3. ［多选］在安排菜单时，还必须考虑来宾的饮食禁忌，主要有（　　）。

A. 宗教禁忌　　B. 健康禁忌

C. 地区禁忌　　D. 职业禁忌

4. [多选]三桌或三桌以上的桌数所组成的宴请，在安排桌次时，要注意（　　）。

A. 面门定位　　B. 以右为尊

C. 以近为上　　D. 以远为上

5. [多选]中餐使用筷子时，礼仪上讲究（　　）。

A. 无论筷子上是否残留着食物，都不要去舔

B. 不要把筷子竖插放在食物上面

C. 不要用筷子剔牙、挠痒

D. 不要用筷子敲打碗碟等餐具

二、案例分析

某个豪华大酒店的包厢内，众多的宾客在恭维台湾吴老先生来大陆投资，吴老先生神采飞扬，高兴地应承着这些祝贺的话。宾主频频碰杯，服务小姐忙进忙出，热情服务。

不料，过于周到的服务小姐偶一不慎，将桌上的一双筷子拂落在地。“对不起”，服务小姐连忙道歉，随手从邻桌上拿过一双筷子，褪去纸包，搁在老先生的台上。

吴老先生的脸上顿时多云转阴，煞是难看，默默地注视着服务小姐的一连串动作，刚举起的酒杯一直停留在胸前。众人看到这里，纷纷帮腔，指责服务小姐。

服务小姐很窘，一时不知所措。

吴老先生终于从牙缝里挤出了话：“晦气。”然后顿了顿说：“唉，你怎么这么不当心，你知道吗？这筷子落地意味着什么？”边说边瞪大眼睛：“落地即落第，考试落第，名落孙山，倒霉呀，我第一次在大陆投资，就这么不吉利。”

服务小姐一听更慌了，忙说“对不起，对不起”，手足无措中，又将桌上的小碗打碎在地。服务小姐尴尬万分，虚汗浸背，不知如何是好，一桌人也有的目瞪口呆，有的吵吵嚷嚷，有的……

就在这时，一位女领班款款来到客人面前，拿起桌上的筷子，双手递上去，嘴里发出一阵欢快的笑声：“啊，吴老先生。筷子落地哪有倒霉之理，筷子落地，筷落，就是快乐，就是快快乐乐。”

“这碗嘛，”领班一边思索，同时瞥了一眼服务小姐，示意打扫碎碗。服务小姐顿时领悟，连忙收拾碎碗片。“碗碎了，这也是好事成双，俗话说岁岁平安，这是吉祥的兆头，应该恭喜您才是呢。您老这次回大陆投资，一定快乐，一定平安。”

刚才还阴郁满面的吴老先生听到这话，顿时转怒为喜，马上向服务小姐要了一瓶葡萄酒，亲自为女领班和自己各斟了满满一杯。站起来笑着说：“小姐，你说得真好！借你的吉言，我们大家都快乐平安，来，为我的投资成功，干一杯！”

问题：在中餐宴会过程中，“筷落”风波这个案例给你哪些启示？

实践训练

训练内容：

小方是秘书专业毕业班的班长。毕业前夕，老师安排了一次毕业晚餐，采用正式的中餐形式，餐桌采用圆桌。参加毕业晚餐的是全班同学和本学期的全体任课老师、院长，共计50人。老师要求小方带领全班同学完成这些实训任务：（1）宴前邀请，确定宴请的时间、地点、形式和对象；（2）宴请的桌次和座位安排；（3）制作点菜单；（4）宴请宾客现场接待。

训练要求：

1. 本实训可以选择在大型会议室或食堂进行。
2. 毕业晚宴的总指挥由小方担任，同学们十人一组，分组进行演练。
3. 在演练之前，教师应帮助学生准备好实训所需的各项用品。
4. 演练结束之后，应由教师做实训总结。
5. 每个同学在演练过程中一定要严肃认真，言行符合规范。
6. 在实际演练中，教师可以临场发挥，增设模拟角色和任务，或全体同学一起讨论毕业晚餐举办的成功之处和可以改进之处。

第三节　职场西餐礼仪

情境导入

某天傍晚，巴黎的一家餐馆来了一群客人，老板安排了一位侍者为他们服务，交谈中得知他们是某国的一个考察团，今天刚到巴黎。随后侍者向他们介绍了一些法国菜，他们不问贵贱，主菜配菜一下子点了几十道，侍者担心他们吃不完，何况菜价不菲，但他们并不在乎。点完菜，他们开始四处拍照，竞相和服务员合影，甚至跑到门外一辆跑车前面频频留影，还不停地大声说笑，用餐时杯盘刀叉的碰撞声，乃至嘴巴咀嚼食物的声音，始终不绝于耳，一会儿便搞得杯盘狼藉，桌子、地毯上到处都是油渍和污秽。坐在附近的一位先生忍无可忍，向店方提出抗议，要求他们马上停止喧闹，否则就要求换座位。侍者把客人的抗议转述给他们，他们立刻安静了。看得出来，他们非常尴尬。

请问：这个考察团成员的行为有哪些不得体的地方？

西餐，顾名思义是西方国家的餐食，我们通常所说的西餐主要包括西欧国家的饮食菜肴，还包括东欧各国、地中海沿岸等国和一些拉丁美洲如墨西哥等国的菜肴。其菜式料理与中国菜不同，一般使用橄榄油、黄油、番茄酱、沙拉酱等调味料。

一、西餐的特点

吃西餐应讲究以下 6 个“M”：

西餐的四种服务

（1）“Menu”（菜谱）。菜谱被视为餐馆的门面，西餐厅往往采用最好的材料做菜谱的封面，有的甚至用软羊皮打上各种美丽的花纹，显得格外典雅精致。在西方，看菜谱、点菜已成了吃西餐的一个必不可少的程序，是一种优雅生活方式的表现。

（2）“Music”（音乐）。豪华高级的西餐厅，通常会有乐队，演奏一些柔和的乐曲，一般的西餐厅也会播放一些美妙典雅的乐曲。但这里最讲究的是乐声的“可闻度”，即声音要达到“似乎听到又听不到的程度”，就是说，要集中精力和友人谈话就听不到，在休息放松时就听得到，这个度要掌握好。

（3）“Mood”（气氛）。吃西餐讲究环境雅致，气氛和谐。一定要有音乐相伴，桌台整洁干净，所有餐具一定要洁净。如遇晚餐，要灯光暗淡，桌上要有红色蜡烛，营造一种浪漫、迷人、淡雅的气氛。

（4）“Meeting”（会面）。和谁一起吃西餐，这是要有选择的。吃西餐的伙伴最好是亲朋好友或是趣味相投的人。吃西餐主要是为联络感情，最好不要在西餐桌上谈生意。所以在西餐厅内，氛围一般都很温馨，少有面红耳赤的场面出现。

（5）“Manner”（礼节）。指的是“吃相”和“吃态”。吃西餐就应遵循西方的习俗，勿有唐突之举，特别是在手拿刀叉时，若手舞足蹈，就会失态。刀叉的拿法一定要正确：应右手持刀，左手拿叉。用刀将食物切成小块，然后用叉送入口内。

（6）“Meal”（食品）。中餐是以“味”为核心，西餐则以营养为核心。

温馨提示

吃西餐，牢记“6M”原则。

二、西餐位次的排列

西餐重视位次排列，大致可以分为两类情况。

（一）一般场合的位次排列

西餐一般都使用长桌，具体安排如下：

（1）如果男女二人同去餐厅，男士应请女士坐在自己的右边，还得注意不可让她坐在人来人往的过道边。若只有一个靠墙的位置，应请女士就座，男士坐在她的对面。

（2）如果是两对夫妻就餐，夫人们应坐在靠墙的位置上，先生则坐在各自夫人的对面。

（3）如果两位男士陪同一位女士进餐，女士应坐在两位男士的中间。

（4）如果两位同性进餐，那么靠墙的位置应让给其中的年长者。

西餐还有个规矩，即每个人入座或离座，均应从座椅的左侧进出。举行正式宴会时，座席排列按国际惯例：桌次的高低依距离主桌位置的远近而右高左低，桌次多时应摆上桌次牌。同一桌上席位的高低也是依距离主人座位的远近而定的。西方习俗是男女交叉安排，即使是夫妻也是如此。

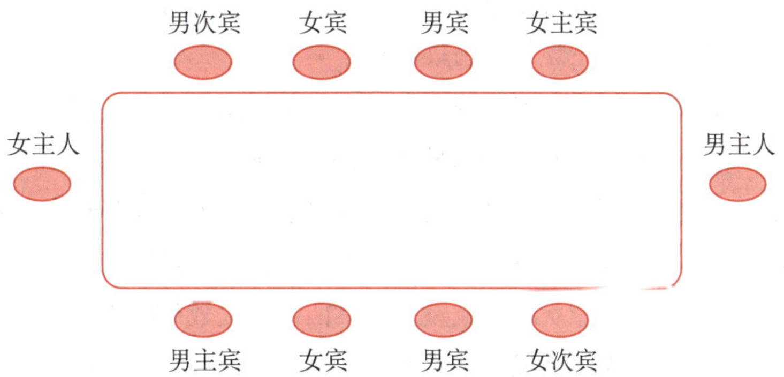

图 7-9　西餐位次排列

（二）宴会桌次安排

按照国际惯例，桌次高低以离主桌位置远近而定，右高左低；同一桌上，席位高低以离主人的座位远近而定。同时男女穿插安排，以女主人的座位为准，主宾坐在女主人的右上方，主宾夫人坐在男主人的右上方。礼宾次序是排定座位的主要依据，同时也要考虑客人之间的关系，适当照顾一些特殊情况。译员一般坐在主宾的右侧。

（1）恭敬主宾。在西餐中，主宾极受尊重。即使用餐的来宾中有人在地位、身份、年纪方面高于主宾，但主宾仍是主人关注的中心。在排定位次时，应请男、女主宾分别紧靠着女主人和男主人就座，以便进一步受到照顾。

（2）女士优先。在西餐礼仪里，女士处处受到尊重。在排定用餐位次时，主位一般应请女主人就座，而男主人则须退居第二主位。

（3）以右为尊。在排定位次时，以右为尊依旧是基本指针。就某一特定位置而言，其右位高于其左位。例如：应安排男主宾坐在女主人右侧，应安排女主宾坐在男主人右侧。

（4）面门为上。有时又叫迎门为上。它所指的是，面对餐厅正门的位子，通常在序列上要高于背对餐厅正门的位子。

（5）距离定位。一般来说，西餐桌上位次的尊卑，往往与它距离主位的远近密切相关。在通常情况下，离主位近的位子高于离主位远的位子。

（6）交叉排列。用中餐时，用餐者经常有可能与熟人，尤其是与其恋人、配偶在一起就座，但在用西餐时，这种情景便不复存在了。职场人士所出席的正式的西餐宴会，在排列位次时，要遵守交叉排列的原则。依照这一原则，男女应当交叉排列，生人与熟人也应当交叉排列。因此，一个用餐者的对面和两侧，往往是异性，而且还有可能与其不熟悉。这样做最大的好处是可以广交朋友。不过，这也要求用餐者最好是双数，并且男女人数各半。

在西餐用餐时，人们所用的餐桌有长桌、方桌和圆桌。有时，还会以之拼成其他各种图案。不过，最常见、最正规的西餐桌当数长桌。

（1）长桌。以长桌排位，一般有两个办法。一是男女主人分别就座于长桌两端［见图 7-10 西餐长桌位次图（a）图］；二是男女主人在长桌中央对面而坐［见图 7-10 西餐长桌位次图（b）图］，餐桌两端可以坐人，也可以不坐人。某些时候，如用餐者人数较多时，还可以参照以上办法，以长桌拼成其他图案，以便安排大家一道用餐。

（2）方桌。以方桌排列位次时，就座于餐桌四面的人数应相等。在一般情况下，一桌共坐 8 人，每侧各坐两人的情况比较多见。在进行排列时，应使男、女主人与男、女主宾对面而坐，所有人均各自与自己的恋人或配偶坐成斜对角。

（3）圆桌。在西餐里，使用圆桌排位的情况并不多见。在隆重而正式的宴会里，则尤为罕见。

温馨提示

西餐位次排列，应注意礼让主宾、女士优先、以右为尊的原则。

三、西餐上菜顺序

西餐菜单上有四或五大分类，其分别是开胃菜、汤、沙拉、海鲜、肉类、点心等。

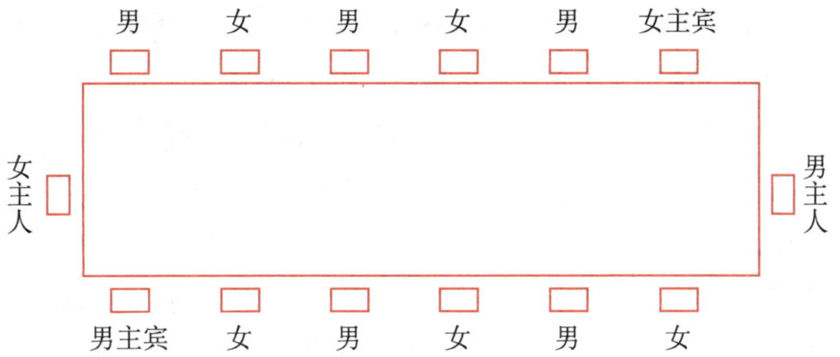

(a) 图

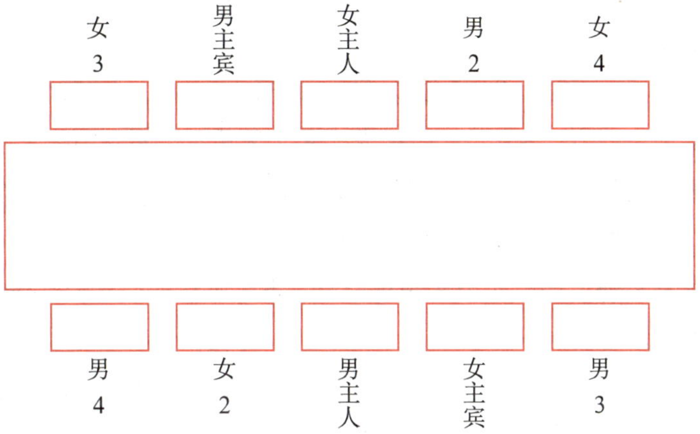

(b) 图

图 7-10　西餐长桌位次图

应先决定主菜。主菜如果是鱼，开胃菜就选择肉类，在口味上就比较富有变化。除了食量特别大的外，其实不必从菜单上的单品菜内配出全餐，只要开胃菜和主菜各一道，再加一份甜点就够了。可以不要汤，或者省去开胃菜，这也是很理想的组合（但在意大利菜中，意大利面被看成是汤，所以原则上这两道菜不一起点）。

正式的全套餐点上菜顺序是：

（1）头盘。西餐的第一道菜是头菜，也称开胃菜。开胃菜一般有冷头盘和热头盘之分，常见的品种有鱼子酱、鹅肝酱、熏鲑鱼、鸡尾杯、奶油鸡酥盒、焗蜗牛等。因为要开胃，所以开胃菜一般都有特色风味，味道以咸和酸为主，而且数量少，质量较高。

（2）汤。和中餐不同的是，西餐的第二道菜就是汤。西餐的汤大致可分为清汤、奶油汤、蔬菜汤和冷汤四类。品种有牛尾清汤、各式奶油汤、海鲜汤、美式蛤蜊汤、意式蔬菜汤、俄式罗宋汤、法式焗葱头汤。冷汤的品种较少，有德式冷汤、俄式冷汤等。

（3）副菜。鱼类菜肴一般作为西餐的第三道菜，也称为副菜。品种包括各种淡、海水鱼类、贝类及软体动物类。通常水产类菜肴与蛋类、面包类、酥盒菜肴品都称为副菜。因为鱼类等菜肴的肉质鲜嫩，比较容易消化，所以放在肉类菜肴的前面，叫法上也和肉类菜肴（主菜）有区别。西餐吃鱼菜肴讲究使用专用的调味汁，品种有鞑靼汁、荷兰汁、酒店汁、白奶油汁、大主教汁、美国汁和水手鱼汁等。

（4）主菜。肉、禽类菜肴是西餐的第四道菜，也称为主菜。肉类菜肴的原料取自牛、羊、猪等各个部位的肉，其中最有代表性的是牛肉或牛排。牛排按其部位又可分为沙朗牛排（也称西冷牛排）、菲力牛排、“T”骨牛排、薄牛排等。其烹调方法常用烤、煎、铁扒等。肉类菜肴配用的调味汁主要有西班牙汁、浓烧汁精、蘑菇汁、白尼斯汁等。

禽类菜肴的原料取自鸡、鸭、鹅，通常将兔肉和鹿肉等野味也归入禽类菜肴。禽类菜肴品种最多的是鸡，有山鸡、火鸡、竹鸡，可煮、炸、烤、焖，主要的调味汁有黄肉汁、咖喱汁、奶油汁等。

（5）蔬菜类菜肴。蔬菜类菜肴可以安排在肉类菜肴之后，也可以和肉类菜肴同时上桌，所以可以算为一道菜，或称为一种配菜。蔬菜类菜肴在西餐中称为沙拉。和主菜同时服务的沙拉称为生蔬菜沙拉，一般用生菜、西红柿、黄瓜、芦笋等制作。沙拉的主要调味汁有油醋汁、法国汁、千岛汁、奶酪沙拉汁等。

沙拉除了蔬菜之外，还有一类是用鱼、肉、蛋类制作的，这类沙拉一般不加味汁，在进餐顺序上可以作为头盘。

还有一些蔬菜是熟的，如花椰菜、煮菠菜、炸土豆条。熟食的蔬菜通常和主菜的肉食类菜肴一同摆放在餐盘中上桌，称为配菜。

（6）甜品。西餐的甜品是主菜后食用的，可以算作第六道菜。从真正意义上讲，它包括所有主菜后的食物，如布丁、煎饼、冰激凌、奶酪、水果等。

（7）咖啡、茶。西餐的最后一道是上饮料，即咖啡或茶。喝咖啡一般要加糖和淡奶油。茶一般要加香桃片和糖。

温馨提示

西餐上菜顺序依次为开胃菜、汤、沙拉、海鲜、肉类、点心。

四、西餐餐具的使用

中餐的餐具主要是碗、筷，西餐则是刀、叉、盘子。通常宴请外国人吃中餐，也以中餐西吃为多，既摆碗筷，又设刀叉。刀叉的使用是右手持刀，左手持叉，将食物切成小块，然后用叉送入嘴内。欧洲人使用时不换手，即从切割到送食均以左手持叉。美国人切割后，则把刀放下，右手持叉送食入口。就餐时按刀叉顺序由外往里取用。每道菜吃完后，将刀叉并拢排放在盘内，以示吃完。如未吃完，则摆成八字或交叉摆，刀口应向内。吃鸡、龙虾时，经主人示意，可以用手撕开吃，否则可用刀叉把肉割下，切成小块吃。切带骨头或硬壳的肉食，叉子一定要把肉叉牢，刀紧贴叉边下切，以免滑开。切菜时，注意不要用力过猛撞击盘子而发出声音。不容易叉的食品，或不易上叉的食品，可用刀把它轻轻推上叉。

西餐刀叉若有两把以上，应由最外面的一把依次向内取用。刀叉的拿法是轻握尾端，食指按在柄上。如果感觉不方便，可以换右手拿叉，但更换频繁则显得粗野。吃体积较大的蔬菜时，可用刀叉来折叠、分切。较软的食物可放在叉子平面上，用刀子整理一下。

西餐的汤匙大概会有两把或者三把。如果是两把的话，一把是喝汤的，一把是吃甜品的。有时，另外还有一把是喝红茶、喝咖啡的。它也是需要从外侧向内侧取用的。应先拿最远的那个，然后再依次取用较近的。勺子是不能含在嘴里的。应以之把食物倒进嘴里，而不能含着。勺子不用的时候，不能让它在杯子里面立正。除了刀叉和汤匙的用法以外，还要注意餐巾的使用。

餐巾使用礼仪

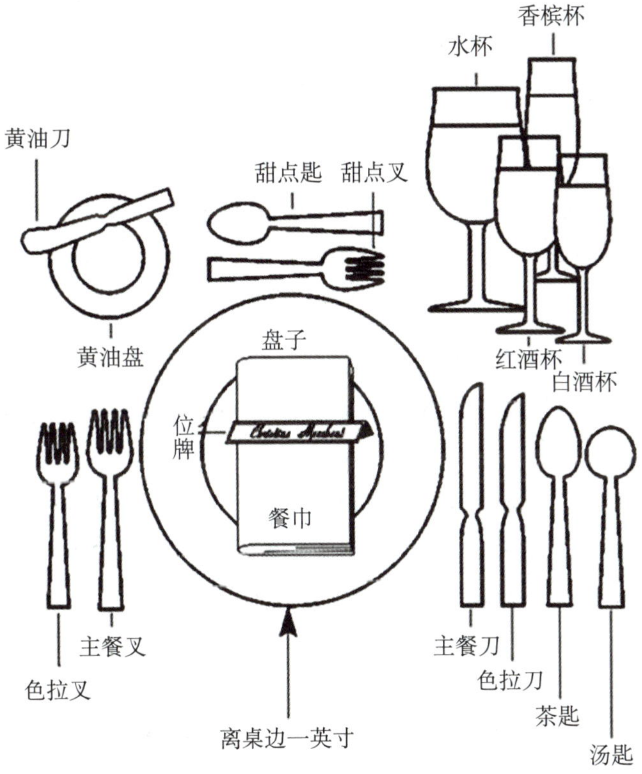

图 7-11　西餐刀叉放置示意图

温馨提示

西餐刀叉的使用是右手持刀、左手持叉，将食物切成小块，然后用叉送入口中。

五、西餐的敬酒礼仪

（一）酒杯的拿法

盛白葡萄酒及香槟的酒杯为高脚杯，喝时拿住杯脚下面部分，手不要碰到杯身，因为白葡萄酒及香槟喝时通常是要冰冻的，而手的温度会使它温热起来。敬酒时可以用拇指、无名指和小指牢牢握住杯脚下方，中指扶着杯脚，食指轻搭在杯脚与酒杯连接处。手指尽量伸直，显现手部优美曲线。

盛红酒的酒杯杯脚较短，杯身较肥大，可以用食指和中指夹住杯角，喝时拿近杯身，手的温度有助于红酒释放其香味。

在敬酒与人碰杯时，自己的杯身比对方略低，表示对对方的尊重。

喝酒时绝对不能吸着喝，而是倾斜酒杯，像是将酒放在舌头上似的喝。轻轻摇动酒杯让酒与空气接触以增加酒味的醇香，但不要猛烈摇晃杯子。杯底应该留有少量剩余，不可一饮而尽。

（二）斟酒礼仪

在接受斟酒的时候，绝对不可以把酒杯拿在手里，主要是为了防止酒杯撞倒酒瓶。

在正式场合倒酒的时候，啤酒和葡萄酒都是不能手持酒杯的。但在轻松的场合，啤酒是可以手持着倒的，但要注意右手拿瓶，左手拿杯，并且右手要倾斜着倒才美观。另外，注意啤酒泡沫要与杯口齐平，不能有溢出。

按照规范来说，除主人和服务人员外，其他宾客一般不要自行给别人斟酒。如果主人亲自斟酒，应该用本次宴会上最好的酒斟，宾客要端起酒杯致谢，必要的时候应该起身站立。

如果是大型的商务用餐，应该由服务人员斟酒。斟酒一般要从位高者开始，然后顺时针斟酒。如果不需要酒了，可以把手挡在酒杯上，说声“不用了，谢谢”就可以了。这时候，斟酒者就没有必要非得一再要求斟酒。

（三）敬酒的举止要求

在较为正式的场合，饮用酒水颇为讲究具体的程式。常见的饮酒程式之中，斟酒、祝酒、干杯应用得最多。

斟酒，通常酒水应当在饮用前再斟入酒杯。除主人与侍者外，其他宾客一般不宜自行为他人斟酒。侍者斟酒时要道谢，如果男主人亲自斟酒时，宾客则应该端起酒杯致谢，必要时，还需起身站立，女士则欠身点头为礼。

祝酒也称敬酒，往往是宴会上不可少的程式。敬酒时，主人一般都会有祝酒词。在他人敬酒或致辞时，其他在场者应一律停止用餐或饮酒。

干杯时，需要有人率先提议。提议者应起身站立，右手端起酒杯，或用右手拿起酒杯后，以左手托扶其杯底，面含微笑，真诚地面对他人。在主人提议干杯后，即使滴酒不沾，也要起身，拿起酒杯装装样子，以示对主人的尊敬。

（四）敬酒的注意事项

（1）酒类服务通常是由服务员负责将少量酒倒入酒杯中，让客人鉴别一下品质是否有误。只需把它当成一种形式，喝一小口并回答行即可。接着，侍者会来倒酒，这时，不要动手去拿酒杯，而应把酒杯放在桌上由侍者去倒。

（2）喝酒时绝对不能吸着喝，而是倾斜酒杯，像是将酒放在舌头上似的喝。轻轻摇动酒杯，让酒与空气接触以增加酒味的醇香，但不要猛烈摇晃杯子。

（3）此外，一饮而尽、边喝边透过酒杯看人、拿着酒杯边说话边喝酒、吃东西时喝酒、口红印在酒杯沿上等，都是失礼的行为。不要用手指擦杯沿上的口红印，用面巾纸擦较好。

（4）正式的西餐宴会上，酒水是主角。酒与菜的搭配也十分严格。一般来讲，吃西餐时，每道不同的菜肴要搭配不同的酒水，吃一道菜便要换上一种酒水。

（5）西餐宴会上的酒水，分为餐前酒、佐餐酒、餐后酒三种。它们各自又拥有许多具体种类。餐前酒别名开胃酒，显而易见，它是在开始正式用餐前饮用，或在吃开胃菜时与之搭配的。餐前酒有鸡尾酒、味美思和香槟。佐餐酒又叫餐酒。它是在正式用餐时饮用的酒水。常用的佐餐酒均为葡萄酒，而且大多数是干葡萄酒或是半干葡萄酒。有一条重要的讲究，就是“白酒配白肉，红酒配红肉”。这里所说的白肉，即鱼肉、海鲜、鸡肉，吃它们是需要和白葡萄酒搭配；红肉，即牛肉、羊肉、猪肉，吃这些肉的时候要用红葡萄酒来搭配。这里所说的白酒、红酒都是葡萄酒。餐后酒指的是用餐之后，用来助消化的酒水。最常见的是利口酒，又叫香酒。最有名的餐后酒，则是有“洋酒之王”的白兰地酒。

（6）不同的酒杯饮不同的酒水，在每位用餐者面前桌面上右边餐刀的上方，会摆着三四只酒水杯。可依次由外侧向内侧使用，也可以紧跟女主人的选择。一般香槟杯、红葡萄酒杯、白葡萄酒杯以及水杯是不可缺少的。

（7）西餐用来干杯的酒，讲究只用香槟酒，而绝对不可以用啤酒或其他葡萄酒滥竽充数。饮香槟干杯时，应饮去杯中一半酒为宜，当然，也要量力而行。

（8）只敬酒不碰杯，还有一点要注意：在西餐宴会干杯时，人们只是祝酒不劝酒，只敬酒而不真正碰杯的。使用玻璃杯时，尤其不能碰杯。

（9）不能离开座位去敬酒，在西式宴会上，不允许随便离开自己的座位，越过他人之身，与相距较远者祝酒干杯，尤其是交叉干杯更不允许。

（10）酒度适量，不管是在哪一种场合饮酒，都要有自知之明，并要好自为之，保持风度，遵守礼仪。

温馨提示

西餐宴席敬酒不劝酒，敬酒不碰杯，不能拒绝别人的敬酒，饮酒忌讳举杯一饮而尽。

六、西餐的餐桌礼仪

（一）赴宴

吃西餐，在预定时间到达，是基本的礼貌。有急事时要提前通知，取消订位一定要道歉。去高档的西餐厅，男士要穿整洁；女士要穿晚礼服或套装和有跟的鞋子，化妆要稍重，因为餐厅内的光线较暗。如果指定穿正式的服装的话，男士必须打领带。进入餐厅时，男士应先开门，请女士进入，应请女士走在前面。入座、点酒都应请女士来品尝和决定。

（二）坐姿

女士入座时，若是裙装，应用手将裙子稍稍拢一下，不要坐下后再拉拽衣裙，那样不优雅。正式场合一般从椅子的左边入座，离座时也要从椅子左边离开。女士入座要娴雅、文静、柔美，两腿并拢，双脚同时向左或向右放，两手叠放于左右腿上。

在餐厅就餐时最得体的入座方式是从左侧入座。当椅子被拉开后，身体在几乎碰到桌子的距离站直，领位者会把椅子推进来，腿弯碰到后面的椅子时，就可以坐下来了。就座后，坐姿应端正，上身可以轻靠椅背。不要频频离席，或挪动座椅。用餐时，上臂和背部要靠到椅背，腹部和桌子保持约一个拳头的距离。两脚交叉的坐姿最好避免。

就座后，坐姿应端正，但不僵硬。不要用手托腮或双臂肘放在桌上。不要随意摆弄餐具和餐巾，要避免一些不合礼仪的举止体态，如随意脱下上衣，摘掉领带，卷起衣袖；说话时比比画画，频频离席，或挪动座椅；头枕椅背打哈欠，伸懒腰，揉眼睛，搔头发等。

（三）交谈

无论是做主人、陪客或宾客，都应与同桌的人交谈，特别是左右邻座。不要只同几个熟人或只同一两个人说话。邻座如不相识，可先自我介绍。

交谈时声音不要过大，不然可能会引起邻座的不满。

交谈时切勿将刀叉对着对方，否则是对对方的不尊敬。

（四）喝茶、喝咖啡

喝茶、喝咖啡，如愿加牛奶、白糖，可自取加入杯中，用小茶匙搅拌后，茶匙仍放回小碟内，通常牛奶、白糖均用单独器皿盛放。喝时右手拿杯把，左手端小碟。喝咖啡时会往咖啡中加液体咖啡伴侣，如果不愿意浪费，可将少许咖啡倒入盛装咖啡伴侣的杯盘中搅拌，并再次倒入咖啡杯中搅拌即可，切忌误将剩下的咖啡伴侣直接喝下。

（五）喝汤

喝汤不能吸着喝。先用汤匙由后往前将汤舀起，汤匙的底部放在下唇的位置将汤送入口中。汤匙与嘴部成 45° 角较好。身体上半部略微前倾。碗中的汤剩下不多时，可用手指将碗略微抬高。如果汤用有握环的碗装，可直接拿住握环端起来喝。

（六）意外情况

宴会进行中，由于不慎，发生异常情况，如用力过猛，使刀叉撞击盘子，发出声响，或餐具摔落地上，打翻酒水等，应沉着不必着急。餐具碰出声音，可轻轻向邻座（或向主人）说一声“对不起”。餐具掉落可由招待员另拿一份。酒水打翻溅到邻座身上，应表示歉意，协助擦干；如对方是女性，只要把干净餐巾或手帕递上即可，由她自己擦干。

温馨提示

遵守西餐餐桌礼仪，做到仪表端正，举止优雅，适度交流。

七、西餐的吃法

（一）吃面包和黄油

通常是小圆面包和面包条，自己拿面包和黄油，然后用手把面包掰成几小块，抹一块，吃一块。

吃三明治，小的三明治和烤面包是用手拿着吃的，大点的吃前先切开。配卤汁吃的热三明治需要用刀和叉。

（二）吃肉类

西方人吃肉（指的是羊排、牛排、猪排等）一般都是大块的。吃的时候，用刀、叉把肉切成一小块，大小刚好是一口。吃一块，切一块，不要一下子全切了，也千万不要用叉子把整块肉夹到嘴边，边咬、边咀嚼、边吞咽。

吃牛肉（牛排）的场合，可以按自己的爱好决定生熟的程度，预订时，服务员或主人会问你生熟的程度。

吃有骨头的肉，比如吃鸡的时候，要用叉子把整片肉固定（可以把叉子朝上，用叉子背部压住肉），再用刀沿骨头插入，把肉切开，边切边吃。如果骨头很小，可以用叉子把它放进嘴里，在嘴里把肉和骨头分开后，再用餐巾盖住嘴，把它吐到叉子上，然后放到碟子里。一定要时常用餐巾擦手和嘴。

吃鱼时不要把鱼翻身，吃完上层后用刀叉剔掉鱼骨后再吃下层。

（三）吃沙拉

西餐中，沙拉往往出现在这样的场合里：作为主菜的配菜，比如蔬菜沙拉，这是常见的；作为间隔菜，比如在主菜和甜点之间；作为第一道菜，比如鸡肉沙拉。

如果沙拉是一大盘端上来，就使用沙拉叉。如果和主菜放在一起，则要使用主菜叉来吃。

如果沙拉是间隔菜，通常要和奶酪、炸玉米片等一起食用。先取一两片面包放在你的沙拉盘上，再取两三片玉米片。奶酪和沙拉要用叉子吃，而玉米片可以用手拿着吃。

如果主菜沙拉配有沙拉酱，可以先把沙拉酱浇在一部分沙拉上，吃完这部分后再加酱。直到加到碗底的生菜叶部分，这样浇汁就容易了。

沙拉习惯的吃法应该是：将大片的生菜叶用叉子切成小块，如果不好切可以刀叉并用。一次只切一块，吃完再切。

（四）蚝和文蛤

吃蚝和文蛤用左手捏着壳，右手用蚝叉取出蚝肉，蘸调味料，用蚝叉吃。小虾和螃蟹的混合物也可以单独蘸调味料，用蚝叉吃。

（五）意大利面

吃意大利面，要用叉子慢慢地卷起面条，每次卷四五根最方便。也可以用调羹和叉子一起吃，调羹可以帮助叉子控制滑溜溜的面条。不能直接用嘴吸，不然容易把汁溅得到处都是。

（六）水果

在许多国家，把水果作为甜点或随甜点一起送上。通常是许多水果混合在一起，做成水果沙拉，或做成水果拼盘。吃水果的关键是怎样去掉果核，不能拿着整个水果去咬。有刀叉的情况下，应小心使用，用刀切成四瓣再去皮核，用叉子叉着吃。要注意别把汁溅出来。没有刀或叉时，可以用你的两根手指把果核从嘴里轻轻拿出，放在果盘的边上。把果核直接从嘴里吐出来，是非常失礼的。

（七）西式快餐和小吃

汉堡包和热狗是用手拿着吃的，但一定要用餐巾纸垫住，让酱汁流到餐巾上，而不是流到你的手或衣服上。为防止万一，可以一只手拿餐巾垫住，另一只手准备一两张餐巾备用。比萨饼可以用手拿着饼块，把外边转向里，防止上面的馅掉出来。但一般晚宴的餐桌上是看不到比萨饼的。

玉米薄饼是一种普遍的用手拿着吃的食物。可以蘸上甜豆酱或番茄酱等混合酱后吃。

油煎食品和薯片，可以用手拿着吃，也可以用叉子吃。如果在户外，当然可以用手拿着吃了。

女士还要注意，吃东西的时候，每次都要少放一些到嘴里小口嚼，不要制造噪声和弄坏唇妆。吃一般的菜时，如果把手指弄脏了，可以请服务员端洗手水来。

温馨提示

了解西餐的各种吃法，注意禁忌，避免出丑。

本节测试

一、选择题

1. ［单选］西餐宴会上，为表示尊重，主宾的座位应在（　　）。

A. 主人的右侧　　B. 主人的左侧

C. 随其所好　　D. 以上说法都不对

2. ［单选］使用餐巾时，不可以用餐巾来（　　）。

A. 擦嘴角的油渍　　B. 擦手上的油渍

C. 擦拭餐具　　D. 无所谓，什么都可以擦

3. ［多选］西餐喝酒时，下列哪些举止属于失礼的行为？（　　）

A. 一饮而尽　　B. 边喝边透过酒杯看人

C. 拿着酒杯边说话边喝酒　　D. 吃东西时喝酒

4. ［多选］西餐关于喝汤的说法正确的有（　　）。

A. 喝汤不能吸着喝

B. 汤匙的底部放在下唇的位置将汤送入口中

C. 汤舀起来，一次分几口喝下

D. 喝汤时不发出声音

5. [多选]西餐关于刀叉的使用，下列说法正确的有（　　）。

A. 基本原则是右手持刀，左手拿叉

B. 就餐时按刀叉顺序由外往里取用

C. 每道菜吃完后，将刀叉并拢排放在盘内，以示吃完

D. 刀叉摆成八字或交叉摆，表明未吃完

二、案例分析

老丁的儿子留学归国，还娶了位洋媳妇回来。为了给初次见面的公公留下好印象，这位洋媳妇一回国就盛情邀请老张一家到当地最好的四星级饭店吃西餐。

用餐开始了，老丁为在洋媳妇面前显示出自己也很讲究，就用桌上一块“很精致的布”仔细地擦了自己的刀、叉。吃的时候，学着他们的样子使用刀叉，既费劲又辛苦，但他觉得自己挺得体的，总算没丢脸。用餐快结束了，吃饭时喝惯了汤的老丁盛了几勺精致小盆里的“汤”放到自己碗里，然后喝下。洋媳妇先一愣，紧跟着也盛着喝了，而他的儿子早已是满脸通红。

问题：在就餐过程中，老丁吃西餐礼仪上存在哪些错误？

实践训练

训练内容：

林亮是某高校的高才生，对电子设计特别感兴趣。他应聘到东方电子设计公司工作不久，为了融洽和同事的关系，更为了向同事请教一些电子设计技术方面的专业问题，特意邀请办公室几个同事一起出去吃饭。其中一个同事说，公司附近有一家新开张的西餐厅，环境幽雅，生意红火，口碑不错，建议去那里品尝一下新口味。林亮听后心里有点紧张，因为他以前从来都没有吃过正式的西餐，连刀叉怎么使用都不知道。但看到同事的兴致很高，就爽快地答应去西餐厅就餐。

训练要求：

1. 本实训可以选择在实训室进行，摆上长方形桌。

2. 六个人一组，最好是三男三女（男女间隔而坐），一人扮演林亮，五人扮演同事。

3. 请演示他们吃西餐的过程，尤其是西餐餐具的使用和餐桌上的礼仪。

4. 要求仪表得体，仪容得当，仪态规范大方。

5. 演练结束以后，由教师做实训总结。

本章小结

宴请礼仪是职场交往活动中一种常见的礼仪，也是职场活动的主要联络方式。宴请礼仪包括职场宴请礼仪、职场中餐礼仪和职场西餐礼仪。职场宴请礼仪主要有常见的宴请形式、宴请的组织礼仪、赴宴的礼仪等；职场中餐礼仪主要是指安排菜单、桌次与席位的排列、中餐上菜礼仪、中餐餐具使用礼仪、中餐敬酒礼仪及用餐的礼仪等；职场西餐礼仪是指西方国家的饮食菜肴等礼仪，主要包括西餐上菜次序、位次排列、西餐餐具使用、西餐餐桌礼仪及西餐的吃法等礼仪规则。通过本章学习，职场人员不仅能够掌握中西方饮食文化的差异，掌握中西餐宴请礼仪的规则，而且认识到宴请礼仪在职场工作中的重要性。不懂餐饮礼仪，就会贻笑大方，影响自身和组织形象，甚至影响职业发展。对职场人士来说，参加中餐或西餐宴请，事前一定要了解餐饮的礼仪禁忌，熟悉流程，做到心中有数；在餐饮过程中，遵守餐桌礼仪，做到仪表端正，举止优雅，文明用餐，适度交流，注意禁忌，不出差错。

第八章　职场涉外礼仪

学习目标

※ 知识目标

了解涉外礼仪的含义及其特点；学习世界各国的习俗和礼仪知识，掌握国际交往中的要求和禁忌。

※ 能力目标

能熟练掌握世界各国的礼貌礼节、饮食习惯及禁忌；能在涉外交往中把握原则，熟练运用及应对。

※ 素养目标

培养学生学习涉外习俗礼仪知识的意识，树立尊重他人、关注细节的意识。增强国际交往能力，未来职场中能在各国来宾面前展示良好的中国形象。

第一节　职场涉外交往礼仪

情境导入

一位英国公爵主持一个招待印度当地居民首领的宴会。在宴会结束的时候，侍者为每位客人端上来了洗手盆，让人意想不到的是，印度客人看到精巧银器里的水时，竟然端起来一饮而尽。这一举动让在座的英国贵族们目瞪口呆，不知道如何是好，傻愣愣地看着公爵。只见公爵神色自若，一边与客人谈笑风生，一边端起自己面前的洗手水也一饮而尽。

问题：英国公爵的做法体现了怎样的涉外交往原则？

涉外礼仪是指在长期的国际往来中逐步形成的外事礼仪规范，也就是人们参与国际交往所要遵守的惯例，是约定俗成的做法。它强调交往中的规范性、对象性、技巧性。

一、涉外礼仪基本特征

涉外礼仪实际上就是我们参与国际交往所要遵守的惯例，是约定俗成的做法。涉外礼仪的基本特征是：规范性、对象性、沟通性。

（一）规范性

规范就是标准。讲究规范是国际交往中很重要的内容。

从比较研究的角度来看，国际交往中要遵守的国际惯例和我国传统礼仪还是有一些差异的。

我国有五千年的传统文化，五千年的礼仪文化，但是，正如习近平总书记在中国共产党第二十次全国代表大会上的报告中所说的："我们要拓展世界眼光，深刻洞察人类发展进步潮流。"从国际交往的角度来看，中外礼仪是有一些差异的。譬如国际礼仪强调关心有度，换而言之，就是不得打探或者涉及个人隐私的问题。而我国传统礼仪强调亲密无间，倍加关怀。如果在国际交往中不了解中外差异就麻烦了。按照国际礼仪的规范性，国际交往中有八不问：第一不问收入多少，第二不问年纪大小，第三不问恋爱婚姻，第四不问健康状态，第五不问个人经历，第六不问信仰政见，第七不问家庭住址，第八不问所忙何事。

而在我国，许久不见、年纪较大的老年人见面总会说"最近身体好吧"，这便与国际礼仪不相符了。

（二）对象性

在涉外交往中，对不同的人有不同的要求，内外有别。自己人你该问还是问，但是外人你不问比较好。比如在国际交往中，每个人的健康被视为隐私，你身体不好，人家就不会跟你合作做生意。在对外交往中，或者跟陌生、不大熟悉的人打交道时，问对方"今年收入多少""住在哪里""什么学校毕业的"等，就容易引起歧义、误会。

（三）沟通性

有了解才能沟通，有沟通才会互动，接触是沟通的前提。接触后才会了解，逐渐了解之后才容易沟通。沟通是双向了解，我理解你，你也理解我。在涉外交往中，要想与外商有效沟通，必须遵守国际礼仪规范。

二、涉外交往礼仪的原则

涉外礼仪交往从根本上说，体现着本国对外的政策。在对外交往中，国际上都有一定惯例，但各国往往又根据本国的特点和风俗习惯，有自己独特的做法。我们在对外交往中除应发扬我国礼仪之邦的优良传统，注意礼貌、礼节之外，还应尊重各国、各民族的风俗习惯，自觉遵守外事纪律，时刻记得维护本国尊严，也尊重他国尊严，友善对待外事活动中遇到的问题。

虽然各国文化背景、宗教信仰、生活习惯等不同，不同国家有不同的礼仪要求，但是在涉外交往中还是要遵循一定的原则。

（一）维护形象

在涉外交往中，每个人的形象不仅代表自己、代表组织，更代表自己的国家和民族的形象。因此个人形象在涉外交往中普遍受到人们的重视，作为涉外工作人员更应该遵照规范、得体的方式塑造和维护自己的形象。

涉外交往注重个人形象的原因

（二）不卑不亢

不卑不亢是涉外礼仪的一项基本原则。它的主要要求是：每一个人在参与国际交往时，都必须意识到自己在外国人的眼里代表着自己的国家，代表着自己的民族，代表着自己所在的单位。因此，其言行应当从容得体、堂堂正正。在外国人面前既不应该表现得畏惧自卑、低三下四，也不应该表现得自大狂傲、放肆嚣张。

（三）遵约守时

遵守约定，遵守时间，这是交往过程中基本的礼貌。遵守约定，即涉外交往中，必须认真而严格地遵守自己的承诺。只要是有约在先，必须遵守，有言在先，必须做到。说话要算数，许诺要兑现，这是建立良好关系的前提条件。如果有特殊原因不能遵守，应该事先通知对方；若事发突然，来不及通知，事后要恳切说明原因，并郑重道歉。遵守时间，即树立严格的时间观念，体现在三点：第一，要事先约定，做任何事情都应该事先约好时间，让交往双方做好心理准备和工作准备；第二，要准时开始，迟到是对对方的不尊重；第三，要按时完成，时间就是生命，做事不拖拉，力求在规定的时间内完成预定目标。

（四）尊重隐私

在涉外交往中，应遵守“维护个人隐私”的原则。个人隐私，泛指一个人不想告之于人或不愿对外公开的个人情况。在国外，人们普遍讲究崇尚个性、尊重个性。其基本做法之一，就是主张个人隐私不容干涉。在许多国家里，个人隐私受到法律的保护。因此，在涉外交往时，不要打探对方的个人情况，包括收入、年龄、恋爱婚姻、身体健康、家庭住址、个人经历、信仰宗教等。尽量回避涉及他人隐私的话题，尤其是当发现对方不愿回答时，更应当适可而止。

（五）女士优先

这是国际社会公认的一条重要的礼仪原则。“女士优先”指的不是顺序上的优先，而是指在一切社交场合，每一名男士都有义务主动自觉地以自己的实际行动去尊重女士、照顾女士、体谅女士、关心女士、保护女士，并且随时随地义不容辞地主动挺身而出，想方设法、尽心竭力地去为女士排忧解难。倘若因为男士的不慎，而使女士陷于尴尬、困难的处境，便意味着男士的失职。比如上下汽车和楼梯，男士要让女士先行，并为女士开门；女士在场，男士不得随便抽烟，除非征得女士同意；在餐桌旁，男士应协助女士入座等。

（六）以右为尊

在涉外交往中，涉及位置的排列，最基本的规则是右高左低，即以右为上，以左为下，以右为尊，以左为卑。也就是说，右侧的位置在礼仪上总要比左侧的位置尊贵。大到政治磋商、商务往来、文化交流，小到私人接触、社交应酬，但凡有必要确定并排列时的具体位置的主次尊卑，“以右为尊”都是普遍适用的。这一国际上通行的做法与中国传统的“以左为上”的做法正好相反。

涉外交往要入乡随俗

（七）“求同存异”

“求同存异”是指在涉外交往中为了减少麻烦、避免误会最可行的做法，既要对交往对象所在国的礼仪与习俗有所了解并予以尊重，更要对国际上所通行的礼仪惯例认真加以遵守。

另外，在涉外交往中，还应该注意以下四点基本礼仪：

（1）接受对方。接受对方就是你跟别人打交道时，假如不是原则问题，不是什么国格、人格、党纪、国法等大是大非的问题，一般性沟通要有这样一个理念：客人永远是正确的，客人没有错，不要寻衅滋事，找别人毛病。

（2）尊重对方。尊重别人就是尊重自己，发现别人的优点实际上就等于肯定自己，那说明你宽容、谦虚、好学。所以在涉外交往中，在适当的情况下，要善于发现别人的长处。

（3）热情有度。“热情有度”是涉外交往中，直接同外国人打交道时，不仅待人要热情友好，而且要把握好分寸。否则就会事与愿违，过犹不及。

中国人在涉外交往中要遵守好“热情有度”这一基本原则，关键要掌握好下列四个“度”。

第一，要做到“关心有度”。

第二，要做到“批评有度”。

第三，要做到“距离有度”。

第四，要做到“举止有度”。

（4）不必过谦。“不必过谦”是指在国际交往中涉及自我评价时，虽然不应该自吹自擂、自我标榜，一味地抬高自己，但是也绝对没有必要妄自菲薄、自我贬低、自轻自贱，过度地对外国人谦虚、客套。

温馨提示

涉外交往“八不问”：第一不问收入多少；第二不问年纪大小；第三不问恋爱婚姻；第四不问健康状态；第五不问个人经历；第六不问家庭住址；第七不问信仰政见；第八不问所忙何事。

涉外交往距离

本节测试

一、选择题

1.［单选］涉外礼仪的原则不包括（　　）。

A. 忠于国家、维护形象　　B. 遵时守约、尊重隐私

C. 互相尊重主权和领土完整　　D. 礼宾次序、女士优先

2.［单选］涉外礼仪要求不包括下面哪一项？（　　）

A. 注意形象　　B. 内外有别　　C. 实话实说　　D. 恰如其分

3.［单选］国际礼仪通则也可以称作涉外礼仪基本原则，对其原则不正确的描述是（　　）。

A. 守时的原则　　B. 不妨碍他人的原则

C. 及时纠正的原则　　D. 维护个人隐私的原则

4.［多选］涉外访问礼仪的基本要求是（　　）。

A. 客随主便　　B. 入乡随俗　　C. 严于律己　　D. 好自为之

5.［多选］涉外礼仪的重要原则是不卑不亢、（　　）。

A. 依法办事　　B. 内外有别　　C. 尊重客人　　D. 入乡随俗

6.［多选］涉外交往礼仪中，谈话的禁忌包括（　　）。

A. 谈论政治问题　　B. 不给对方表达观点的机会

C. 询问女士的年龄　　D. 讨论宗教问题

7.［多选］涉外服务礼仪中，下列做法正确的是（　　）。

A. 热情有度　　B. 守时守约　　C. 女士优先　　D. 尊重隐私

二、案例分析

案例一

北京某外事公司与英国一家公司合作，小韦被派到来京工作的英国专家家里做服务性工作。一天，英国专家携夫人外出归来，小韦随口问："回来了，你们去哪里了？""我们去王府井步行街了。"专家迟疑一下后，吞吞吐吐地说。"你们逛了什么商店？"专家继续答："书店。""中关村的书更多些。"没等小韦说完，老夫妇阴沉着脸进屋了。

问题：英国专家夫妇为什么不高兴地沉着脸走了？小韦违反了涉外交往中的哪项原则？

案例二

经过长时间谈判，国内一家企业终于与一家日本公司草签了双边合作的草案，但是在正式签订合作协议的当天，中方代表比约定时间晚到了一刻钟。当中方代表满头大汗地跑步进入会议室的时候，日方代表已经衣冠整齐、一字排开、规规矩矩地向中方人员鞠了一个大躬，未接受中方任何解释，集体退出了会议室。

问题：日本公司为什么不接受中方的解释，集体退出了会议室？

实践训练

训练内容：

英国某公司来中国上海恒星公司洽谈合作项目，根据涉外礼仪的要求，完成这次接待任务。

训练要求：

1. 分组训练，8人为一组，4人扮演外商（其中1人为代表团团长），4人为中方接待人员；
2. 演练接待外宾过程，要求符合相关涉外礼仪；
3. 要求角色扮演符合身份场景，举止、言行得体规范。

第二节 职场涉外习俗礼仪

情境导入

焦雪梅是某集团公司的一名白领，她机敏漂亮，待人热情，工作出色。有一回，焦雪梅所在的公司派她和几名同事一同前往东南亚某国洽谈业务。可是，向来处事稳重、举止大方的焦雪梅，在访问那个国家期间，竟然由于行为不慎而招惹了一场不大不小的麻烦。事情的经过是这样的：焦雪梅和她的同事一抵达目的地，就受到了东道主的热烈欢迎，在随之为他们特意举行的欢迎宴会上，主人亲自为每位来自中国的嘉宾递上一杯当地特产的饮料，以示敬意。轮到主人向焦雪梅递送饮料时，一直是"左撇子"的焦雪梅不假思索，自然而然地抬起自己的左手去接饮料，见此情景，主人神色骤变，重重地将饮料放回桌上，扬长而去。

原来，在那个国家，人们的左右手有着明显的分工。正规情况下，右手被视为"尊贵之手"，可用于进餐、递送物品以及向别人行礼。而左手则被视为"不洁之手"，用左手递接物品，或是与人接触、施礼，在该国被公认为是一种蓄意侮辱。焦雪梅在这次交往中违规犯忌，说到底是由于她不了解交往国的习俗所致。

问题：在涉外交往中要注意哪些相关习俗礼仪？

《礼记》云："入境而问禁，入国而问俗，入门而问讳。""十里不同风，百里不同俗"，各个国家地区或民族都有自己特定的习俗和禁忌，各种习俗和禁忌通常与心理情感相联系，是不可侵犯的。因此作为一名职场工作人员，不仅要妥善做好涉外交往中的日常性接待工作，更重要的是要了解和掌握接待对象所在国家在礼节、饮食、风俗习惯等方面的习俗和禁忌。

各个国家地区或民族因为历史、传统、文化背景等各方面的差异产生了不同的习俗。习俗礼仪主要包括生活习俗、行为习俗、馈赠习俗、节日习俗、禁忌等。下面就介绍几个国家的习俗。

一、亚洲国家的习俗礼仪

（一）日本

1. 生活习俗

日本人的饮食习惯别具一格，日常饮食主要有三种：第一种是日本固有的“日本料理”，又称“和食”。这是日本人祖祖辈辈流传下来的独特的饮食方式。第二种是从中国传过去的“中华料理”，即中餐，日本人偏爱中国的广东菜、北京菜和带点辣味的四川菜。第三种是从欧洲传过去的“西洋料理”，即“西餐”。“日本料理”的主食是米饭，副主食是蔬菜和鱼。由于四面环海，特殊的地理环境决定了日本人对各种海味格外青睐，尤其是鱼类，有各种吃法，如蒸鱼、生烤鱼、炸鱼片、鱼片汤等，还爱吃生鱼片，称为“刺身”。“寿司”是日本料理中传统的海味食品，是以生鱼片、生虾、生鱼粉等为原料，配以精白米饭、醋、海鲜、辣根等，捏成饭团后食用的一种食物，现在已发展成“寿司”快餐，传到世界各国，满足更多人的食用需要。日本人的烹调技术以炒、生拌、炸、蒸为主，清淡、少油，味鲜带甜。他们爱吃牛肉、精猪肉，不喜欢吃肥肉、猪内脏及羊肉。他们爱吃各种蔬菜瓜果，尤其是青菜和豆腐，还爱吃鸡蛋、野鸡等，一般不喜欢吃家禽。日本绿茶或清酒别有一番风味。日本人吃水果偏爱瓜类，如西瓜、哈密瓜、白兰瓜等。

日本人比较注重仪表，外出时，大多都穿着西服。男士喜欢穿深色成套的西装，系领带。和服是日本的传统服装，在日本也称“着物”。和服是仿照我国隋唐服式改制的。公元8—9世纪，日本一度盛行“唐风”服装。以后虽有改变形成日本独特的风格，但仍含有我国古代服装的某些特色。妇女和服的款式和花色的差别是区别年龄和结婚与否的标志。在隆重的社交场合或节庆时女士会穿着和服出席，但男士除一些特殊职业者外，很少在公共场合穿和服。与日本人打交道时，衣着不可过分随意，因为这意味着没有教养，不尊重交往对象。参加重要仪式时，无论天气如何，都要穿套装或套裙，不可单穿衬衫、短袖衫，否则会被视为无礼。

2. 行为习俗

日本是一个非常重视礼仪的国度，日本人所做的一切，都要受严格的礼仪约束。在日常交往中，日本人大多彬彬有礼，善用礼貌用语，在语言上还分敬体与简体两种。由于日本人等级观念很重，上下级之间、长晚辈之间界限分得很清楚。因此，对客人、长者、上司都要用敬语讲话，以示尊敬；而对平辈、下级一般用简语讲话。这时敬、简两种语体是不能混合使用的。

初次见面，互相鞠躬、互递名片。日本人鞠躬很讲究，往往第一次见面时行“问候礼”，角度约为30°；告别时行“告别礼”。日本人很注重“面子”，因此，与日本人交往时记住要给对方面子，不要直接指责或拒绝对方，绝对避免使用羞辱、威胁性的语言。

3. 馈赠习俗

日本人将送礼看作向对方表示心意的物质体现。礼不在厚，赠送得当便会给对方留下深刻印象。送日本人礼品要选择适当，中国的文房四宝、名人字画、工艺品等最受欢迎，但字画的尺寸不宜过大。不能送饭店里的火柴、广告衫等，礼品上不能标有醒目的公司的名字。所送礼品的包装不能草率，哪怕是一盒茶叶也应精心打理。礼品包装纸的颜色有讲究，黑白色代表丧事，也不用红色包装纸，最好用浅色彩纸包装。中国人送礼成双，日本人则避偶就奇，通常用1、3、5、7等奇数，但又忌讳其中的“9”，因为在日语中“9”的读音与“苦”相同。按日本习俗，向个人赠礼须在私下进行，不宜当众送出。

4. 节日习俗

（1）元旦：1月1日。按照日本的风俗，除夕前要大扫除，并在门口挂草绳，插上橘子（称“注连绳”），门前摆松、竹、梅（称“门松”，现已改用画片代替），取意吉利。除夕晚上全家团聚吃过年面，半夜听“除夕钟声”守岁。元旦早上吃年糕汤（称“杂煮”）。

（2）成人节：每年1月第2个星期一。凡年满20岁的男女青年在成人节这天要身穿传统服装参加官方或民间团体为他们举办的成人仪式，内容包括年轻人宣誓、长者的祝贺和参拜神社以及参加各种传统的文娱活动等。

（3）建国纪念日：2月11日。据日本神话，神武天皇于公元前660年2月11日统一日本，建立日本国。

（4）镰仓节：2月在秋田县横手地区。在镰仓节前夜，孩子们聚坐在一个纵横2米左右，被称为“镰仓”的雪屋里喝甜酒、吃甜饼，屋的中间设一祭坛，用来祭拜水神。在为期两天的镰仓节期间，游客们被请进雪屋，品尝日本米酒和米糕。

（5）女孩节（偶人节）：3月3日。这是日本女孩子的节日。在这一天，有女孩子的家庭都要供出小巧的偶人（也叫“雏人形”），祝愿家中女孩成长与吉祥。这种小偶人价格昂贵，女孩的父母，尤其是外祖父母，差不多都要为她买一套精美的小偶人。少的摆一层，多的用“偶人架”摆上好几层，最多的可摆七八层，而最上面的一层，大多是一个皇帝和一个皇后。女孩从一岁时得到这些小偶人，以后每年3月3日都要拿出来陈列，直到出嫁时带走。

（6）宪法纪念日：5月3日。1947年5月3日，日本废除了明治宪法，实施新宪法。

（7）男孩节（端午节）：5 月 5 日。在这一天，有儿子的家庭门前均悬挂着祝男孩子健康成长的“鲤鱼旗”，“鲤鱼旗”表示鲤鱼跳龙门。鲤鱼旗是用布或绸做成的空心鲤鱼，分为黑、红和青蓝三种颜色，黑代表父亲、红代表母亲、青蓝代表男孩，青蓝旗的个数代表男孩人数。日本人认为鲤鱼是力量和勇气的象征，表达了父母期望子孙成为勇敢坚强的武士的愿望。根据“尊重儿童的人格，谋求儿童的幸福，同时感谢母亲”的原则，规定这一天为全国公休日。

（8）海之日：7 月 20 日。制定于 1941 年，从 1996 年起成为国民纪念日。日本四面环海，为了感谢来自海洋的恩典，并祈祷能成为国运昌隆的海洋国家而制定。

（9）敬老节：9 月 15 日。日本人到 42 岁时才可以称“寿”做生日，通常被称为“初老”。到 60 岁时称为“还历”。77 岁时为“喜寿”，88 岁时为“米寿”，99 岁为“白寿”。每年 9 月 15 日，日本各地都要开展敬老活动，为老人体检、整理修缮房屋、敬赠纪念品、组织慰问等。老人则根据自己的爱好开展有益身心的活动。日本厚生省在这一天还要发布“长寿者名单”，登载在各地报纸上，只有百岁以上高龄者才能入围。

5. 禁忌

日本人忌讳数字 9、13、14、19、42 等，因为日语发音中“4”和“死”相似，“42”的发音是死的动词形，所以医院一般没有 4 和 42 的房间和病床，用户的电话也忌讳用“42”，监狱一般也没有 4 号囚室。受西方影响，一些人也忌讳“13”，许多宾馆没有“13”楼层和“13”号房间，羽田机场也没有“13”号停机坪。

日本人对樱花无比厚爱，而对荷花则非常反感。因为樱花是日本的国花，而荷花被认为是不吉祥的花，仅用于祭奠死人。菊花被认为是一种高贵的花，但 16 瓣菊花是皇室专用花饰，不能作为礼品随意送人。探望病人时，不能送盆花和带有泥土的花，因为这被理解为“扎根”之意。

日本人大多数信奉神道和佛教，不喜欢紫色，认为紫色是悲伤的色调；最忌讳绿色，认为绿色是不祥之色。

日本人喜爱仙鹤和龟，因为这是长寿的象征。厌恶狐狸和獾等图案，因为他们认为前者代表贪婪，后者代表狡诈。

（二）韩国

1. 生活习俗

韩国人以米饭为主食，早餐也习惯吃米饭，不吃稀饭。韩国人爱吃辣椒、泡菜，烧烤中要加辣椒、胡椒、大蒜等辛辣的调味品。韩国人平时喜食香干绿豆芽、肉丝炒蛋、干烧鳜鱼、四生火锅等菜。对他们来说，汤是每餐必不可少的。有时汤中要放猪肉、牛肉、狗肉、鸡肉烧煮，有时也简单地放些酱油，加点豆芽即可。韩国人最爱吃的是“酱汤”，这是用辣椒酱配以豆腐、鱼片、泡菜或其他肉类和蔬菜加水煮制而成的。韩国人不喜欢吃带甜酸味的热炒菜，不喜欢吃羊肉、鸭和肥猪肉。韩国男子的酒量一般都很好，对烧酒、清酒、啤酒往往来者不拒，他们习惯互相斟酒，受人劝酒时不可拒饮。女子多不饮酒。

韩国的民族服装是男子穿袄、坎肩、裤、长袍，上下一色，且多用白色；女子一般上穿短袄、下穿褶裙，服装线条柔和，显得身体苗条匀称。现代韩国人在公共场合多穿着西装。

2. 行为习俗

韩国人的礼貌礼节既保留了自己的传统民族特色，又受到中国儒家文化和西方文化的双重影响。晚辈对长辈、下级对上级规矩严格，须表示特别的尊重。与长辈同坐时，要保持姿势端正、挺胸，绝不敢懒散。男性见面时，可打招呼相互行鞠躬礼并握手，但女性与人见面通常不与他人握手，只行鞠躬礼。韩国人一般不轻易流露自己的感情，公共场所不大声说笑，颇为稳重有礼。

3. 节日习俗

（1）上元节：正月十五（大望日）。正月十五早上祈求无病吃“钚饪”（祈求避疮而吃花生、栗子、核桃等坚硬的食物）和“耳明酒”（为了一年里两耳能很好地听东西而喝的酒）。早餐吃五谷饭（用大米、江米、小豆、大豆、高粱做的饭）和野菜（用能吃的草和树叶做的菜）。正月十五的游戏有两种：一是放风筝，有消灭一年的灾难的意思；二是放鼠火，有驱逐妖魔鬼怪和害虫的意思。据说，正月十五晚上，向圆月许 3 个愿都会实现。

（2）端午节：女人用菖蒲洗头，玩儿荡秋千，男人摔跤，还做样子像车轮一样的车轮饼吃，因此端午节被称为车轮节。

（3）七夕节：人们认为在七夕这天能继承织女的纺织技术，所以举行纺织比赛，并为子女向牵牛星和织女星许愿。

（4）中秋节：在韩国是仅次于春节的最大的节日。这天用新谷做好食品向祖先祭祀，然后去扫墓（亲自去祖先墓地放饮食敬礼）。还用当年生产的谷、斗、栗子等做成松饼吃，玩拔河游戏。

（5）冬至：这是一年中白昼最短、夜晚最长的日子。这天吃放年糕团（直径 1 厘米大小的圆形的年糕）的小豆粥。因相信红色能驱逐妖魔鬼怪而把小豆涂在墙和门上，每个房间里也都放一碗。

4. 禁忌

韩国人不喜欢双数，忌讳“4”这个数字，认为这个数字不吉利。因此在韩国没有

4 号楼，不设第 4 层，餐厅不排第 4 桌等。

逢年过节时，不能说不吉利的话，不能生气、吵架；农历正月头三天不能扫地、倒垃圾，更不能杀鸡宰猪；吃饭时忌戴帽子，否则终身受穷；渔民吃鱼时不可翻面，因忌翻船（这与我国一些沿海地区风俗相似）；结婚忌单日；忌讳到别人家里剪指甲，否则两家死后会结怨。

（三）新加坡

1. 生活习俗

在新加坡人口中，华人近 80%，他们的口味喜欢清淡，讲究营养。主食为米饭、包子，不吃馒头；副食为鱼虾，如炒鱼片、油炸鱼、炒虾仁等。比较偏爱粤菜、闽菜、上海菜。不信佛教的人爱吃咖喱牛肉饭。水果爱吃桃子、荔枝、梨等。下午爱吃点心，早点喜欢西餐。新加坡华人大都喜欢饮茶，在春节时，会以“元宝茶”待客，这种茶是在清茶中加入橄榄，认为喝了可以令人财运亨通。

款待新加坡人要注意民族禁忌。如马来人忌猪肉、狗肉和动物的血，不吃贝壳类动物，不饮酒；印度人则不吃牛肉。在用餐时，无论马来人还是印度人都不用刀叉和筷子，而惯用右手直接抓取食物。

在国家庆典和其他一些隆重的场合，新加坡人会穿着国服，他们的国服是一种以胡姬花（兰花的一种，新加坡国花）为图案的服装。在政务活动和商务交往中，新加坡人的着装比较讲究，男士一般会穿白色长袖衬衫和深色西裤；女士则穿套装或深色长裙。新加坡有不同种族的人，每个种族都有自己的传统服饰：华人的传统服装多为唐装、旗袍等；马来人有马来服装，如巴汝、纱笼；印度人则穿沙丽。

2. 行为习俗

新加坡人在日常行为中最注重礼貌礼节，其在日常行为方面与中国非常接近，而且保留了许多中国传统礼节。通常的见面礼是鞠躬或轻轻握手。而马来人见面时多行双手握礼，印度人见面则会用合十礼。

为了使讲文明、讲礼貌成为国民的行动准则，新加坡经常开展一些有关礼貌的教育运动。新加坡位于赤道附近，全年绝大部分时间天气炎热，所以开放冷气的场所很多。为了保持空气洁净，政府明文规定，禁止在任何开放冷气的场所吸烟，违者罚款 500 新元。新加坡注重文明卫生，随地吐痰处罚 200 新元；乱丢废弃物或罚款 500 新元，或罚扫大街半日。此外，还有一项很特别的规定，不许在公共场所吃泡泡糖和口香糖，并下令禁止生产和进口，这是由于泡泡糖等的残渣难以清除，违反者将受重罚。

新加坡人的时间观念强，有准时赴约的良好习惯，认为准时赴约是对客人的尊重和礼貌。

3. 节日习俗

新加坡节日有两个特点：一是差不多每一个月里都有节日；二是很多东南亚国家的人都能在新加坡找到属于自己国家的节日。

（1）华人新年。华裔新加坡人过春节时，有孩子守岁、大人祭祖、放鞭炮、长辈给孩子压岁钱、走亲访友、举行灯会等。在新年的第一天（即农历正月初一），每个孩子都可以得到一个红包和代表好运的金橘。

（2）圣诞节。新加坡的圣诞节场面非常绚丽，街道两旁的餐馆和商店都修饰一新，街头演唱诗歌以及其他特殊形式的慈善活动也增添了圣诞节的气氛。教堂会在圣诞节前夕和圣诞节举办特别的活动。

（3）屠妖节。又称万灯节，一般是在10月或11月间，是印度教“以光明驱走黑暗，以善良战胜邪恶”的节日。这一天，教徒会在天亮前进行膏油浴仪式，以示净身。屠妖节亮灯仪式标志着庆祝活动的开始。节日期间，人们去寺庙做祷告。小印度的寺庙和街道用彩灯和花环精心装饰，整个地区被点缀得格外耀眼。

（4）开斋节。这是伊斯兰教徒庆祝赴麦加朝圣的日子。教徒清晨聚焦在伊斯兰教堂内一起祷告，然后屠杀牲畜并将肉分送给穷人。

（5）国庆日。8 月 9 日是新加坡的国庆日，这是纪念 1965 年新加坡独立的日子。这一天全国人民会聚在一起，用声势浩大壮观的游行、集体舞蹈和大型烟花表演来庆祝这一节日。

4. 禁忌

新加坡人视紫色、黑色为不吉利。黑色、白色、黄色为禁忌色。绝大多数新加坡人都喜欢红色和白色，认为红色是庄严、热烈、喜庆、幸福的象征，白色是纯洁和美德的象征。

新加坡人忌讳数字 4 和 7，因为 4 的发音与“死”相近，7 有“消极”之意。他们喜欢吉祥的数字，如“3”（升）、“6”（顺）、“8”（发）、“9”（久）。

新加坡华人对传统民俗非常讲究，对吉祥字、吉祥图画等非常喜欢，还喜欢红双喜、大象、荷花、梅花等图案。他们不喜欢乌龟，把它比喻为不够光明磊落、遇事不敢承担责任的人。

与新加坡人谈话，忌谈宗教与政治方面的问题，不能向他们讲“恭喜发财”的话，因为他们认为这句话有教唆别人发横财之嫌，是挑逗、煽动他人干于社会和他人有害的事。

虔诚的佛教徒及印度教、伊斯兰教徒谨守他们的宗教禁忌。如进清真寺必须要脱鞋，伊斯兰教徒禁食猪肉，在商标上禁止使用宗教词句和象征性标志。

（四）马来西亚

1. 生活习俗

马来西亚人口主要由马来人、华人和印度裔组成。受伊斯兰教的影响，大多数马来西亚人喜欢吃牛羊肉，饮食口味清淡，怕油腻，爱吃的其他副食有鱼、虾等海鲜和鸡鸭等家禽以及新鲜蔬菜。马来西亚人爱吃椰子，他们用椰子油烹调做菜，并且用咖喱粉作调料。他们爱用烤、炸、爆、炒、煎等烹饪方式做菜，口味带辣。由于地处热带，盛产水果，马来西亚人习惯餐餐吃各种水果。马来西亚是禁酒的，因此在用餐时不用酒来招待客人，而是用茶或其他饮料代酒。

在社交场合，马来人穿西装或套裙。在正规场合，绝对不允许穿短裙、背心、短裤。而在一般场合下，马来人习惯穿着本民族的传统服饰。男子上身穿"巴汝"，是一件无领、袖子宽大的外衣；下身穿"纱笼"，是以一块布缝合而成；头上戴"宋谷"帽。女子一般穿无领长袖的连衣裙，头上围一块纱巾。

2. 行为习俗

马来西亚人友好善良，注重礼貌礼节，见面问候、话别时，都微微点头以示礼貌。尊敬老人，为老人开门、让座。

马来人的见面礼十分独特，通常施摸手礼，即一方伸出双手，轻轻摸一下对方伸过来的双手，然后将双手收回到胸前做抱状，身体稍前倾做鞠躬状。女子见到男子，施礼前要用手巾盖住手掌，这是一种传统的礼节方式。

马来西亚的华人和印度裔多以握手礼作为见面礼。

3. 节日习俗

（1）开斋节。是马来人的新年，也是全国最重要的节日。每逢伊斯兰教历 9 月，全国穆斯林都要实行白天斋戒禁食，斋月后第一天就是开斋节。节日前夕，穆斯林要进行慈善捐赠活动。节日清晨，穆斯林在教堂举行隆重的祷告仪式，之后互相祝贺。节日里，人们从四面八方赶回家里，同亲人团聚，亲朋好友互相拜访祝贺佳节。

（2）春节。是华人的新年，节日的风俗和中国的春节大致相同。这一天是全国公共假日。到处张灯结彩、敲锣打鼓，华人相互登门，互道"恭喜发财"，其他民族人士也登门祝贺。这一天华人还举行团拜，玩龙舞狮，以驱邪逐妖，迎接新的吉祥年。国家总理和夫人及政府官员亲自前来祝贺，还给舞狮者和儿童发"红包"。人们还烧香拜佛，祈求幸福平安。

（3）花卉节。在 7 月，历时一周。届时，吉隆坡将成为美丽的花园城市，全市到处百花争艳。各公园、酒店也纷纷配合举行形形色色的活动，如寻花赛、花展等。购物中心则用鲜花将门面点缀得花枝招展、引人注目。花卉节的高潮是一项千姿百态、百花齐放的大规模花车游行，每年都会吸引大批国内外游客前来观光。

（4）国庆节。8月31日，又名“独立日”。每年这一天，全国人民普天同庆，首都要举行盛大的庆祝游行和集会，全国各地举行庆祝会，各电影院为学校儿童免费放映电影。

（5）圣诞节。和世界各地一样，圣诞节已成为马来西亚的一个重要节日。圣诞前夕，各教堂举行夜弥撒，而各购物中心、酒店、老人院与孤儿院等处处可闻圣诞乐曲飞扬。大家都沉浸在圣诞的气氛中，携手同欢，普天共庆。

（6）圣纪年。先王穆罕默德诞辰日，是伊斯兰教徒的节日。每年这一天（伊斯兰教历3月12日），首都数十万伊斯兰教徒在最高元首的率领下，前往清真寺举行隆重的祷告仪式，然后举行盛大的游行庆祝活动。

4. 禁忌

由于伊斯兰教是马来西亚的国教，因此大多数马来西亚人忌食狗肉、猪肉，忌讳使用猪皮革制品，忌用漆筷（因为漆筷制作过程中用了猪血），忌谈及猪、狗的话题。忌讳乌龟，认为是不吉祥的动物。

马来西亚人喜欢绿色，认为是吉祥的颜色；忌用黄色，不穿黄色衣服；认为单独使用黑色是消极的。

马来西亚人忌讳的数字是0、4、13。

马来西亚人认为左手不干净，故不用左手为别人传递东西。此外，在公共场合，无论男女，衣着不得露出胳膊和腿部。

（五）泰国

1. 生活习俗

泰国人的生活习俗与中国南方一些省份有相近之处。泰国人主食是大米，副食是蔬菜和鱼。最爱吃用大米、鱼肉、香料、椰酱及蔬菜等烹制而成的“咖喱饭”。喜爱咸口味，也特别喜欢吃辣味食品，而且越辣越好，“辣椒酱”是每餐必备的。喜欢用味精和鱼露调味，爱吃海鲜品，讲究鱼肉鲜嫩。喜欢吃蛋糕及点心。

泰国人喜欢喝红茶。可能是天气火热和喜食辛辣的原因，不喝热茶，习惯在茶和饮料里配上冰块。泰国人爱喝白兰地和苏打水，也喝啤酒、咖啡。饭后有吃水果的习惯。在吃西瓜或菠萝时，习惯蘸上些盐末或辣椒末一起吃。

泰国人的服饰，总的来说比较朴素。泰国男子的传统服饰叫“绊尾幔”纱笼和“帕农”纱笼，纱笼下摆较宽，穿着舒适凉爽，是泰国平民中流传最长久的传统服饰之一。泰国女子的传统服饰是女筒裙。随着社会的发展和外来的影响，泰国人的服饰发生了很大变化。现在的泰国男子多穿制服、西装，女子则穿西服裙。在正式场合，男子穿深色西服，也有穿泰国传统的无领丝绸衬衫。

2. 行为习俗

泰国被誉为“微笑的国度”，泰国人性情温和，待人热情、有礼貌。除非在相当西化的场合，泰国人见面时不握手，而是双手合十放在胸前，双手抬得越高，表示对客人越尊重，但双手的高度不能超过双眼。一般双手合起应在额至胸之间。地位较低的人或年轻者，应先向对方行合十礼。泰国人也行跪拜礼，但要在特定场合，如拜见国王、拜见高僧时。

泰国人非常重视人的头部，认为头是灵魂所在，是神圣不可侵犯的，因此不要触摸别人的头。泰国人认为头部被他人触摸是奇耻大辱。长辈在座，晚辈必须坐在地下或者蹲跪，以免高于长辈头部；递东西时也不能越过别人的头部。泰国人睡觉时不能头朝西，因为他们认为日落西方象征死亡。泰国人轻视脚部，在泰国人面前，以鞋底对着别人是不礼貌的。脚除了走路之外，不可做其他用途，如用脚踢门，会受到唾弃；用脚给人指示，也是失礼的。

泰国是个佛教国家，进寺庙烧香拜佛或参观时，必须衣冠整洁；若在庙堂中赤胸露背，衣冠不整，会被认为玷污了圣地，对神佛失敬。由于泰国人信奉的是小乘教派，所以走进大殿时，都必须脱下鞋子。

3. 节日习俗

（1）宋干节。又称泼水节，为公历 4 月 12 日至 15 日，是泰国新年，可放假 4 天。每当此刻，举国欢庆，曼谷尤甚。大致有五项活动，即浴佛、堆沙、放生、庆祝游行、泼水。在节日里，孩子会把水泼到长者的手上，在水花四溅中祈求他们的祝福。最受尊敬的佛像——帕辛佛将被展出，会有上千佛教弟子向他泼水。庆典活动还包括打水仗，这在炎炎 4 月的泰国是一种降温的好办法。

泰国的宋干节

（2）佛诞节。又称浴佛节，为纪念佛祖释迦牟尼诞生的节日。为公历 5 月 23 日，按规定可放假一天。佛寺在这一天都要举行斋戒、诵经法会，以各种香水、鲜花水浴洗佛像。这天善男信女都要到寺庙敬香，参加浴佛仪式。

（3）农耕节。是泰国的重要节日，每年到农耕节时，泰国都要在曼谷大皇宫旁边的王家田广场举行大典。农耕节大典始于 13 世纪的素可泰王朝。节日由占卜师选择在每年 5 月（泰历 6 月）的一个良辰吉日按照婆罗门教的习俗举行。整个仪式历时 2 小时，隆重热烈，吸引众多游人观看。

（4）守夏节。在每年公历 7 月，是重要的佛教节日。玉佛寺会举行隆重的玉佛更衣仪式，一般由国王或御代表主持。这一天即表示泰国已进入盛雨季节，僧侣进入为期 3

个月的坐禅、诵经期，其间和尚除早上外出布施化缘外，其他时间一律不得随意走出寺庙，膳食只能早晚两餐，晚餐只能吃流食。

（5）水灯节。在每年公历11月（泰历12月）月圆之日。水灯节是泰国的主要节日，亦是泰国民间最热闹、最富诗意的传统节日。届时曼谷全城沸腾，万灯漂流，壮美无比，最热闹的地区是第一世皇桥两岸、考遴公园、空洛港等地。

（6）竹炮节。泰语称“汉邦菲”，它是泰国民间祈雨的一种风俗仪式，在东北部地区较为盛行。于每年雨季将至前的5月中旬举行，一般进行两天，十分隆重、热闹，极具民间气息。

（7）国庆节。又称万寿节，是现任国王的生日，也是佛教的大节。公众的娱乐以民间戏剧和露天电影为主。

4. 禁忌

泰国人特别崇敬佛和国王，因此不能与他们或当着他们的面议论佛和国王。在泰国，男女仍然遵守授受不亲的戒律，所以不可以在泰国人面前展现出男女过于亲近。当着泰国人的面，最好不要踩门槛，因为他们认为门槛下住着神灵。泰国人不用红笔签名，因为泰国人死后，要在棺材口写上其姓氏，写时用的是红笔。在人经常走过的地方，如门口、房顶等处禁止悬挂衣物，特别是内衣和袜子之类。

泰国人忌讳褐色，而喜欢红色、黄色。他们习惯用颜色来表示不同的日期。如星期日为红色，星期一为黄色，星期二为粉红色，星期三为绿色，星期四为橙色，星期五为淡蓝色，星期六为紫红色。

泰国人认为人的右手清洁而左手不洁，左手只能用来拿一些不干净的东西。因此，重要东西用左手拿会招来嫌弃。在比较正式的场合，还要双手奉上，用左手则会被认为是鄙视他人。

二、欧洲国家的习俗礼仪

（一）俄罗斯

1. 生活习俗

俄罗斯人以面包为主食，爱吃带酸味的食品，菜汤、面包、牛奶要吃酸的；口味偏咸，喜油腻。喜食牛、羊肉，不大爱吃猪肉。早餐简单，几片黑面包、一杯酸牛奶即可；午餐讲究，爱吃红烧牛肉、烤羊肉。要喝汤，汤汁要浓，如鱼片汤、肉丸汤、鸡汁汤等。俄罗斯人爱吃中国的许多肉类菜肴，对北京烤鸭很欣赏，但不吃木耳、海蜇、海参之类的食品。

俄罗斯人喝啤酒佐餐，酒量很大。他们最喜欢喝高度烈性的伏特加，不爱喝葡萄酒、绿茶，喜欢喝加糖的红茶。妇女和儿童喜爱的饮料是酸牛奶、果汁。

俄罗斯人大都讲究仪表，注重服饰。在俄罗斯民间，已婚妇女必须戴头巾，并以白色为主；未婚姑娘则不戴头巾，但常戴帽子。在城市里，男子多穿西服，戴呢帽、便帽、礼帽，冬天戴皮帽，穿皮鞋、皮靴或毡靴。女子穿连衣裙、西服上衣或西服裙。

2. 行为习俗

俄罗斯人性格开朗、豪放，组织纪律性强，习惯统一行动。与人见面时行握手礼。朋友间行拥抱礼并亲面额。与人相约，讲究准时。俄罗斯人尊重女性，在社交场合，男性会帮女性拉门、脱大衣等。俄罗斯人重视文化教育，喜欢艺术品和艺术欣赏。

3. 节日习俗

俄罗斯的传统节日主要包括新年和四季节日（送冬节、桦树节、丰收节和迎冬节）。除此以外，由于东正教长期作为俄罗斯的国教，影响深远，不少宗教节日已经成为俄罗斯人传统生活中不可缺少的部分。

（1）新年（元旦）。1699 年，彼得大帝依照西欧各国的传统习惯，把每年的 1 月 1 日定为新年。1930 年，苏联政府将新年正式定为全国性节日。新年时，各个公共场所都披上了节日的盛装，在城市的大广场上耸立着高大、漂亮的新年枞树，家家户户的客厅里也摆着挂满各种小礼物的枞树，塔形的枞树象征生命常青。在新旧交替的午夜 12 点钟，克里姆林宫巴斯克塔上的大自鸣钟传出洪亮的钟声，收音机和电视将钟声传遍全国，举国欢庆，人们打开香槟，互相祝贺新年。

（2）送冬节。送冬节是四季节日之一，节期约在 2 月末、3 月初，为时一周。冬节的前身是古斯拉夫人的春耕节，20 世纪 60 年代末，苏联政府将这个节日改为送冬节，又叫俄罗斯之冬狂欢节。象征太阳的圆薄饼是节日的必备食品，节日期间跳的圆圈舞是俄罗斯最主要的民间舞蹈形式。节日里，各地还举行化装游行，彩车上载着人们装扮的寒冬女神、俄罗斯三勇士等神话中的人物，人们载歌载舞送别寒冷的冬天，迎接温暖的春天。

（3）桦树节。俄历每年 6 月 24 日。桦树节源自古代的夏至节，民间的庆祝活动体现水火崇拜。人们身着节日盛装，头戴花环，围着篝火唱歌跳舞。人们把桦树枝与祭品一起投入湖中，祈求神灵保佑丰收。由于这一天欢庆离不开桦树，因此又被称作桦树节，或者"俄罗斯小白桦节"。

（4）丰收节。农民对这个节日非常重视，特意在田里留下一束小麦，在它面前摆上面包、奶酪和盐，拜祭大地，感谢其赐予的恩惠。

（5）迎冬节。具体日期根据各地冬天来临的时间而定。节日的中心人物是"冬妈妈"，人们以面包和盐向她表示敬意。

4. 禁忌

俄罗斯人忌讳双数，忌数字“13”和“星期五”。俄罗斯人忌讳黄色，认为黄色是不吉利的颜色；忌讳送蜡烛，认为蜡烛是能带来死亡的不祥之物；忌讳学猫头鹰叫，认为这预示着人将受到死亡的威胁。

（二）英国

1. 生活习俗

在欧洲，英国菜不像法国菜那样闻名，有人戏说，法国人是为吃而活着，而英国人则是为了活着而吃。英国是一个食品进出口大国，世界各地的食品在这里都可以买到，每年食品进口开支约占食品总开支的10%。英国人的传统食品是布丁、鱼和馅饼，其中，布丁是他们最喜爱的食物。布丁是用面粉、牛奶、鸡蛋、水果混在一起煮熟的。乳酪也是英国人的常备小食品之一，通常在饭后品尝。

饮茶是英国人饮食习惯中独具一格的方面。对于多数人来说，喝茶只不过是一种生活需要，但英国人却认为喝茶是一种必不可少的享受。英国人已有300多年的饮茶历史。英国18世纪大作家塞缪尔·约翰生认为茶是“思考和谈话的润滑剂”，每天要喝40杯。有“上午茶”和“下午茶”时间。一到这个时间，不管是高官显贵，还是平民百姓，都会放下工作去喝茶。倒茶前，要先往杯子里倒入冷牛奶，加点糖。

英国人除了固定的喝咖啡和茶的时间外，也喜欢喝酒，经常是空腹喝酒和同时混喝几种酒。据统计，英国仅香槟每年就进口2 000多万瓶，超过世界上任何一个国家。英国人喝得最多的酒是啤酒，还有威士忌。英国人对酒的偏爱促进了饮酒业的发展，在街道两旁有难以计数的酒吧、酒馆，为饮酒爱好者提供了方便。

男子穿裤、女子着裙是许多国家的通常习惯，而苏格兰男子却爱穿一种用花格子呢制成的短裙。这是一种古老的传统服装。除了这种传统的短裙外，英国人一般穿做工精细的西服及适用于不同场合的礼服。英国人在服饰上不讲求新颖、奇异，所以在着装上缺少时尚的变化，但做工却非常精细。与世界各国变化多端、色彩缤纷的女子服装相比，英国女性的服装要略逊一筹，她们着装的出发点是实用美观又经济实惠。

2. 行为习俗

英国人重视礼节和自我修养，所以也注重别人对自己是否有礼，重视行礼时的礼节程序。见面时对初次认识的人行握手礼。在大庭广众之下，一般不行拥抱礼，男女在公共场合不手拉手走路。英国人特别注重绅士风度，认为这种风度是他们的骄傲。尊重女性是体现绅士风度的一个重要方面，女士优先是一个人人皆知的行为准则。在通常情况下，英国人总是把女性放在优先考虑的地位。英国人感情含蓄，不喜欢别人问及有关个人生活的问题，因此和英国人闲谈时最好谈天气等，不要谈及职业、收入、婚姻等。

3. 节日习俗

（1）国庆节。按历史惯例，英王的生日为英国国庆日。

（2）新年。新年之夜是英国最热闹的节日之一，全家围坐，聚餐饮酒，唱辞岁歌辞旧迎新。英格兰的新年礼物是煤块，拜亲访友时进门要把煤块放入主人家的炉子内，并说："祝你家的煤长燃不熄。"

4. 禁忌

英国人对数字的禁忌除了"13"以外，还忌"3"，尤其是 13 号正逢星期五，被认为是最不吉利的日子。与英国人坐着谈话时，应避免两腿分得过宽，更不能跷起二郎腿。英国人忌用人像作为商品装潢，忌用大象图案，因为他们认为大象象征着愚蠢；也讨厌孔雀，认为它是祸鸟，象征着自我炫耀和吹嘘。英国人忌送百合花，认为百合花代表着死亡。

（三）法国

1. 生活习俗

法国烹饪誉满全球，从 17 世纪开始，西餐一般都指法国菜。法国美食是世界三大美食之一。法国人非常讲究吃。早餐一般吃面包、黄油，喝牛奶、浓咖啡；午餐喜欢吃炖鸡、炖牛肉、焖龙虾等；晚餐一般很丰盛。法国人喜欢吃各种蔬菜，只要新鲜就可以，不喜辣味。法国人的口味特点是鲜嫩、肥浓。家常菜是牛排和土豆丝，鹅肝是法国的名贵菜。法国有"奶酪王国"之称，奶酪在法国是极普遍的食品，法国人每天都离不开奶酪。

法国是名酒白兰地、香槟的故乡。法国不仅酿酒业闻名世界，而且还有"饮酒冠军"的美称，法国人把酒当作饮料，像英国人喝茶一样普遍。他们喝酒非常讲究，一般吃肉饮红葡萄酒，吃鱼饮白葡萄酒，吃水果、点心饮甜酒。

法国人的衣着十分讲究，尤其是巴黎时装。法国女性是世界上最爱打扮的女人，法国化妆品也很有名。法国香水及化妆品业举世闻名，和法国时装、法国葡萄酒并列为法国三大精品产业，是法国人的骄傲。法国人天生有一种浪漫精神，他们的服装是建立在传统艺术之上的。

2. 行为习俗

法国人乐于助人，谈问题不拐弯抹角，但不急于做出结论，做出结论后都明确告知对方。约会讲准时，不准时被认为是无礼貌的。法国人待人彬彬有礼，礼貌语言不离口。在公共场所，不大声喧哗。

法国人天生浪漫，喜欢交际。在商务交往中，常用的见面礼是握手礼。而在社交场合，则流行亲吻礼。但行亲吻礼时，规矩很严格：朋友、亲戚、同事之间只能贴脸，长辈对小辈是亲额头，只有夫妇或情侣之间才真正接吻。

在商务活动中，法国人有一个独特的地方，就是坚持要求使用法语。若发现跟自己交谈的人会说法语，而用了英语，他们会很生气。但也忌讳别人讲蹩脚的法语，认为这是对其祖国语言的亵渎，若对法语不纯熟，最好讲英语或借助翻译。

3. 馈赠习俗

法国人对礼物十分看重，但又有其特别的讲究。法国人喜欢有文化和有美学素养的礼品，唱片、磁带、画册等是法国人最欣赏的礼品，不宜送刀、剑、剪、餐具或是带有明显的广告标志的物品。忌送香水给一般女人，在法国，送香水给女人意味着求爱。

4. 节日习俗

（1）国庆节。7 月 14 日。国庆前夕，法国所有的城市燃放烟火，整个巴黎的所有街道，人们载歌载舞。次日清晨，在巴黎香榭丽舍大街上举行大规模阅兵仪式。

（2）五一国际劳动节。铃兰为五一节传统花卉，各工会举行大规模游行。

（3）万灵节。11 月 1 日，是为了凭吊为国捐躯的先驱而设的。在那一天，人们都自觉地到先人坟前敬献花圈。由总统或总理向军中功臣和两次世界大战中幸存的英雄颁发奖章。

（4）帝王节。1 月 6 日。在糕点铺内，人们纷纷购买甜饼，这种甜饼内含有一种叫蚕豆的小东西。家中最小的成员，把眼睛蒙上，将甜饼分给大家。吃到蚕豆的人将被封为国王（王后），并挑选他的王后（国王）。全家人或朋友们举杯高颂："国王干杯，王后干杯。"

（5）圣蜡节。2 月 2 日。这是一个宗教及美食的双重节日。这一天，家家都做鸡蛋薄饼，鸡蛋饼煎得又薄又黄，像太阳似的金黄色。

（6）同龄节。定于 1 月份的最后一个星期日，凡是满 20、30、40 整岁的男性公民聚在一起，举行游行庆祝活动。身着礼服、头戴礼帽，并在帽上佩戴表示年龄的不同颜色的彩带。

5. 禁忌

法国人忌讳的数字是"13"和"星期五"。忌黄色的花，认为它象征夫妻之间的不忠贞。法国人忌黑桃图案，视之为不吉利；忌仙鹤图案，认为仙鹤是蠢汉和淫妇的象征；忌墨绿色，因为这是第二次世界大战中纳粹军服的颜色。

（四）德国

1. 生活习俗

德国菜以酸、咸口味为主，调味较浓重。烹饪方法以烤、焖、串烧、烩为主。面包是德国人一日三餐不可缺少的、最重要的主食。德式的汤一般比较浓厚，喜欢把原料打碎在汤里，这大概与当地天寒地冻的气候有关。据说德国人生性比较俭朴，水煮香肠，一锅浓浓的马铃薯豆子汤，加上有名的腌制酸菜和面包，一顿饭便打发了。

德国人最讲究、最丰盛的不是午餐、晚餐，而是早餐。首先是饮料，包括咖啡、茶、各种果汁、牛奶等，主食为各种面包，以及与面包相配的奶油、干酪和果酱，外加香肠和火腿。德国的午餐一般多在单位食堂或快餐馆就餐，是名副其实的快餐，如一个由土豆、沙拉生菜和几块肉组成的拼盘，外加一杯饮料。德国人的家庭晚餐通常是冷餐，内容很丰盛：一盘肉食的拼盘；鲜嫩可口的蔬菜，如小萝卜、西红柿、黄瓜；新鲜的水果，如葡萄、樱桃；主食是面包。

德国人喜欢肉食，尤其喜欢吃香肠。他们制作的香肠有 1 500 种以上，许多种类风行世界，像以地名命名的“黑森林火腿”，可以切得跟纸一样薄，味道奇香无比。德国的国菜就是在酸卷心菜上铺满各式香肠，有时用一整只猪后腿代替香肠和火腿。

至于饮料，德国人以啤酒为主，慕尼黑是世界闻名的啤酒城。德国人也爱喝葡萄酒，葡萄酒对德国人来说不光是饮料，还是治病强身的药品。

民族特色与时髦时装并不是德国人的服饰特点，穿戴整齐才是德国人在穿着上最显著的特征。德国人非常讲究清洁，体现在衣着服饰上。德国人在工作时都要穿上干净整洁的工作服，下班之后，一定要穿戴得整整齐齐才能上街。在商业社交场合，一般男士穿深色的三件套西装，打领带，穿深色鞋袜。女士穿长过膝盖的套裙或连衣裙。不允许女士在商务场合穿低胸紧身透明的性感上装和超短裙，也不能佩戴过多首饰。

2. 行为习俗

德国人勤勉，讲究效率，守纪律，时间观念强。不喜欢拖拖拉拉、不守纪律和不讲卫生的坏习惯。特别在商务谈判中，瞧不起“临阵磨枪”的对手。在谈判中德国人很倔强好胜，表现得较为固执，难以妥协，因而在交易中很少让步。但他们重合同、讲信誉，对合同条文研究得非常仔细，合同一旦签订，就绝不能更改。与德国人交谈，可谈有关德国的事及个人业余爱好和体育，如足球之类的运动，很少谈篮球、垒球和美式橄榄球运动。

3. 馈赠习俗

尽量选择有民族特色的礼物。不要给德国女士送玫瑰（爱）、香水和内衣（亲近），即使是女性之间也不宜互赠这类物品。也不能用刀、剪、餐具等送人，有断交之嫌。不能用褐色、白色、黑色的包装纸和彩带包装、捆扎礼品。

4. 节日习俗

德国的主要宗教信仰是基督教。所以，基督教节日如复活节、圣诞节、感恩节等是最隆重的节日。随着社会的发展，一些具有德国特色而且为德国带来了国际声誉的节日也非常热闹和精彩，比如狂欢节、啤酒节、文化节等。

（1）慕尼黑啤酒节。每年 9 月的第三个星期六至 10 月第一个星期日固定为啤酒节。据称，德国慕尼黑啤酒节是世界上规模最大的狂欢节。人们聚集到慕尼黑城外的大草坪上，唱歌、跳舞、观看赛马和痛饮啤酒。人们坐在传统的长板凳上及长木桌前，享受着德国啤酒、当地特色的烤猪腿和面包圈。600 多万人喝掉 600 多万升扎啤，吃掉近 50 万根烤肠和 5 万多只烤猪腿。啤酒棚中央的舞台上，乐队演奏的民歌和流行音乐，处处透出传统气息。

（2）狂欢节。狂欢节是德国一个古老的传统节日。从每年 11 月 11 日 11 时起狂欢节就算开始了，一直到第二年复活节前 40 天为止，前后要持续两三个月。它的高潮是在最后一个星期，特别是这周的星期日、星期一和星期二。狂欢节一开始，许多城市、村镇都要建立各种组织来筹划狂欢节中高潮期的活动。狂欢节结束前的星期四被称为“女人节”，它是狂欢节进入高潮期的标志。在“女人节”中，往往要表演妇女夺权的喜剧。她们成群结队地冲进市政大厅，闯入市长办公室，坐在市长办公椅上宣布接管市政权，这一喜剧表演得惟妙惟肖，又大快人心，充满了浪漫的色彩。这一天最让男人们提心吊胆的是怕女人们剪去自己的领带，剪来的领带被女士们作为战利品钉在墙上自我欣赏。狂欢节结束的前一天是星期一，这一天是整个狂欢节的顶点，被称为“疯狂星期一”或“玫瑰星期一”。这一天有两项活动：一是化装大游行，二是大型狂欢集会和舞会。狂欢节的三大要素就是吃喝、喧闹和化装。

5. 禁忌

除宗教禁忌外，德国人对颜色禁忌较多，忌讳茶色、黑色、红色和深蓝色；忌讳吃核桃。不宜随意以玫瑰或蔷薇送人，前者表示求爱，后者则专用于悼亡。在德国，有关“纳粹”的禁忌很多：穿鞋子不能黑鞋白带，因为那是纳粹的标志；忌在服饰、商品包装上用纳粹标志；除非是秃头，德国男人很少剃光头。

三、美洲国家的习俗礼仪

（一）美国

1. 生活习俗

美国式饮食不讲究精细，追求快捷方便，也不奢华，比较大众化。一日三餐都比较随便。早餐以面包、牛奶、鸡蛋、果汁、麦片、咖啡、香肠等为主。午餐一般在工作地点用快餐，一般有三明治、水果、咖啡、汉堡包、热狗等。晚餐是正餐，比较丰盛，有一两道菜，如牛排、猪排、烤肉、炸鸡等，配面包、黄油、青菜、水果、点心等。美国人在临睡前有吃点心的习惯，成人以水果、糖果为主，孩子则食用牛奶和小甜饼。

美国人的口味比较清淡，喜欢吃生、冷食品，如凉拌菜、嫩肉排等，热汤也不烫。菜肴的味道一般是咸中带点甜。煎、炸、炒、烤为主要烹调方式，不用红烧、蒸等方式。以肉、鱼、蔬菜为主食，面包、面条、米饭是副食。所用肉类都先剔除骨头，鱼去头尾和骨刺，虾蟹去壳。

美国人喜欢冰水、矿泉水、可口可乐、啤酒、威士忌、白兰地等饮料，喜欢在饮料中加冰块，不喜欢饮茶。饭后喝咖啡，很少喝烈性酒。

美国人平时不太讲究衣着，爱穿什么就穿什么，具有个性。只有在正式的社交场合才讲究服饰打扮。美国妇女日常有化妆的习惯。

2. 行为习俗

美国的特殊发展历史，形成了美国人性格外露、自信、热情、坦率和办事利索的性格特征。他们不拘泥于正统礼节，通常相见时，一般只点头微笑，打声招呼，而不一定握手。他们一般也不爱用先生、太太、小姐、女士之类的称呼，认为对关系较深的人直呼其名是一种亲切友好的表示，从不以行政职务去称呼别人。对美国妇女，不要存男女有别的观念，要充分尊重她们的自尊心。美国人在同别人交谈中喜欢夹带手势，有声有色，但他们不喜欢别人不礼貌地打断他们讲话。美国人很重视隐私权，忌讳被人问及私事；交谈时与别人总保持一定的距离。

3. 节日习俗

美国的节日繁多，除了西方国家共有的节日外，还有几个重要的节日。

（1）母亲节。美国是世界上最早出现母亲节的国家。1906 年 5 月 9 日，美国女公民安娜·贾维丝的母亲不幸去世，她悲痛万分。为了永远追思母爱，她倡议每年定一天为母亲节，来感谢母爱的伟大。1914 年 5 月 7 日，美国国会通过决议，把每年 5 月的第二个星期日定为“母亲节”，以表示对所有母亲的尊敬和感谢。

（2）国庆节。又被称为“独立纪念日”，它是美国的主要法定节日之一。日期为 7 月 4 日，以纪念 1776 年 7 月 4 日大陆会议通过《独立宣言》。早期独立日的庆祝活动主要是游行和演讲，后来又增加了户外活动、体育比赛等项目。燃放爆竹、烟花的活动曾一度十分流行，20 世纪后为防止发生火灾等危险而取消。

（3）感恩节。定为 11 月的最后一个星期四。感恩节是美国人民独创的一个节日，也是美国人合家欢聚的节日。每逢这一天，美国举国上下热闹非凡，人们按照习俗前往教堂做感恩祈祷，城乡市镇到处举行化装游行、戏剧表演和体育比赛等，学校和商店也都按规定放假休息。孩子们还模仿当年印第安人的模样穿上离奇古怪的服装，画上脸谱或戴上面具到街上唱歌、吹喇叭。散居在他乡外地的家人也会回家过节，一家人团团围坐在一起，大嚼美味火鸡。

4. 禁忌

美国人忌讳数字“13”和“星期五”；忌讳蝙蝠做图案的商品和包装，认为这种动物吸人血，象征着凶神。美国人忌讳与穿着睡衣的人见面，因为他们认为穿睡衣就等于不穿衣服。忌讳别人冲他伸舌头，认为这种举止是污辱人的动作。忌讳黑色，认为黑色是肃穆的象征，是丧葬用的色彩。

（二）加拿大

1. 生活习俗

在历史并不悠久的加拿大，并没有像中国菜或法国菜那样的传统加拿大菜。但正由于加拿大是个移民国家，因此在不同地区可品尝到使用了新鲜材料的各国饭菜。在英系地区，早餐为吐司，还有鱼类、油煎土豆片、烤饼、小松糕；而法系地区也同样有月牙面包、长面包及美味的蛋糕等。

加拿大最大众化的酒大概就是加拿大啤酒了。酒精度5%，口味很淡。葡萄酒种类非常多，除进口葡萄酒外，还有奥卡纳冈及尼亚加拉产的品质良好的葡萄酒。威士忌中则以号称加拿大威士忌的黑麦威士忌和苏格兰威士忌平分秋色。

加拿大人在不同的场合有不同的装束。在较正式场合，男子着深色西装，打领带，女士则穿较庄重的衣裙。在非正式场合，或彼此很熟识，男子可穿不同颜色的上装和长裤，女士着整套衣裙或衫裙，服装颜色不宜太显眼，款式不能过于奇异。加拿大青年人喜爱能体现现代生活的节奏感，使着装者显得潇洒、干练的服装，如牛仔系列服装就很受青睐。

2. 行为习俗

加拿大人在社交场合一般姿态比较庄重，举止优雅。在交谈时，加拿大人会和颜悦色地看着对方，显示出很自信、有礼貌的样子。在社交场合与客人相见时，一般都行握手礼，亲吻和拥抱礼仅适合熟人、亲友和情人之间。在双方握手以后，他们会说“见到你很高兴”“幸会”等。加拿大人讲究实事求是，与他们交往不必过于自谦，不然会被误认为虚伪和无能。

3. 节日习俗

（1）冬季狂欢节。在加拿大的东南部的港口城市魁北克举行的冬季狂欢节已经有四十多年的历史了。冬季狂欢节为期十天，每年从 2 月份的第一个周末起开始举行。狂欢节的规模盛大，活动内容奇特多彩，具有浓郁的法兰西文化色彩。

（2）枫糖节。是加拿大传统的民间节日，每年 3 月春意盎然时，生产枫糖的农场被粉饰一新，披上节日的盛装，大家在一起品尝大自然送给他们的甜蜜礼品。传统的枫糖节都向来自国内外的游人开放，尤其欢迎儿童。一些农场还专门保留着旧时印第安人采集枫树液和制作枫糖的器具，在节日里沿用古老的制作方法，为观光客表演制作枫糖的工艺过程，有的还在周末向旅游者免费供应枫糖糕和"太妃糖"，任人品尝。节日里当地居民还热情地为游客们表演各种民间歌舞，带领观光客去欣赏繁茂美丽的枫林红叶。

（3）郁金香花节。在 5 月的最后两周举行。加拿大郁金香节是世界上最为壮观的郁金香盛会。它的特点之一是邀请世界各国的首都以自己的郁金香参展。郁金香节一般持续两个周末。节日期间有各种彩车游行。欢庆的人们还选出一位美丽的"皇后"。人们尾随"皇后"的花车，以乐队为前导徐徐前行。

4. 禁忌

除天主教、基督教中的忌讳以外，加拿大人还忌讳别人赠送白色的百合花，认为它会给人带来死亡的气氛，人们习惯用它来悼念逝者。加拿大人忌讳黑色和紫色。在宴席上，他们喜欢用双数安排座次；忌吃虾酱、鱼露、腐乳和臭豆腐等有怪味、腥味的食物；忌食动物内脏和脚爪。

四、大洋洲国家的习俗礼仪

（一）澳大利亚

1. 生活习俗

由于历史的原因，澳大利亚人口中英国移民的后裔占绝大多数，他们的饮食习惯与英国人差不多。菜要清淡，讲究花样，不吃辣，对中国菜颇感兴趣。爱吃各种煎蛋、炒蛋、冷盘、火腿、虾、鱼、西红柿等。西餐喜欢吃奶油烤鱼、炸大虾、什锦拼盘、烤西红柿等。

澳大利亚人的服饰与西欧人一样，男子多穿西服，打领带，在正式场合打黑色领结，达尔文服是流行于达尔文市的一种简便服装。妇女一年中大部分时间都穿裙子，在社交场合则套上西装上衣。无论男女都喜欢穿牛仔裤，他们认为穿牛仔裤方便自如。

土著人的服饰也与西欧人一样，不同的是他们的衣服很少洗，显得很脏。还有的土著人赤身裸体，或在腰间扎一块布遮盖。他们的装饰品丰富多彩，有的佩戴臂环、项圈、前额箍和骨制鼻针。节日时，他们还在身上涂上各种颜色。

2. 行为习俗

澳大利亚人很讲礼貌，在公共场合从来不大声喧哗。在银行、邮局、公共汽车站等公共场所，都是耐心等待，秩序井然。

澳大利亚人见面习惯于握手，不过有些女子之间不握手，女友相逢时常亲吻对方的脸。澳大利亚人大都名在前，姓在后。称呼别人先说姓，接上先生、小姐或太太之类。熟人之间可称小名。

澳大利亚人的时间观念很强，约会必须事先联系并准时赴约，最合适的礼物是给女主人带上一束鲜花，也可以给男主人送一瓶葡萄酒。澳大利亚人待人接物都很随和。

3. 节日习俗

作为英联邦成员，澳大利亚主要的节日跟英国、加拿大等国家非常相似，最有特点的是圣诞节。当北半球的国家在12月底欢度圣诞节的时候，位于南半球的澳大利亚正处于仲夏时节，所以这里的圣诞节与众不同，别有风趣。圣诞老人穿着大红皮袄、踏着雪橇与烈日下大汗淋漓、吃着冰激凌的人们形成鲜明的对照，是一番少有的庆贺景象。

除此以外，在澳大利亚全国性的节日中，有两个节日特别受到广泛重视，一个是4月25日“恩沙克日”——澳大利亚军人节；另一个则是11月第一个星期二，闻名世界的澳大利亚赛马——墨尔本杯大奖赛的举行日。全国性赛马发源地墨尔本市将这一天列为公休日，届时，全国其他地区也停止工作，进行观马大赛。

4. 禁忌

澳大利亚人除与西方国家有一些共同的忌讳之外，他们为自己独特的民族风格而自豪，因此谈话中忌拿他们与英国、美国比较。澳大利亚人对兔子特别忌讳，认为兔子是一种不吉利的动物，人们看到它都会感到倒霉。忌谈工会、宗教、个人问题、袋鼠数量的控制等敏感话题。澳大利亚的土著民族都崇拜原始图腾，每个氏族都以某种动植物作为自己的图腾，如青蛙、蝙蝠、甲虫等。因此，禁忌人们伤害或食用其崇拜的图腾。

（二）新西兰

1. 生活习俗

新西兰人非常热衷于他们的食物，且非常幸运地拥有各种各样富有变化的食品。温和的气候使得多种水果或蔬菜皆能在此生长繁衍。新西兰人喜爱吃小羊肉及羊肉。因为羊的数目递减，其他含高蛋白质的食品也受到青睐，越来越多的新西兰人改变习性，吃鸡肉多于羊肉。传统的新西兰餐以一道肉、马铃薯及两至三样蔬菜构成。

新西兰人喜欢喝啤酒。国家对烈性酒严加限制，有的餐馆只出售葡萄酒，专卖烈性酒的餐馆对每份正餐只配一杯烈性酒。欧洲移民的后裔们还爱喝浓汤，并且对红茶一日不可缺。受英国习俗的影响，饮茶也是新西兰人的爱好。一天至少七次，即早茶、早餐茶、午餐茶、午后茶、下午茶、晚餐茶和晚茶。

新西兰欧洲移民的后裔，在日常生活里通常以穿着欧洲服装为主。看重质量，讲究庄重，偏爱舒适，强调因场合而异。外出参加交际应酬时，新西兰妇女不但要身着盛装，而且一定要化妆。但从总体上看，新西兰人的服装日益趋向于简单随便。

毛利人的服装与欧洲移民的后裔迥然不同。毛利人的服装，一般是用亚麻布纺织而成。他们习惯于身披披肩，腰扎围裙。头上有时还会戴上头篷或者花环。

2. 行为习俗

新西兰人见面和告别均行握手礼，习惯的握手方式是紧紧握手，目光直接接触，男士应等候女士先伸出手来。鞠躬和昂首也是他们通用的礼节。初次见面，身份相同的人互相称呼姓氏，并加上“先生”“小姐”等，熟识之后，互相直呼其名。毛利人仍保留着浓郁的传统习俗。当遇到尊贵的客人时，他们要行“碰鼻礼”，即双方要鼻尖碰鼻尖两三次，然后再分手离去。据说，按照其风俗，碰鼻子的时间越长，就说明礼遇越高，越受欢迎。

新西兰人时间观念较强，约会须事先商定，准时赴约。客人可以提前几分钟到达，以示对主人的尊敬。交谈以气候、体育运动、国内外政治、旅游等为话题，避免谈及个人私事、宗教、种族等问题。

3. 节日习俗

新西兰大部分节日承袭了欧洲传统，随着华人人口的增加，中国的传统节日——春节也成为新西兰的重要节日。而其他民间的节日，则和文化艺术息息相关。

（1）毛利新年。每年的毛利新年日期都不同。作为一个民族的传统节日，毛利新年是毛利人举家团聚的日子，承载着当地人的民族文化。节日一般的庆祝方式是大家聚在一起，载歌载舞，制作毛利族的传统手工艺品，当然丰盛的食物以及香醇的美酒是不可或缺的，活动一般要持续三四天。

（2）皇后镇冬之祭。已经有 35 年的历史，在每年的 6—7 月间举行。在这十天的节日盛会里，活动行程挤满了有关雪的运动，处处都是人们跳舞聚宴的欢乐场景，欢声笑语不绝于耳。节日期间还举行许多山地活动、街头派对、烟花表演、现场音乐会、喜剧表演、戏剧演出、家庭娱乐等活动，除了当地人们带来的演出，一些国际知名表演家也将前来献技。

（3）但尼丁吉百利巧克力狂欢节。在 7 月举行，为期一周。狂欢周内将举办大量活动，部分为免费参与，其他活动仅收取少量费用。每个游客都能找到自己喜爱的活动，包括现场戏剧、烹饪展示、巧克力艺术班、巧克力疗法和巧克力面膜等。

4. 禁忌

受基督教、天主教的影响，新西兰人忌讳数字“13”和“星期五”。虽然大都讲英语，但是新西兰人却不喜欢像英国人一样用“V”字手势表示胜利。毛利人信奉原始宗教，相信灵魂不灭，因此对拍照、摄像十分忌讳。

五、非洲国家的习俗礼仪

（一）埃及

1. 生活习俗

埃及人主食以面为主，有时也吃米饭。口味偏浓重，喜欢麻辣味道；喜欢吃甜食，宴会或家庭正餐的最后一道菜都是甜食。埃及人乐于品尝冷盘风味菜、带馅心的菜，以及奶油烧制的菜肴。他们在公历 4 月下旬惠风节时，特别喜欢吃鸡蛋。他们认为在此期间吃鸡蛋预兆着吉祥。他们对蔬菜中的生菜尤为偏爱，认为它象征着春天的葱绿，人吃了会强壮身体、促进生育。由于受宗教的影响，埃及人用餐惯用手抓饭取食。

埃及的传统服装是阿拉伯大袍，在农村，无论男女大多数都穿大袍。在大中城市，埃及人的打扮已与国际接轨，开始穿西方服装。但是，老年人着装较为保守，奇装异服埃及人通常不问津。按伊斯兰教义，妇女不得穿短、薄、透、露的服装；不得穿背心、短裤、超短裙到清真寺去。

2. 行为习俗

埃及人的交往礼仪既有民族传统的习俗，又通行西方人的做法，上层人士更倾向于欧美礼仪。埃及人见面时异常热情。一般情况下，见到不太熟悉的人，先致问候的人说全世界穆斯林通行的问候语。如果是老朋友，特别是久别重逢，则拥抱行贴面礼，即用右手扶住对方的左肩，左手搂抱对方腰部，先左后右，各贴一次或多次。女性之间出于礼貌或表示亲热，更多地采用温柔的贴面礼。异性之间通常是握手，只有亲戚之间行贴面礼。男女之间也可不握手，男士不宜主动伸手。

3. 节日习俗

闻风节是埃及的民间节日，它的历史可追溯到公元前 2700 年甚至更早，传说是慈善神战胜凶恶神的日子。经过约 5000 年的历史演变，人们在“闻风节”里祈祝人间祥和太平和春光永驻的习俗历久不衰，该节也是埃及最古老的传统节日之一。“闻风节”又称踏青节，时间是在每年的 4 月间，此时天气转暖，埃及人会在“闻风节”这天举家外出踏青，品尝彩蛋、咸鱼等各种象征吉祥的食品。

4. 禁忌

埃及人对绿色和白色都有很深的感情，把绿色喻为吉祥之色，把白色视为快乐之色。埃及人讨厌黄色和蓝色，把前者看作不幸的象征，而把后者看作恶魔的代表。

埃及人比较喜欢“5”和“7”，认为“5”会给人们带来吉祥，认为“7”是个受人崇敬的完整数字。他们认为安拉创造世界用了6天的时间，在第7天休息，所以办一些重要的事情总是习惯用“7”。他们忌讳“13”，认为它是消极的。

埃及人不吃海参、蟹；对动物内脏，除肝可以吃外，其余均不吃。埃及人大多信奉伊斯兰教，禁食自死物、血液和猪肉，禁止使用猪制品。

埃及人喜爱仙鹤，认为它是一种吉祥鸟，象征着喜庆和长寿。埃及人宠猫、敬猫如神，并视猫为神圣的精灵。在埃及人的心目中，猫是女神在人间的象征，是幸运的吉祥物，是受人崇敬的国兽。

在埃及特别忌讳谈“针”这个字和借针使用，特别是在下午3点至5点这段时间，商人绝不卖针，人们也不买针，即使有人愿出10倍的价钱买针，店主也会婉言谢绝，绝不出售。

（二）南非

1. 生活习俗

南非当地白人的饮食习惯仍然保持欧洲传统，平日以吃西餐为主，经常吃牛肉、鸡肉、鸡蛋和面包，爱喝咖啡与红茶。而黑人部族喜欢吃牛肉、羊肉，主食是玉米、薯类、豆类。南非著名的饮料是如宝茶。在南非黑人家做客，主人会送上刚挤出的牛奶或羊奶，有时是自制的啤酒。

在城市中，南非人的穿着打扮基本西化了。在正式场合，他们会讲究着装的端庄和严谨。因此进行官方交往或商务交往时，最好穿样式保守、色彩偏深的套装或裙装，不然就会被对方视作失礼。而南非黑人通常还有穿着本民族服装的习惯。不同部族的黑人，在着装上往往有自己不同的特色。

2. 行为习俗

受西方礼仪的影响，在社交场合，南非所采用的普遍见面礼节是握手礼，称男性为先生，称女性为夫人、女士、小姐。在南非，有关种族肤色的界限和规定极其严格，最好先看一看主人是怎么做的。一般来讲，英国人的后裔比较开明，主张缓和种族对立；而荷兰人的后裔比较保守，主张维持种族原有制度。

3. 禁忌

信仰基督教的南非人，忌讳数字“13”和“星期五”。南非黑人非常敬仰自己的祖先，忌讳外人对自己的祖先言行失敬。

本节测试

一、选择题

1.［单选］受西方习俗影响，不少韩国人也不喜欢“(　　)”这个数字。

A. 4　　B. 7　　C. 11　　D. 13

2.［单选］按照西方习俗，对女性的称呼会引起对方不愉快的是（　　）。

A. 对未婚女子称“小姐”　　B. 对已婚而未改夫姓的女子称“夫人”

C. 对已婚而改夫姓的女子称“太太”　D. 对女子通称为“女士”

3.［单选］送花时，西方国家比较忌讳（　　）。

A. 蓝色　　B. 黄色　　C. 双数　　D. 单数

4.［单选］在西欧，当送礼送花时，不要送（　　）。

A. 郁金香和长寿花　　B. 菊花和马蹄莲

C. 丁香花和苹果花　　D. 杜鹃花和长寿花

5.［多选］俄罗斯的送花禁忌是（　　）。

A. 菊花　　B. 杜鹃花　　C. 石竹花　　D. 黄色的花

6.［多选］关于馈赠礼品的叙述，正确的是（　　）。

A. 不要给信仰伊斯兰教的人送雕塑或娃娃

B. 不要给信仰伊斯兰教的人送酒和猪皮制品

C. 日本人讲究礼品包装

D. 日本人送礼喜欢双数

7.［多选］日本习俗要求向个人馈赠礼品应（　　）。

A. 礼不在厚，贵在得当　　B. 在公众场合进行

C. 私下进行，尽量不当众送出　　D. 是价值较高的物酬

二、案例分析

日本人讲礼貌，行鞠躬礼是司空见惯的，我国某留学生在日本期间看到的一次日本人行鞠躬礼在其脑海中留下了深刻的印象：一天，这位留学生来到了日航大阪饭店的前厅。那时，正是日本国内旅游旺季，大厅里宾客进进出出，络绎不绝。一位手提皮箱的客人走进大厅，行李员立即微笑地迎上前去，鞠躬问候，并跟在客人身后问客人是否要帮助提皮箱。这位客人也许有急事，嘴里说了声：“不用，谢谢。”头也没回径直朝电梯走去，那位行李员朝着那匆匆离去的背影深深地鞠了一躬，嘴里还不断地说：“欢迎，

欢迎！”这位留学生看到这种情景困惑不解，便问身旁的日本经理：“当面给客人鞠躬是为了礼貌服务，可那位行李员朝客人的后背深鞠躬又是为什么呢？”“既是为了这位客人，也是为了其他客人。”经理说，“如果此时那位客人突然回头，他会对我们的热情欢迎留下印象。同时，这也是给大堂经理和其他客人看的，他们会想，当我转过身离去，饭店的员工肯定对我一样礼貌。”

问题：你对各个国家的接待礼仪知道多少？

实践训练

训练内容：

亚洲、欧洲、美洲各有一个考察团来中国参观访问，作为接待人员，根据各国的风俗习惯，做好接待工作。

训练要求：

1. 分组训练，8人为一组。
2. 训练开始前每个小组要对各国的风俗习惯有深入的了解。
3. 每个学生都应能扮演两至三个国家或民族的人员，体验不同的风俗习惯。
4. 小组训练完成后，分别进行展示，由其他组同学和老师共同评判打分。

本章小结

涉外礼仪就是在国际交往中应当遵守的礼仪规范。本章的内容主要涉及涉外礼仪的原则、常见的礼宾次序礼仪、世界主要国家的礼仪习俗等。通过本章的学习，了解并掌握涉外迎送、涉外会见、涉外宴请和涉外馈赠等相关礼仪规范，使自己的行为能够符合国际惯例，展现出良好的中国形象与风度。通过对世界主要国家礼仪习俗的学习，可以更好地指导涉外活动。在涉外交往中，应注意求同存异、遵守惯例，这既是涉外礼仪的基本要求，也是涉外礼仪的宗旨所在。

参考文献

1. 王岩．秘书礼仪项目教程［M］. 杭州：浙江大学出版社，2012.
2. 王岩．秘书礼仪［M］. 北京：中国人民大学出版社，2016.
3. 杨珩．职场礼仪与沟通［M］. 北京：中国水利出版社，2014.
4. 吴新红．实用职场礼仪与实训［M］. 北京：化学工业出版社，2018.
5. 吕艳芝．职场礼仪培训全书［M］. 北京：中国纺织出版社，2021.
6. 尹喜艳，熊畅．商务礼仪［M］. 2 版．北京：北京大学出版社，2014.
7. 黄文静，向梦知．服务礼仪［M］. 北京：中国财富出版社，2014.
8. 张珠勋．职业礼仪教程［M］. 香港：中国文化出版社，2012.
9. 方尤瑜．秘书礼仪［M］. 北京：中国人民大学出版社，2011.
10. 牛殿庆．口才、社交与礼仪教程［M］. 上海：上海财经大学出版社，2007.
11. 唐蜀湘，陈宁．商务礼仪［M］. 北京：北京师范大学出版社，2013.
12. 林友华．社交礼仪［M］. 2 版．北京：高等教育出版社，2007.
13. 胡晓涓．商务礼仪［M］. 2 版．北京：中国人民大学出版社，2012.
14. 方尤瑜，任曼．现代秘书交际礼仪［M］. 广州：暨南大学出版社，2007.
15. 杨剑宇．涉外秘书礼仪［M］. 武汉：湖北科学技术出版社，2000.
16. 徐克茹等．职业秘书礼仪教程［M］. 北京：清华大学出版社，2008.
17. 生素巧，程萍．秘书礼仪与职业形象设计［M］. 北京：中国人民大学出版社，2012.
18. 金正昆．社交礼仪教程［M］. 3 版．北京：中国人民大学出版社，2010.
19. 郭炎武，黄曼青．企业秘书礼仪［M］. 广州：暨南大学出版社，2009.
20. 徐克茹．秘书礼仪实训［M］. 北京：中国人民大学出版社，2008.
21. 廖金泽．秘书是这样炼成的［M］. 上海：上海辞书出版社，2010.
22. 卢如华．社交礼仪［M］. 2 版．大连：大连理工大学出版社，2009.
23. 王芬．秘书礼仪实务［M］. 2 版．北京：电子工业出版社，2014.
24. 张文，欧增益，庚伟．现代礼仪实用教程［M］. 北京：北京邮电大学出版社，2012.
25. 汪彤彤．职场礼仪［M］. 大连：大连理工大学出版社，2010.